ro
ro
ro

Christiane von Hardenberg

MACH MEHR AUS DEINEM GELD!

Alles, was man über Vermögensaufbau wissen muss

Rowohlt Taschenbuch Verlag

3. Auflage März 2024

Originalausgabe
Veröffentlicht im Rowohlt Taschenbuch Verlag,
Hamburg, Januar 2024

Redaktion Christian Wöllecke
Covergestaltung zero-media.net, München
Coverabbildung Asja Caspari
Satz aus der Bely bei CPI books GmbH, Leck
Druck und Bindung GGP Media GmbH, Pößneck
ISBN 978-3-499-01302-7

Inhaltsverzeichnis

Vorwort

Seit mehr als zwei Jahren schreibe ich in meiner Kolumne «Money Matters» über Finanzthemen an der Schnittstelle von Familienleben und Börse. Ich hinterfrage unsere grundsätzliche Einstellung zum Geld, etwa warum viele Menschen den Satz «Geld ist mir nicht wichtig» wie eine Auszeichnung vor sich hertragen. Aber auch wesentliche Fragen rund um Vermögensaufbau, Immobilienkauf und Börse sind regelmäßige Themen. Oft sind alltägliche Situationen wie die Frage meines Sohnes «Mami, sind Aktien jetzt eigentlich billig?» der Einstieg in die recht komplexe Materie.

Meine Kolumnen sollen so kurzweilig und unterhaltsam sein, dass Sie sie auch nach einem anstrengenden Arbeitstag oder sogar in den Sommerferien gerne lesen: Nichtsdestotrotz sollen Sie viel lernen! Ob Aktienkennzahlen, Immobilienstrategien oder Unternehmensbeteiligungen, in den Kolumnen gebe ich allerhand nützliche Informationen, um den Einstieg in den Vermögensaufbau zu erleichtern.

Als verheiratete Mutter von vier Söhnen stoße ich jeden Tag auf neue Fragen: Wie bringe ich meinen Kindern einen guten Umgang mit Geld bei? Wie sortieren wir als Paar unsere Finanzen und investieren gemeinsam? Und: Wie vererbt man eigentlich richtig?

Mehr als 100 Kolumnen sind so in den vergangenen zwei Jahren entstanden. Die besten habe ich für dieses Buch überarbeitet und aktualisiert, aber auch neue, bisher unveröffentlichte

Texte hinzugefügt, vor allem aus unserer Familienauszeit in Kalifornien.

Leider kann ich in meinen Kolumnen nicht bis ins letzte Detail gehen. Aber das ist vielleicht auch der Charme des Formats. So gelingt der Einstieg in das oft dröge Finanzthema und das Wissen wird für jede und jeden zugänglich. Ich wünsche Ihnen viel Spaß beim Lesen und Vermehren Ihres Geldes.

Vermögensaufbau

Wer gewinnt nicht gern?

Wer sein Geld mit Aktien und Immobilien vermehrt, steht oft in der Kritik. Dabei gibt es keinen größeren Unfug als den Satz «Geld ist mir nicht wichtig».

Über zwei Dinge sprechen Deutsche Studien zufolge äußerst ungern: Sex und Geld – wobei Geld noch hinter Sex rangiert. Als ich auf einer Party das letzte Mal den Satz «Geld ist mir wichtig» sagte, kam das nicht gut an. Die anderen Gäste wandten sich von mir ab, ich blieb allein mit meinem Weinglas stehen. Was im Englischen so selbstverständlich klingt, «money matters», ist in Deutschland ein heikles Thema, vor allem in der älteren Generation. Kaum eine Nation ist so verspannt, wenn es um Geld geht.

Viele von uns sind mit Mantras wie «Über Geld spricht man nicht» oder «Geld ist doch nicht so wichtig» aufgewachsen. Auch heute noch tragen einige diese Sätze vor sich her wie eine Art Auszeichnung, dass sie bessere Menschen sind. Allein: Mit diesen Glaubenssätzen wird es schwer, ein Vermögen aufzubauen.

Vielleicht sollten wir zuallererst unsere Einstellung ändern. Der Satz «Geld ist mir nicht wichtig» ist in meinen Augen ziemlicher Unfug. Wenn dem so wäre, warum wollen wir dann Geld verdienen? Warum arbeiten wir nicht umsonst? Warum verschenken wir nicht einfach unser Geld?

Die Bedeutung von Geld kleinzureden, zeichnet in meinen

Augen niemanden aus. Im Gegenteil, ich würde behaupten, dass wir mehr Gutes bewegen können – also bessere Menschen sein können –, *weil* uns Geld wichtig ist und wir dafür sorgen, dass es sich vermehrt. Es ist nämlich nicht so, dass Geld – oder der Besitz von Geld – zwangsläufig mit Kaltherzigkeit und Raffgier einhergeht. Natürlich sind uns unsere Partnerinnen und Partner, unsere Kinder, Freunde und die Gesundheit viel wichtiger als unser Geld. Und trotzdem kann Geld uns etwas bedeuten. Es ist keine Entweder-oder-Entscheidung, tatsächlich ist beides gleichzeitig möglich.

Geld bietet uns viele Möglichkeiten. Weil wir Geld verdienen und uns dafür einsetzen, dass es sich vermehrt, können wir für andere sorgen. Wir können unserem Partner oder unserer Partnerin und unseren Kindern Sicherheit und ein weitgehend unbeschwertes Leben bieten. Wir können dafür sorgen, dass die Welt vielleicht ein bisschen besser wird, indem wir nachhaltige, aber oftmals teurere Produkte kaufen und so den Wirtschaftswandel anstoßen. Wir können dafür sorgen, dass die Welt ein bisschen bunter wird, indem wir kleine, kreative Unternehmen, Projekte und Vereine unterstützen. Wir können spenden für Menschen, die deutlich weniger Chancen im Leben hatten als wir. All dies können wir tun, weil uns Geld wichtig ist und wir uns dafür einsetzen, dass es sich vermehrt.

Geld zu vermehren, ob mit Aktien, Immobilien oder anderen Anlagen, macht zudem sehr viel Spaß. Es ist ein Spiel, und wer gewinnt nicht gern beim Spielen? Bei jedem Spiel zählt man die Punkte, ob Scrabble, Fußball oder Tennis. Das Geld auf dem Konto oder Depot ist unser Punktestand, der zeigt, wie erfolgreich wir waren. Und wie in jedem Spiel gilt: mehr Punkte, mehr Spaß.

Realistischerweise können sich gerade die Jüngeren die Einstellung «Geld ist nicht so wichtig» heute gar nicht mehr leisten. Während die Babyboomer noch auf ihre Rente zählen können, ist spätestens den Millennials, also den zwischen 1980 und 2000 Geborenen, klar: Die Rente ist nicht sicher. Auch auf ein Erbe zu hoffen, könnte trügerisch sein, denn die Lebenserwartung steigt, die Lebenskosten ebenso, und wer weiß, ob oder wie viel am Ende noch übrig bleibt?

Es liegt also an uns, unser Geld zu vermehren und damit verantwortungsvoll umzugehen. Dabei gibt es immer wieder neue Herausforderungen: Zuerst kam die Pandemie, dann der Ukrainekrieg. Erst gab es jahrelang keine Zinsen auf dem Sparbuch oder Tagesgeldkonto, dann kam die Inflation.

Gerade vor Aktien scheuen die meisten bedauerlicherweise zurück: Nur jeder sechste Deutsche, der älter als 14 Jahre ist, investiert am Aktienmarkt – und das, obwohl während der Pandemie rund 2,7 Millionen Kleinanlegerinnen und Kleinanleger neu an die Börse kamen. Vor allem wir Frauen sind leider immer noch sehr zögerlich, Geld in Aktien anzulegen – auf zwei Börsianer kommt nur eine Börsianerin. Dabei fehlt oft nur der Mut, weniger das Wissen. Das ist fatal, angesichts der Entwicklung an den weltweiten Aktienmärkten.

Ein kleines Beispiel: Wer heute 1000 Euro auf sein Sparbuch einzahlt und 30 Jahre liegen lässt, dessen Anlagesumme hat sich bei einer langfristigen durchschnittlichen Inflation von zwei Prozent – das ist Zielwert der Europäischen Zentralbank – am Ende der Laufzeit fast halbiert: Es bleiben gerade einmal 550 Euro. Wer hingegen 1000 Euro in Aktien investiert und durchschnittlich sieben Prozent Rendite erzielt, hat nach 30 Jahren rund 7600 Euro in seinem Depot. Und die sieben Prozent sind durchaus realistisch – so viel hat der MSCI World, der die Entwicklung am globalen Aktienmarkt spiegelt, im selben Zeitraum erwirtschaftet. Nach Abzug von zwei Prozent Inflation sind es immerhin noch etwa 4300 Euro.

Diese Zahlen sprechen doch für sich, oder? Selbst wer monatlich nur 25, 50 oder 100 Euro übrig hat, sollte sie lieber an der Börse investieren, als sie auf dem Sparbuch zu vernichten.

Seine Finanzen zu ordnen, ist einfach

Einen Vermögensplan aufzustellen, dauert nur einen Vormittag, selten etwas länger. Diese Zeit ist ein lohnendes Investment.

Mit vier Kindern ist es nicht immer leicht, den Überblick zu behalten. Heute noch steht mir sofort der Schweiß auf der Stirn, wenn ich an den Moment zurückdenke, als wir unseren damals siebenjährigen Sohn in Zürich allein an der Straßenbahnstation zurückgelassen haben. Gerade hatte ich (vermeintlich) meine vier Kinder samt Kinderwagen in die Tram bugsiert, da ging die Tür hinter mir zu, und ich sah durchs Fenster, wie mein Sohn uns mit weit aufgerissenen Augen erschrocken hinterherblickte. Das Kind allein in einer fremden Stadt! Mein Mann joggte zurück – und wir nahmen unser Kind glücklich in die Arme. Mühelos könnte ich diese Kolumne mit solchen Beispielen füllen. Erschreckend, denn in anderen Lebensbereichen fällt es mir durchaus leicht, den Überblick zu behalten, bei meinen Finanzen beispielsweise. Auch nicht ganz unwichtig, gerade, wenn man mit dem Vermögensaufbau beginnt.

Wer sich erstmals im Leben mit seiner finanziellen Lage beschäftigt – und das kann auch mit Ende 30 oder Anfang 40 sein –, sollte eine grundlegende Bestandsaufnahme machen.

Um das sogenannte Nettovermögen zu berechnen, zieht man von seinem Guthaben (dem Bruttovermögen) die Verbindlichkeiten ab. Dafür muss man natürlich erst einmal alle Vermögenswerte und Schulden dokumentieren, am besten in einer Excel-Tabelle. Keine Sorge, je nach eigener Finanzsituation muss man etwa zwanzig Zahlen eingeben, und Excel übernimmt dann das Rechnen. Vorlagen dafür findet man im Internet, beispielsweise auf der Website des Finanzinformationsportals Finanzfluss, oder in verschiedenen Apps, dann geht es auch ganz ohne Excel.

Für eine Bestandsaufnahme einige Zahlen zusammentragen: Das klingt banal, es kommt aber immer wieder zu Überraschungen. Meine Freundin fand auf diese Weise ein paar Hundert Euro auf einem vergessenen Tagesgeldkonto wieder. Ein Freund stellte wiederum fest, dass sein Erbe von der Großmutter noch auf dem Konto seiner Mutter lag – dabei hätte er es schon längst anlegen können.

Zum Bruttovermögen zählen alle Giro- und Tagesgeldkonten sowie Festgelder, die bis zu einem bestimmten Datum angelegt sind. Hier wird die Lage oft unübersichtlicher, als man denkt, schnell haben sich mehrere Konten bei verschiedenen Banken und Onlinebanken angesammelt, aus Kindheitstagen und Studentenzeiten gibt es oft auch noch vergessene Sparbücher oder Konten. In die nächste Zeile kommen Aktien sowie festverzinsliche Wertpapiere, das können einzelne Werte wie die Allianz-Aktie oder eine Bundesanleihe sein, gemanagte Fonds oder ETF auf den MSCI World oder auf Emerging-Market-Anleihen.

Die Rentenversicherung sowie die Lebensversicherung werden mit dem aktuellen Rückkaufswert darunter festgehalten. Meist ist der Rückkaufswert, den man auf dem jährlichen Auszug sehen kann, ein ernüchternder Moment, da dieser im Verhältnis zu der eingezahlten Summe oft recht gering ist.

Nicht selten findet sich beim Durchwühlen der Unterlagen

auch noch ein Bausparvertrag, einst beliebtes Vorsorgeprodukt unserer Eltern. Auch dieses Guthaben wird dokumentiert. Als Nächstes kommt Gold, möglicherweise Kryptowährungen, und wer noch etwas Bargeld unter der Matratze hat, notiert auch das. Wer nennenswerte Kunstwerke oder Antiquitäten besitzt, sollte sie an dieser Stelle auflisten. Schließlich kommen Immobilien hinzu, egal ob selbst oder fremd genutzt. Hier setzt man den Marktwert an, also wie ein vergleichbares Objekt beispielsweise bei Immoscout24.de angeboten wird. Ich rechne mich tendenziell eher arm als reich, denn so gibt es keine bösen Überraschungen. Sollten Sie an einem Unternehmen beteiligt sein, wird auch dieser Wert festgehalten.

Auf der Seite der Verbindlichkeiten listet man Kredite auf, etwa die Konsumschulden für ein Auto oder einen Urlaub. Hoffentlich bleibt diese Spalte leer, denn Konsumschulden sind Gift für den Vermögensaufbau. Anders als bei guten Schulden, etwa Immobilienkrediten für vermietete Objekte, baue ich mit ihnen kein Vermögen auf, sondern vernichte es: Mein Auto ist im nächsten Jahr sehr viel weniger wert, die Schulden muss ich trotzdem zahlen.

Dann kommt meine Lieblingsspalte: Immobilienkredite, gute Schulden. Während mein Aktienvermögen durchaus schwankt, ist dies die Zeile, auf die Verlass ist. Jedes Jahr verringert sich diese Position um die Summe, um die ich meinen Kredit – im besten Fall über Mieteinnahmen – getilgt habe.

Abschließend zieht man die Schulden vom Bruttovermögen ab – und jetzt kommt der Moment der Wahrheit: Unterm Strich sollte eine positive Summe stehen, sonst hat man ein Problem, ein recht großes sogar. Davon gehen wir jetzt aber erst einmal nicht aus.

Das Prozedere klingt mühsam und kompliziert, beim ersten Mal ist man vielleicht auch einen Samstagvormittag beschäftigt. Steht die Tabelle aber und sind alle wichtigen Unterlagen geordnet, reichen wenige Minuten. Besonders wichtig ist es, diese Bestandsaufnahme dann regelmäßig zu machen, mindestens einmal im Jahr. Wer mehr investiert, sollte sich sogar quartalsweise daransetzen. So sieht man, wie und wo das Nettovermögen wächst, und kann notfalls Positionen wieder ausgleichen, im Fachjargon heißt das Rebalancing. Wenn ich sehe, dass mein Aktienanteil dank hoher Kursgewinne sehr viel größer geworden ist, ist es vielleicht ein guter Zeitpunkt, mit diesen Gewinnen einen Teil meines Immobilienkredites zu tilgen.

Es gibt aber noch ganz praktische Gründe für eine solche Auflistung. Wer eine Immobilie kaufen will, sei es, um selbst darin zu wohnen oder sie zu vermieten, der muss seiner Bank ohnehin eine solche Vermögensaufstellung vorlegen. Gut, wenn man sie dann direkt aus der Tasche ziehen kann. Auch für Paare gilt: Eine Übersicht verringert im Fall der Trennung das Streitpotenzial. Im Todesfall ist das Dokument, ergänzt um Ansprechpartner und Ansprechpartnerinnen, für die Erbenden eine große Hilfe. Das weiß ich aus Erfahrung, denn ich fand nach dem Tod meiner Eltern eine einzige Zettelwirtschaft vor, die ich mühsam erst einmal verstehen und ordnen musste.

Während meine Kinder mir später sicherlich einmal vorwerfen werden, dass ich sie an der einen oder anderen Stelle – unter anderem in Zürich – vergessen habe, lasse ich eines nicht auf mir sitzen: Auf Knopfdruck kann ich ihnen immer eine Übersicht über unsere und ihre Finanzen liefern. Das ist natürlich – aufs Leben gesehen – sehr viel weniger wichtig, als rechtzeitig am Fußballplatz zu sein. Aber auch nicht ganz unwichtig.

Jeden Monat 30 Prozent

Supermarktpreise zu vergleichen, hilft beim Sparen nur bedingt. Viel wichtiger ist es, systematisch zu sparen und zu investieren.

Wenn es ums Sparen geht, hätten die Botschaften meiner Eltern nicht unterschiedlicher sein können. Meine Mutter konnte auf Abruf die Milchpreise in den verschiedenen Supermärkten vortragen, getreu dem Motto: «Wer den Pfennig nicht ehrt, ist des Talers nicht wert.» Väterlicherseits wurde hingegen stets betont: «Vom Sparen allein ist noch keiner reich geworden.»

In diesem Spannungsfeld bin ich groß geworden. Intuitiv schlug ich mich auf die Seite des Lagers «Vom Sparen allein wird keiner reich», wobei ich den Satz nicht im Sinne meiner Eltern interpretierte und mein Taschengeld in den nächsten Süßigkeitenladen trug. Erst als Teenager begriff ich, worum es meinen Eltern ging. Ich sollte Geld nicht nur zur Seite legen, sondern es anlegen, es für mich «arbeiten lassen», wie es hieß. Während ich also noch zur Schule ging, arbeitete mein Konfirmationsgeld bereits für mich, zunächst als Bundesschatzbrief, später bei Volkswagen, als VW-Aktie. Was mir meine Eltern nicht besonders gut vermittelten, war, wie ich sparen konnte, ohne die Milchpreise auswendig zu lernen, um dann überhaupt Geld anlegen zu können. Dabei sind die Grundregeln schnell erklärt:

Zunächst müssen Sie sich einen Überblick über Ihre Einnahmen und Ausgaben verschaffen. Das gute alte Haushaltsbuch gibt es heute glücklicherweise als App, von Einsteiger- bis hin zu Bezahlversionen. Finanzguru, Money Pro und Vivid gehören zu den beliebtesten, aber es kommen immer wieder neue, innovative Produkte auf den Markt. Es ist sehr sinnvoll, die eigenen Ausgaben über einen bestimmten Zeitraum zu dokumentieren und festzustellen, wo das Geld bleibt. Dabei helfen die Apps, die das Ergebnis grafisch darstellen. Bei manchen schlagen die Restaurantbesuche zu Buche, bei anderen der Kleiderkauf, natürlich auch die Kinder oder der Urlaub. Wo man nun spart, muss jede und jeder für sich selbst herausfinden. Was ist wirklich wichtig, was ist unverzichtbar und was nicht? Es kann das Leben durchaus vereinfachen (und günstiger machen), sich auf eine Sache zu konzentrieren, als auf allen Gebieten mitzumischen.

Sehr sinnvoll ist auch, einmal mehr über die großen Anschaffungen nachzudenken. Das Auto etwa: Mit einem Gebrauchtwagen kann man sehr viel Geld sparen, ohne dass die Lebensqualität leidet (gut, manche Männer sehen das vielleicht anders). Oder auch: Braucht man überhaupt ein Auto, wenn man in einer größeren Stadt mit gutem öffentlichem Nahverkehr lebt?

Sobald Sie einen Überblick haben, legen Sie fest, wie viel Sie monatlich sparen wollen: Zehn Prozent des Nettoeinkommens sind das absolute Minimum, besser sind 30 Prozent, manche kommen gar auf 50 Prozent. Diesen Betrag legen Sie bereits am Monatsanfang zur Seite, denn nichts ist frustrierender, als wenn Sie sich bei jedem Einkaufsbummel oder Restaurantbesuch fragen, ob Sie sich das noch leisten können, um dann am Monatsende allenfalls eine schwarze Null auf dem Konto vorzufinden. Wenn Sie Ihr Geld gleich am Monatsanfang investieren, müssen Sie sich zudem keine Gedanken mehr darüber machen, ob Sie Ihr Sparziel erreichen, Sie haben es bereits erreicht. Der zweite große Hebel, um ein Vermögen aufzubauen, ist, Gehaltserhöhungen oder andere Sondereinnahmen wie etwa zusätzliche Honorare oder Tantiemen zumindest zur Hälfte zu sparen.

Bis Sie einen Notgroschen von drei bis sechs Monatsgehältern angespart haben, kommt das Geld auf ein Tagesgeldkonto. Alles, was darüber hinausgeht, können Sie in einen ETF-Sparplan investieren, etwa auf den MSCI World, den MSCI World Emerging Markets oder den MSCI All Country World Index. Denn Sparen allein ist nicht der Schlüssel zum eigenen Vermögen. Wer 40 Jahre lang monatlich 100 Euro spart und sie nicht anlegt, hat am Ende 48000 Euro auf dem Konto (ohne Berücksichtigung der Inflation). Das ist viel Geld, keine Frage, reicht als Rente aber nicht. Wer diese 100 Euro jedoch monatlich in Aktien investiert, hat bei einer durchschnittlichen Verzinsung von acht Prozent pro Jahr am Ende rund 325000 Euro auf der Bank.

Dieses Einmaleins des Sparens und Geldanlegens versuche ich meinen Kindern zu vermitteln. Mit mäßigem Erfolg. Als ich meinen Siebenjährigen darauf ansprach, er könne doch einen bestimmten Betrag seines Geldes zur Seite legen, entgegnete er fachmännisch: «Lohnt sich nicht, wegen der Inflation.» Danach machte er sich direkt auf den Weg zum Kiosk, um sich Gummischlangen zu kaufen. Aber gut, in seinem Alter habe ich das auch noch gemacht.

Das ist nur eine Phase? Dann nutze sie!

Mehr Zeit oder mehr Geld: Jede Lebensphase hat ihre Gesetze. Wie man als Berufsanfänger, als Elternteil und im Alter sein Geld vermehrt. Eine Anleitung in Lebensschritten.

Mit viel Spaß schreibe ich Briefe an mich selbst. Den «Brief an mich, wenn ich einmal Mutter bin» habe ich als 14-Jährige an mich adressiert, voller Ratschläge, was ich einmal als Mutter besser machen wollte. Zum Beispiel völlig gelassen auf Chaos im Jugendzimmer zu reagieren. Zum großen Bedauern meiner Söhne hat der Brief die zahlreichen Umzüge nicht überlebt – über Schmutzwäsche auf dem Boden kann ich heute schon vor dem Frühstück schimpfen.

Mein jüngster Brief wird dagegen nicht verschwinden, denn er erscheint in diesem Buch: «Brief an meine Söhne, wenn sie einmal ausziehen». Nach Beziehungstipps, die ich ihnen unbedingt auf den Weg geben möchte, aber in einem Finanzbuch nichts zu suchen haben, folgt gleich «Wie ihr ein Vermögen aufbaut». Einen solchen finanziellen Lebensplan hätte ich mir seinerzeit gewünscht, und zwar nicht von einem unbekannten Finanzberater, sondern von einer Person meines Vertrauens. Hier meine Ratschläge an meine Jungs:

Liebe Söhne,

von nun an seid ihr für eure Finanzen selbst verantwortlich. Hier mein Rat, wie ihr mit Geduld, Mut und Fleiß euer eigenes Vermögen aufbauen könnt.
Wenn es ums Geld geht, lässt sich euer Leben in vier Kapitel aufteilen: erstes Kapitel – Berufsanfänger: viel Zeit, wenig Geld. Zweites Kapitel – Familiengründung: wenig Zeit, wenig Geld. Drittes Kapitel – Mitte des Lebens: wenig Zeit, mehr Geld. Viertes Kapitel – Lebensabend: sehr viel Zeit; gutes Geld, das aber weniger Geld wird. Verinnerlicht dieses Zusammenspiel aus Zeit und Geld, und ihr habt bereits sehr viel gewonnen.
Erstes Kapitel: Als Berufsanfänger habt ihr noch wenige Verpflichtungen und relativ viel Zeit, allerdings verdient ihr im Lebensver-

gleich wenig. Dennoch solltet ihr gleich am Monatsanfang 30 Prozent eures Gehalts zur Seite legen. Es ist nämlich fast genauso einfach – oder schwer –, mit 70 Prozent des Geldes zurechtzukommen wie mit 100 Prozent. Und von jeder Gehaltserhöhung spart ihr am besten monatlich 50 Prozent. Wenn ihr bislang ohne dieses Geld ausgekommen seid, warum solltet ihr das jetzt nicht auch können? Üblicherweise steigt mit jeder Gehaltserhöhung der Lebensstandard. Das führt aber selten zu einem dauerhaften Glücksgefühl, sondern eher dazu, dass man noch mehr verdienen will, um das Niveau zu halten. Daher legt ihr am besten einen großen Anteil eures zusätzlichen Gehalts gleich zur Seite. Alles, was über den Notgroschen von drei bis sechs Monatsgehältern hinausgeht, investiert ihr in Aktien, anfangs am besten in einen ETF.

Zweites Kapitel: Familiengründung. Mit der Geburt des ersten Kindes habt ihr schlagartig sehr viel weniger Zeit und Geld. Das Leben wird teurer, von der Kinderbetreuung bis zur größeren Wohnung. Die Einnahmen sinken naturgemäß, wenn ihr vielleicht vorübergehend in Teilzeit arbeitet, weil ihr Zeit für eure Familie haben wollt. Dennoch solltet ihr monatlich und vor allem nach jeder Gehaltserhöhung einen fixen Betrag zur Seite legen.

Optimalerweise habt ihr in den vergangenen Jahren bereits Geld gespart. Jetzt ist der Zeitpunkt gekommen, euer Vermögen mithilfe eines Kredits aufzubauen. Ihr könnt zum Beispiel eine kleine vermietete Wohnung kaufen und diese über einen Bankkredit finanzieren. Schulden sind – entgegen der landläufigen Meinung – nämlich etwas Gutes. Und zwar immer dann, wenn ihr damit investiert und regelmäßige Einnahmen erzielt. Mit den monatlichen Mieteinnahmen tilgt ihr euren Kredit, euer Vermögen wächst. Ihr spart ganz nebenher, ohne euch weiter einschränken zu müssen. Gleichzeitig spielt euch die Inflation in die Hände: Steigen die Preise, steigt auch der Wert eurer Immobilie, eures Vermögens.

Auch wenn ihr keine Familie gründen wollt, ist die Zeit zwischen 30 und 40 Jahren ein guter Moment, die erste Immobilie zu kaufen. Denn

spätestens bis zum Rentenalter habt ihr sie abbezahlt, und sie beschert euch dann ein monatliches Zusatzeinkommen. Außerdem gilt: Wer erst mal eine Immobilie besitzt, kann die nächste leichter finanzieren.
Drittes Kapitel: die Mitte des Lebens. Je qualifizierter ihr seid, desto höher ist jetzt euer Verdienst. Nie wieder im Leben wird euer Cashflow so groß sein wie in diesen Jahren. Nutzt dies und erhöht eure Spar- und Investitionsquote! Geht zudem kontrollierte Risiken ein. Euer Fundament habt ihr bereits in den Jahrzehnten davor gelegt. Jetzt geht es nicht mehr um Sicherheit, sondern um Unabhängigkeit. Mit Einzelaktien, Immobilien, Firmenbeteiligungen oder gar dem eigenen Unternehmen lassen sich durchaus höhere Renditen erzielen. Diese Risiken könnt ihr – wohlbedacht – eingehen, denn ihr seid abgesichert, habt aber auch noch gut zwanzig Jahre Zeit, um Krisen auszusitzen.
Viertes und letztes Kapitel: der Lebensabend. Jetzt habt ihr wahrscheinlich Zeit im Überfluss und auch genügend Geld. Doch Vorsicht, von nun an kommt kaum noch etwas hinzu, bestenfalls Kapitalerträge und Mieteinnahmen. Guten Gewissens könnt ihr nun von eurem erarbeiteten Vermögen leben, könnt euer Geld spenden, denn vererben solltet ihr nicht viel. Eure Kinder sollten abgesichert sein, mehr nicht. Auch sie werden wieder Chancen haben, ihr eigenes Vermögen aufzubauen und auf eigenen Beinen zu stehen.
Viel Erfolg!
Eure Mami

Von den Superreichen lernen

Ein Family-Office kümmert sich um die Finanzen sehr reicher Menschen, managt sogar das Leben der Kunden. Auch wir Anleger können von den Vermögensverwaltern profitieren.

Wissen Sie, was ein Family-Office ist? Der Begriff stammt aus dem US-Amerikanischen und beschreibt eine Vermögensverwaltung für superreiche Menschen. Das bin ich nicht und Sie vermutlich auch nicht, dennoch können wir von diesen Institutionen etwas für unsere Finanzen lernen.

Von der Organisation des Terminkalenders über die Reisebuchung bis zur Verwaltung der Immobilien und des Aktienportfolios macht ein Family-Office so ziemlich alles, um das Vermögen dieser sehr reichen Menschen zu erhalten, zu vermehren und ihnen überdies das Leben angenehmer zu machen.

Wenn ich nicht gerade Kolumnen und Bücher schreibe, leite ich genau so ein Family-Office – es ist wohl mit Abstand das kleinste in Deutschland. Ich kümmere mich um die Bezahlung der Klassenfahrt, die Finanzierung der Immobilie über den ETF-Sparplan für die Kinder und mein Depot. Das alles manage ich tagtäglich für meine Familie.

Üblicherweise liegt die Eintrittskarte für ein Single-Family-Office, eine Vermögensverwaltung, die sich so wie ich um eine einzige Familie kümmert, bei rund 100 Millionen Euro und mehr. Darunter lohnt der Aufwand nicht. Ich verwalte eine deutlich kleinere Summe, ausgezahlt hat es sich trotzdem. Multi-Family-Offices, also Unternehmen, die sich um die Finanzen mehrerer Familien kümmern, nehmen hingegen schon Kunden ab einem Vermögen von etwa fünf Millionen Euro aufwärts.

Anders als eine Bankberatung, die sich innerhalb der Private-Banking-Abteilungen um vermögende Kunden kümmert, arbeitet ein Family-Office unabhängig, kann also auch nicht bankeigene Produkte anbieten. Im Idealfall kümmert es sich auch um steuerliche Fragen und betreut Investments über alle Anlageklassen hinweg. Ein Family-Office kann auch die

Vermögensweitergabe regeln – ein Thema, das meist für viel Ärger und Unmut in den Familien sorgt, mitunter zerbrechen sie sogar daran.

Ich kam eher zufällig zu meinem Job als Leiterin unseres Family-Office. Als aber mein dritter Sohn zwei Jahre alt war, beschloss ich, meinen Job bei einer renommierten Wirtschaftszeitung aufzugeben und mich hauptberuflich mit dem Vermögensaufbau unserer Familie zu beschäftigen. Denn als Redakteurin hatte ich gleich zwei Probleme: Ich hatte erstens zu wenig Zeit für meine Familie und zweitens zu wenig Geld auf dem Konto. Das musste sich ändern, dachte ich und fing an, ein passives Einkommen aufzubauen.

Von den Superreichen kann man in dieser Hinsicht einiges lernen. Zuallererst die Vermögensstreuung: Ein Family-Office investiert in ganz verschiedene Anlageklassen, von Aktien über Anleihen und Immobilien bis hin zu Gold. Aber auch exotische Investments wie Antiquitäten, Kunst oder Uhren sind in manchen Portfolios zu finden, ebenso wie Unternehmensbeteiligungen. Selbst Menschen, die nur 100 Euro im Monat anlegen können, sind gut beraten, ihr Investment ebenfalls breit zu streuen, etwa über einen ETF, und nicht in eine einzelne Aktie zu investieren.

Das Family-Office strukturiert zunächst das Vermögen seiner Kunden, sodass nicht eine Anlageklasse zu wenig, eine andere zu stark gewichtet ist. Das mit der Strukturierung war bei mir seinerzeit schnell erledigt und recht übersichtlich. Essenzieller war für mich der Vermögensaufbau, also die Frage, wie ich meine Einnahmen so investieren kann, dass daraus ein zusätzliches passives Einkommen entsteht, das Geld sozusagen für mich arbeitet. Unter vermögenden Menschen ist das eine selbstverständliche Einstellung, von der sich jeder und jede etwas abgucken sollte.

Die Sache mit unserem passiven Einkommen hatte nur einen Haken: Mit meiner Kündigung schrumpfte zunächst auch das Familieneinkommen. Anfangs musste ich mich deshalb verschulden, auch das ist unter wohlhabenden Menschen durchaus üblich. Ob Immobilien oder Solaranlagen, wenn eine Investition regelmäßig zuverlässige Einnahmen abwirft, ist es meist sinnvoll, sie mit Fremdkapital zu finanzieren, um die eigene Rendite zu steigern.

Ich kaufte Immobilien, mit den Mieteinnahmen zahlte ich unseren Kredit ab, Jahr für Jahr wuchs unser Vermögen. Jedes Jahr im Januar machte ich eine Vermögensaufstellung, ich analysierte, was gut, was schlecht gelaufen war, und nahm das bereits erwähnte Rebalancing vor.

Zwischen Windelwechseln und dem Füllen von Frühstücksboxen habe ich unser Family-Office aufgebaut. So hatte ich genug Zeit für meine Familie und gleichzeitig genug Geld auf dem Konto.

Immobilien

Die Macht der guten Schulden

Wer sich Geld leiht, um es zu investieren, kann auch heute noch nachhaltig Vermögen aufbauen. Mit Immobilien ist das möglich – man muss nur die richtigen finden.

Meine Freundin Katrin kommt erholt von der Ostsee zurück, wo sie die allerletzten Sommertage genossen hat. Ihre Familie hat ein ganz bezauberndes kleines Strandhaus, um das ich sie sehr beneide. Ich weiß nicht, was mich mehr fasziniert, das Haus selbst oder die Geschichte, wie Katrins Familie zu ebendiesem Haus gekommen ist. Meinen Kindern, meinen Studentinnen, eigentlich jedem, der es hören will oder auch nicht, erzähle ich diese Geschichte, denn anschaulicher kann ich den Unterschied zwischen guten und schlechten Schulden nicht erklären. Selbst in Zeiten steigender Zinsen ist es durchaus sinnvoll, sich zu verschulden, aber es müssen die richtigen Schulden sein, gute Schulden eben.

Katrins Häuschen steht am Waldrand, von dort hat man einen direkten Zugang zum Strand. Die Holzfassade ist so grün wie der angrenzende Kiefernwald, die Fensterläden sind weißgrün gestrichen. Genau das, wovon alle träumen, was aber niemand findet. Katrins Familie lebte zu DDR-Zeiten in der Nähe von Stralsund; auf einem der sonntäglichen Spaziergänge entdeckten ihre Eltern das unscheinbare Haus. Sie lernten den Besitzer kennen, kamen ins Gespräch. Der Mann hatte Interesse, das alte Fischerhaus zu verkaufen, seine Kinder lebten mittlerweile im fernen Sachsen und wollten ihre Ferien nicht an der Ostsee verbringen. Baumaterialien waren in der DDR schwer zu bekommen, das Haus war für den alten Mann mehr Last als Freude.

5000 Ostmark – damals 625 DM, später rund 320 Euro – sowie einen Wartburg wollte der Mann für das Haus am Meer. Dabei ging es ihm offensichtlich mehr um das Auto als ums Geld, denn mit 14 bis 16 Jahren Lieferzeit war ein Wartburg quasi unerreichbar. Katrins Eltern, beide Architekten, erkannten den Wert des Hauses für sich und ihre Familie und willigten ein. Sie verschuldeten sich. Über verschlungene Wege, die auch in den Westen führten, konnten sie einen neuen Wartburg in deutlich kürzerer Zeit organisieren. Wartburg und Strandhaus wechselten den Besitzer, alle waren glücklich.

Kurze Zeit später kam die Wende, der Wartburg verlor rapide an Wert, das Strandhaus wurde über die Jahre zu einer beliebten Immobilie, die sich gut vermieten lässt. Aber auch ohne historischen Umbruch wäre der Wartburg heute, fast 40 Jahre später, längst auf dem Schrottplatz in Vergessenheit geraten und wertlos, während das Strandhaus immer wertvoller wird, denn die Zahl der Grundstücke am Wasser ist begrenzt. Katrins Eltern haben mit guten Schulden ein Vermögen aufgebaut, während der Verkäufer in die Konsumfalle getappt ist.

Mir ist natürlich bewusst, dass die Geschichte einen großen Haken hat: Dass die Wende kommen und das gesamte Wirtschaftssystem der DDR auf den Kopf stellen würde, war seinerzeit nicht vorhersehbar. «Das war schon ein Glücksfall, dass es für meine Eltern so ausgegangen ist», gibt Katrin unumwunden zu. Der Wartburg hat sehr viel schneller an Wert verloren, als damals gedacht, ebenso die Ostmark, dafür sind die Immobilienpreise an der Ostsee in den letzten Jahrzehnten explodiert. «Aber meinen Eltern war schon damals klar, dass das Haus langfristig deutlich mehr wert sein würde als das Auto.» Ein Grundstück sei eben etwas Bleibendes, der Wert des Autos vergänglich.

Gerade weil Katrins Beispiel so extrem ist, erzähle ich es gern. Katrins Eltern haben sich verschuldet, um zu investieren und damit zusätzliche Einnahmen zu generieren. Das kann ein Unternehmen sein oder auch ein Windrad. Für Katrins Eltern war es das Haus an der Ostsee, das sie später vermieten konnten, um ihre Schulden damit zu bezahlen. Im besten Fall, wie bei Katrins Strandhaus, steigt zudem der Wert einer Anschaffung. Mit guten Schulden lässt sich ein Vermögen aufbauen.

Die Alternative zum Investieren ist das Konsumieren. Hätten Katrins Eltern den Wartburg mit Schulden finanziert, um ihn dann zu behalten, wären das schlechte Schulden gewesen. Mit guten Schulden baue ich ein Vermögen auf, mit schlechten vernichte ich es: Es muss nicht ein Wartburg sein, auch Fernseher, Computer oder die meisten Möbel verlieren mit jeder Nutzung an Wert. Am Monatsende habe ich nicht nur weniger Einkommen zum Investieren, da ich ja Zins und Tilgung aufbringen muss, sondern gleichzeitig ist auch der Wert meiner Errungenschaft geschrumpft. Gute Schulden vermehren mein Vermögen, schlechte Schulden vernichten es.

Selbstverständlich ist es nicht einfach, die passende Immobilie zu finden. Im Vergleich zu all den Widrigkeiten, die Katrins Eltern seinerzeit auf sich nehmen mussten, scheinen mir diese aber durchaus zu bewältigen. Damals wie heute ist ein Immobilienkauf mit Unsicherheit besetzt. Sicher ist hingegen nur: Wer sich für Konsum verschuldet, vernichtet sein Vermögen, bei steigenden Zinsen mehr denn je.

Mein bestes Investment

Wer in jungen Jahren in Immobilien investiert, hat gute Chancen, ein Vermögen aufzubauen. Denn mithilfe des Hebeleffekts kann ich meine Rendite deutlich erhöhen.

Neulich war ich zu Gast bei einem Netzwerktreffen für Frauen und Finanzen, davon gibt es glücklicherweise immer mehr. In dieser Runde wurde ich gefragt, was mein bestes Investment war – und auch mein größter Fehler. Die Antworten dürften Frauen und Männer gleichermaßen interessieren, daher greife ich die erste Frage hier auf. Auf meine Fehler komme ich ein andermal zu sprechen.

Über mein bestes Investment muss ich nicht lange nachdenken, das war meine erste Wohnung, nicht um darin zu leben, sondern um diese zu vermieten. Das ist rund 20 Jahre her, mein damaliger Freund und heutiger Mann und ich lebten schon zusammen, hatten aber ansonsten noch keine Zukunftspläne. Eines Abends kam er nach Hause und fragte mich: «Wollen wir zusammen eine Wohnung kaufen? Ist doch viel besser als eine Lebensversicherung.» Damit traf er einen wunden Punkt, denn mit meiner Lebensversicherung war ich wirklich auf die Nase gefallen. Und vielleicht ist ein gemeinsames Investment auch verbindlicher als ein Eheversprechen, dachte ich recht pragmatisch.

Möglichst früh eine vermietbare Immobilie zu kaufen, das würde ich auch heute jedem raten. Obwohl die Immobilienpreise in den vergangenen Jahren stark gestiegen sind, lassen sich langfristig sehr gute Renditen erzielen. Selbst mit vergleichsweise wenig Eigenkapital. Der Trick ist, mit sogenannten guten Schulden seine Eigenkapitalrendite zu erhöhen, das nennt sich Leverage- oder Hebeleffekt, und somit langfristig ein Vermögen aufzubauen.

Nehmen wir die allseits begehrte Zweizimmerwohnung, Bad, Küche, 60 Quadratmeter. Angenommen, der Kaufpreis beträgt 3500 Euro pro Quadratmeter, dann kostet die Wohnung 210000 Euro. Das ist natürlich in Hamburg, Berlin oder München nicht realistisch, aber in den sogenannten B-Städten durchaus. All denjenigen, die zum ersten Mal in eine Immobilie investieren, rate ich, dies an einem Standort zu tun, den sie gut kennen: sei es die Heimat- oder die Studentenstadt oder der eigene Wohnort und dessen Umgebung. Man kann die genaue Lage vor Ort dann besser einschätzen.

Man sollte zudem mindestens 20 Prozent Eigenkapital mitbringen, besser sind 30 Prozent, da man dann in der Regel auch günstigere Zinsen bekommt. Es gibt auch 100-Prozent-Finanzierungen, aber bleiben wir zunächst bei 20 Prozent, da man als junger Mensch eher wenig Eigenkapital hat. Für die begehrte Zweizimmerwohnung wären das dann 42000 Euro. Bei durchschnittlich zehn Euro Nettomiete pro Quadratmeter kommt man im Jahr auf 7200 Euro Mieteinnahmen. Die (Brutto-)Mietrendite liegt also bei einem Kaufpreis von 210000 Euro bei 3,4 Prozent. Oder?

Nicht ganz, denn hier spielt Ihnen der Hebeleffekt in die Hände: Sie haben nicht 210000 Euro bezahlt, sondern nur 42000 Euro, den Rest hat die Bank bezahlt. Korrekterweise müssen Sie Ihre Mieteinnahmen (7200 Euro) ins Verhältnis zu Ihrem Eigenkapitaleinsatz (42000 Euro) setzen und kommen so auf eine Bruttorendite von sage und schreibe 18 Prozent – deutlich mehr als die acht Prozent, die man durchschnittlich am Aktienmarkt bekommen kann. Und das bei vergleichsweise überschaubarem Risiko.

Bewusst habe ich von Bruttorendite gesprochen, denn Sie

müssen noch Ihre Kapitalkosten, also die Zinsen, sowie die Verwaltungs- und Instandhaltungskosten gegenrechnen. Je nachdem, wie hoch die Zinsen, Rücklagen für Instandhaltung (bei Neubauten natürlich deutlich weniger als bei Altbauten) und Verwaltungskosten sind (gerade bei einer einzelnen Wohnung rate ich, die Verwaltung zunächst selbst zu übernehmen), kommt man in diesem Beispiel auf acht bis elf Prozent Eigenkapitalrendite.

Das ist ja nicht viel mehr als am Aktienmarkt, sagen Kritikerinnen dann gerne. Jetzt aber kommt mein – wie ich finde – schlagendes Argument: Aus Erfahrung weiß ich, dass (gerade junge) Anleger trotz bester Absichten ihr Aktiendepot antasten, wenn die Lebenskosten steigen. Oder aber sie verkaufen Aktien, weil sie die Nerven verlieren, wenn die Kurse in den Keller gehen. Eine Immobilie kann man nicht von heute auf morgen verkaufen, das Vermögen wächst Monat um Monat, egal ob die Lebenskosten steigen oder die Börsen zittern. So ein Kredit diszipliniert ungemein, und das Vermögen wächst quasi automatisch.

Natürlich ist meine Rechnung stark vereinfacht. Im wirklichen Leben schmälern die Kaufnebenkosten die Rendite, dafür wirken sich Steuervorteile positiv aus. Zudem habe ich die Wertsteigerung, die beachtlich sein kann, der Wohnung bei Wiederverkauf in diesem Beispiel nicht berücksichtigt. Wer tiefer in die Materie einsteigen will, der kann beispielsweise bei Happy Immo Club und Project Treehouse das Handwerkszeug lernen; sie wollen vor allem Frauen ermutigen, Eigentum zu besitzen.

Seit dem Kauf unserer ersten Wohnung hat sich unser Eigenkapitaleinsatz mehr als verzwanzigfacht (zugegeben waren dies auch besondere Zeiten in Berlin, aber bei den meisten besten Investments spielt auch ein bisschen Glück mit). Natürlich hätte ich das auch mit der richtigen Aktie geschafft, etwa mit Tesla, Apple oder Amazon. Nur hätte ich die Aktie nie und nimmer 20 Jahre gehalten, sondern sie spätestens nach der zweiten Verdopplung verkauft. Mein Immobilienvermögen ist aber weiter gewachsen und wurde so zu meinem besten Investment und zur Basis für viele weitere Anlagen.

Über mein schlechtestes Investment muss ich noch nachdenken. Nicht, dass es da keine gegeben hätte, im Gegenteil, es gibt einige. Die meisten waren jedoch nicht so folgenreich wie mein bestes Investment. Denn nach Abschluss des Kaufvertrags haben mein damaliger Freund und ich geheiratet.

Zufällig Immobilieninvestorin

Wer in Immobilien investiert, braucht eine Strategie. Ob «Buy and Hold», «Fix and Flip» oder «Buy and Sell», entscheidend sind die eigenen Fähigkeiten.

Es gibt sie, diese Menschen, die schon immer einen Plan hatten, selbst in jungen Jahren. Die Jahrgangsbeste, die schon mit 18 ihr Leben geplant hatte, vom Medizinertest über den Wohnort bis hin zur Kinderzahl – und auch alles so durchzog. Oder die Kommilitonin, die bereits im ersten Semester sämtliche Praktika und Auslandsaufenthalte organisiert hatte, um am Tag nach dem Examen bei der Unternehmensberatung ihrer Wahl anzufangen. Ich war stets hin- und hergerissen zwischen Bewunderung und Furcht. Bewunderung, weil sie alles genau machten, wie sie es geplant hatten, und nichts dem Zufall überließen. Furcht: eben weil sie alles genau machten, wie sie es geplant hatten, und nichts dem Zufall überließen.

Mein Konzept war eher ein anderes: Zwar hatte ich immer

Ziele, aber der Weg dahin war eher zufällig. Ich wollte immer eine eigene Immobilie haben und finanziell unabhängig sein. Zu meiner (besser: unserer) ersten Wohnung kam ich aber eher zufällig, da ein Freund noch Mitglieder für seine Baugruppe suchte. Das Investment erwies sich als Glücksfall, aber schnell erkannte ich, dass ich eine Strategie brauche, um langfristig erfolgreich zu sein. Egal ob ich in Immobilien oder Aktien investiere.

Es gibt eine Reihe von Strategien, wie man mit Immobilien Geld verdienen kann: «Buy and Hold», «Fix and Flip» oder «Buy and Sell». Bei der Wahl der Strategie sind die eigenen Fähigkeiten und Interessen entscheidend. Die meisten, so auch ich seinerzeit, fangen mit «Buy and Hold» an, mit Kaufen und Abwarten. Ich kaufe eine Immobilie und halte sie langfristig, mindestens zehn Jahre, denn dann ist der Verkaufsgewinn für Privatinvestorinnen steuerfrei. Mit den Mieteinnahmen tilge ich den Kredit, gleichzeitig profitiere ich von der inflationsbedingten Wertsteigerung meiner Immobilie. Langsam, aber sicher baue ich ein Vermögen auf.

Aufwendiger, aber auch ertragreicher ist die «Fix and Flip»-Strategie. Hier suche ich gezielt nach Objekten, die sich entwickeln lassen. Entwickeln kann vieles bedeuten: Die einfachste Variante ist, die Wohnung nach einer Kündigung zu renovieren oder gar zu sanieren, um sie dann zu einem höheren Preis weiterzuvermieten. Ertragreicher ist es, zusätzlichen Wohnraum zu schaffen, etwa durch den Anbau von Balkonen oder den Ausbau eines Dachgeschosses. Die fortgeschrittene und gewinnbringendste Variante ist es, ein Mehrfamilienhaus in Wohnungen aufzuteilen (sofern das rechtlich möglich ist) und diese einzeln zu verkaufen. Mit dem Einzelverkauf kann ich einen deutlich höheren Gewinn erzielen, als wenn ich das Objekt als Ganzes verkaufe. Die Differenz zwischen Einkaufs-

und Verkaufspreis ist mein Gewinn. Diese Strategie ist vor allem dann sinnvoll, wenn man in überschaubarer Zeit Eigenkapital für weitere Investments aufbauen will. Allerdings sollte man eine gute Steuerberaterin zurate ziehen, denn Privatpersonen dürfen nicht mehr als drei fremdgenutzte Immobilien innerhalb von fünf Jahren verkaufen, ansonsten fällt dies unter den gewerblichen Immobilienhandel (was auch Vorteile haben kann).

«Buy and Sell» ist eher etwas für Vollzeitinvestoren oder Menschen, die von Berufs wegen einen guten Marktzugang haben. Ziel ist es, eine Immobilie günstig einzukaufen und teurer weiterzuverkaufen. Das dürfte die meisten Freizeitinvestoren überfordern, denn zunächst muss man an ein Objekt unterhalb des Marktwertes kommen und dann auch noch den passenden Käufer, die passende Käuferin finden. Üblicherweise kann man solche Immobilien in Zwangsversteigerungen erwerben, im Zuge einer Scheidung oder bei einem Erbfall. Ganz wichtig bei der Kalkulation des Gewinns: die Kaufnebenkosten nicht vergessen!

Bevor ich mich also für eine Strategie entscheide, muss ich meine Ziele definieren: Geht es mir um langfristigen Vermögensaufbau? Möchte ich kurzfristig Eigenkapital aufbauen? Welche Fähigkeiten und Erfahrungen bringe ich mit? Und vor allem: Wie viel Zeit kann ich für meine Investments aufbringen?

«Buy and Hold» setzt in erster Linie Entschlossenheit, Mut und langen Atem voraus (und natürlich Eigenkapital). Die meisten Privatinvestoren fangen so an und wachsen mit ihren Immobilien, indem sie frei werdende Wohnungen renovieren und zu besseren Konditionen vermieten. «Fix und Flip» ist dann oft der zweite Schritt, der schon deutlich mehr Zeit in Anspruch nimmt, von der Entwicklung über die Umsetzung bis zum Verkauf. Wer kreativ ist, das Potenzial einer Wohnung schnell erkennen kann, aber auch Geduld und Durchsetzungsfähigkeit mitbringt, das Projekt umzusetzen, der kann mit einer solchen Strategie viel Freude haben und Geld verdienen. Wer juristisch interessiert oder gar Jurist ist, kommt mühelos mit Teilungs- und Kaufverträgen zurecht. Verkaufstalente sind ebenfalls klar im Vorteil. Für «Buy and Sell» braucht man vor allem einen guten Zugang zum Markt, auch zum Verkäufermarkt. Architekten, aber auch Banker, Steuerberaterinnen, Anwälte und Notarinnen beobachten den Markt zwangsläufig genauer als Kolumnistinnen bei der «Zeit». Sie können daher schnell einschätzen, ob ein Objekt unterbewertet ist. Egal für welche Strategie man sich entscheidet, kein Plan ist in Stein gemeißelt. Mit zunehmender Erfahrung und mehr Eigenkapital kann und will man vielleicht eine zeitaufwendigere, aber auch renditeträchtigere Strategie verfolgen.

So gesehen war es zunächst vielleicht gar nicht verkehrt, zwar ein Ziel zu haben, auf dem Weg dahin aber flexibel zu bleiben.

Wenn Aktien nicht Ihr Ding sind

Wertpapiere bieten langfristig gute Renditen. Was aber, wenn man sich darauf einfach nicht einlassen will? Immobilien sind sehr gute Alternativen, ganz besonders für kreative Menschen.

Eigentlich mache ich keine Finanzberatung für Freunde: Wenn es schiefgeht, ist die Freundschaft futsch, wenn es gut läuft, gibt es dennoch selten Blumen. Aber als mich Ende vergangenen Jahres meine Freundin Anne bat, über ihre Finanzen zu gucken, konnte ich nicht ablehnen. Anne, Künstlerin und Deutschlehrerin, bringt meinem Sohn das Lesen und Schreiben bei. Da er sich wirklich schwertut, kann ich Anne nicht dankbar genug sein, dass sie dort einspringt, wo meine mütterliche Geduld versagt.

Bei Kaffee und selbst gebackenen Zimtsternen nahmen wir Annes Sparbücher, Bausparverträge, Lebensversicherungen und Aktienfonds auseinander. Mein erster Eindruck: alles in passablem Zustand. Wir überlegten, welche finanziellen Ziele sie und ihr Mann hatten – etwa, wie sie die Kinder durchs Studium bringen und wie viel sie zusätzlich zur gesetzlichen Rente brauchen –, und rechneten ein bisschen hin und her, wie sie diese erreichen könnten. Gegen Ende des Nachmittags kamen wir zu dem Schluss, dass eine Eigentumswohnung, die sie zunächst vermieten würden, das Richtige für die beiden wäre.

Warum? Rein rechnerisch wäre ein Wertpapierdepot vermutlich langfristig rentabler. Aber dazu müsste Anne sich zumindest einmal im Jahr mit ihrem Depot beschäftigen – und das ist überhaupt nicht ihr Ding. Das merkte ich auch daran, dass sie an diesem Nachmittag lieber einen Adventskalender für meinen Sohn bastelte, bei dem sich hinter jedem Türchen ein Merkwort versteckte, als sich mit ihren Aktien und Sparplänen zu beschäftigen. Das letzte (und eigentlich einzige) Mal, dass sie das überhaupt getan hatte, war im Jahr 1998. Irgendwie auch bewundernswert, dachte ich, sie hatte sowohl die geplatzte Dotcom-Blase als auch die Lehman-Brothers-Pleite und die Coronakrise verpasst. Allerdings steckte ihr Geld im vergangenen Jahrzehnt des Aufschwungs an den Börsen auch in einem Mischfonds aus Anleihen und Aktien, der nach Abzug aller Kosten gerade einmal 1,5 Prozent Rendite im Jahr gebracht hatte.

Noch aus einem anderen Grund hielten wir eine Wohnung

für ein passenderes Investment: Anne und ihr Mann sind handwerklich geschickte, anpackende Menschen. Sie könnten in einem aufstrebenden Viertel eine Wohnung günstig kaufen, sie dann selbst renovieren und während der Vermietung in Schuss halten. Gerade deswegen trauen sich viele Menschen das Vermieten nicht zu – für die beiden war es genau richtig. «Wo finde ich diese Wohnung in Berlin?», fragte sie mich. «Wenn jemand eine Wohnung findet, dann ihr», sagte ich. Denn Künstler wissen oft als Erste, welche Stadtteile im Kommen sind. Ich riet ihr, die Suche zu ihrer Hauptaufgabe zu machen, also: jede Woche mindestens fünf Wohnungen besichtigen, am besten täglich anrufen – und nicht bloß auf den Zufallstreffer im Internet hoffen. Wir einigten uns auf eine Idealwohnung mit 80 bis 90 Quadratmetern, einem Kaufpreis unter 400000 Euro bei einer Eigenkapitalquote von 50 Prozent. Das ist zwar viel mehr als nötig, aber immer noch sinnvoller, als das Geld auf dem Sparbuch weniger werden zu lassen.

Annes To-do-Liste wurde an diesem Nachmittag immer länger. Die nächsten Schritte: Sparverträge auflösen und Aktienfonds verkaufen. In den folgenden Wochen bekam ich immer wieder mal eine Wasserstandsmeldung: «Heute gucke ich mir eine Wohnung in Friedrichshain an» oder «Den Bausparvertrag habe ich gekündigt». Mitte Januar erzählte mir Anne stolz: «Jetzt habe ich die Aktien verkauft.» Mein Herz rutschte kurz in die Hose. Nach einem kurzen Kursrückgang an den Börsen erholten sich die Märkte gerade wieder. Hätte sie lieber ein bisschen gewartet, dachte ich im Stillen. Rückblickend war es goldrichtig, die Aktien im Januar 2022 verkauft zu haben. Infolge des Ukrainekrieges und der Energiekrise fielen die Kurse bis zum Herbst desselben Jahres weiter.

Vor ein paar Wochen erzählte mir Anne dann freudig, sie

hätten eine Wohnung gefunden. Und zwar eine, die alle gerne hätten: 85 Quadratmeter, aufstrebender Kiez, für unter 5000 Euro pro Quadratmeter. Während sie von den hohen Decken und den Jugendstilelementen schwärmte, musste ich sie unterbrechen: «Jetzt brauchst du einen Kredit, und zwar schnell. Die Zinsen steigen!» Zum Glück waren Annes Finanzunterlagen seit unserem Finanzkaffeekränzchen perfekt sortiert. Damit ging sie zur Bank und bekam in kürzester Zeit zwei akzeptable Angebote. 2,4 Prozent Zinsen, bei 15 Jahren Zinsbindung. Natürlich wären die Zinsen vor einem Dreivierteljahr deutlich niedriger gewesen, aber in einem Dreivierteljahr werden sie noch deutlich teurer sein. «Du hast wirklich alles richtig gemacht», sagte ich voller Freude. Und auch mit ein bisschen Stolz, schließlich hatte ich sie angestupst, ihre Finanzen selbst in die Hand zu nehmen.

Ihre Geschichte erinnert mich an einen Spruch, bei dem ich früher mit den Augen gerollt habe, wenn meine Großmutter ihn zu jeder Gelegenheit aufsagte: Das Glück ist mit den Tüchtigen. Annes Beispiel zeigt: So ganz falsch lag meine Großmutter damit nicht. Anne hat geschafft, was den wenigsten Privatanlegern gelingt, nämlich rechtzeitig ihr Portfolio umzuschichten. Sie hat ihre Aktien zu Höchstpreisen verkauft und eine Wohnung mit einem günstigen Kredit erworben. Und für die Inflation ist sie ebenfalls gerüstet, weil ihre Schulden dadurch von selbst weniger werden. Sie hätte es nicht besser planen können. Ihren Erfolg nur auf Glück zurückzuführen, würde ihr aber nicht gerecht werden. Sie hat sich ein Ziel gesetzt und ihre Finanzen geordnet. Allein daran scheitern schon viele Menschen. Und sie hat ebenso hartnäckig wie ausdauernd ihre To-do-Liste abgearbeitet und vor allem nicht gezaudert. Dann darf ihr gerne auch das Glück in die Hände spielen!

Lunch mit der Maklerin

Wer eine Immobilie kaufen will, braucht das richtige Netzwerk aus Maklerin, Darlehensvermittlerin und Notarin. Das ist Beziehungsarbeit ganz anderer Art.

Kürzlich habe ich einen erfolgreichen jungen Mann, Ende 30, kennengelernt, der mir begeistert vom Kauf eines Mehrfamilienhauses als Kapitalanlage erzählte. Unter uns: So toll war sein Deal gar nicht, aber er konnte es so darstellen, als sei es das beste Geschäft aller Zeiten gewesen. «Bewundernswert, dieses männliche Selbstvertrauen», dachte ich mir. «Hätte ich auch gerne mehr davon.»

Weniger bewundernswert fand ich die Art und Weise, wie er zu seiner Immobilie gekommen war: Zunächst hatte er das Haus über einen Makler gefunden, dann aber über einen Freund den Besitzer ausfindig gemacht, diesen direkt kontaktiert und schließlich gekauft, ohne den Makler darüber zu informieren. Auf diesen Teil seines Deals war er besonders stolz, sparte ihm das doch einige Tausend Euro und mehr. Ich guckte ihn entsetzt an. «Dem Makler muss ich bei Gelegenheit etwas zukommen lassen», sagte er. «Wie kurzsichtig», dachte ich mir und wandte mich ab. Eine gute Maklerin ist für den erfolgreichen Immobilienkauf ebenso wichtig wie eine findige Darlehensvermittlerin und die richtige Notarin. Dieses Netzwerk muss man aufbauen und pflegen.

Natürlich bin auch ich auf der Suche nach Off-Market-Objekten, also Häusern oder Wohnungen, die ohne Makler verkauft werden. Aber sie sind nur schwer zu finden, gerade wenn man wie ich nicht Vollzeit mit Immobilien handelt. Deshalb suche ich mit Maklerinnen und Maklern. Wenn diese erst einmal eingeschaltet sind, muss man mit den Wölfen heulen. Langfristig lohnt es sich, auch wenn es schmerzt.

Ob die Höhe ihrer Courtage gerechtfertigt ist, lässt sich hinterfragen, aber zu unterschätzen sind die Dienste der Makler nicht: Sie haben Zugang zum Markt, den die meisten von uns nicht haben. Sie wissen, für wen ein Objekt infrage kommt, und stellen Interessierten nur passende Objekte vor. Sie bringen Käufer- und Verkäuferinteressen zusammen. Wer schon einmal eine Wohnung selbst verkauft hat, weiß, wie langwierig und mühsam der gesamte Prozess sein kann. Oft kaufen oder verkaufen die Menschen nur einmal im Leben eine Immobilie und sind entsprechend wankelmütig, schließlich geht es um deutlich mehr als eine neue Jeans. Eine Maklerin hat Erfahrung, wie sie unterschiedliche Interessen ausgleicht und zum Ziel kommt. Für all diese Dienste zahlt man, wenn auch durchaus üppig.

Aber es lohnt sich: Sobald eine Maklerin weiß, dass man zuverlässig, schnell und zahlungsfähig ist, bekommt man mehr Angebote, oft als Erste. Denn letztendlich möchte die Maklerin möglichst schnell und unkompliziert zum Geschäftsabschluss kommen, um ihre Provision einzustreichen. Wenn sie bereits gute Erfahrungen mit einer Kundin gemacht hat, liegt es nahe, den nächsten Deal wieder mit ihr zu machen.

Diesen guten Ruf muss man sich als Kaufinteressentin zunächst erarbeiten. Zunächst sollte man gut vorbereitet, selbstbewusst, aber nicht überheblich zum Besichtigungstermin erscheinen. Die Eckdaten, wie Kaufpreis, Quadratmeter, Faktor etc., habe ich im Kopf, und idealerweise bin ich zehn Minuten früher da. Ausgeruht in einen Termin zu gehen, verschafft mir einen mentalen Vorsprung. Mögliche Fragen überlege ich mir schon im Vorfeld, ich mache mir Notizen, damit ich im Anschluss nicht unnötig nachfragen muss.

Ganz wichtig ist, zuverlässig, verbindlich und zügig zu handeln. Beispielsweise sage ich zu, mich bis zum Tag X mündlich zu melden oder bis zum Tag Y ein schriftliches Angebot abzugeben – und das tue ich dann auch. Wenn ich den Kaufpreis herunterhandele, habe ich dafür stichhaltige und nachvollziehbare Argumente und nörgele keinesfalls grundlos, als sei ich heute Morgen mit dem falschen Fuß aufgestanden. Letzteres kommt nämlich nicht gut an, Maklerinnen sind auch nur Menschen und haben wenig Lust, sich mit nervigen oder anstrengenden Mitmenschen abzugeben. Entscheide ich mich schließlich gegen das Objekt, lege ich die Gründe dafür transparent und nachvollziehbar dar und verziehe ich mich nicht einfach klammheimlich. Letztendlich ist all dies nichts weiter als eine spezielle Form von Beziehungsarbeit.

Das Objekt ist die eine Hälfte des Deals, die andere Hälfte ist das Darlehen. Um an ein gutes und günstiges Darlehen zu kommen, wendet man sich am besten an eine Vermittlerin. Wenn man die richtige gefunden hat: unbedingt festhalten! Denn leider, so zumindest meine Erfahrung, gibt es in dieser Zunft doch einige, die mehr an ihrem eigenen Erfolg als an dem der Kundin interessiert sind. Ob eine Vermittlerin ihren Job gut erledigt, erkenne ich daran, ob sie im Vorfeld transparent macht, wie sie bezahlt wird (nämlich von der Bank, die das Darlehen gibt und die diese Kosten auf mein Darlehen umlegt) und was genau sie dafür tun wird. Wie viele Angebote bekomme ich? Kann sie bei der Beschaffung fehlender Unterlagen behilflich sein? Wie sieht die Begleitung bei der Auszahlung und danach aus? Gerne locken Vermittler zunächst mit supergünstigen Angeboten, die dann rapide teurer werden, sobald es konkreter wird. Dann sollte ich mir lieber früher als später einen neuen Vermittler suchen. Habe ich aber einen guten gefunden, muss ich meinen Teil des Deals erfüllen und die geforderten Unterlagen schnell und zuverlässig liefern.

Die richtige Notarin erkenne ich an der Kommasetzung. Aufgabe der Notarin ist es, einen Vertrag rechtssicher und so präzise zu formulieren, dass es anschließend nicht zum Streit kommt. Sie muss also gut organisiert, strukturiert und sorgfältig sein. Sind im Vertragsentwurf Rechtschreib-, Satzbau- oder Kommafehler, schrillen bei mir die Alarmglocken. Angesichts des Honorars erwarte ich, dass die Notarin innerhalb von 24 Stunden auf meine Mail antwortet und ich innerhalb von drei Tagen einen Vertragsentwurf bekomme. Im Vorfeld sollte die Notarin wichtige Informationen abfragen, etwa den Zeitpunkt der Übergabe, den Zustand des Objekts (werden etwa Einbauküchen mitverkauft?) und ob das Objekt vermietet ist oder nicht. Wie bei Maklern und Darlehensvermittlern gilt auch hier: Die Notarin ist auf meine zügige und vollständige Zuarbeit angewiesen, um ihren Job gut zu machen. Schließlich noch eine Sache: Die Käuferin stellt den Notar, nicht umgekehrt. Ansonsten besteht die Gefahr böser Überraschungen.

Natürlich hat niemand etwas zu verschenken, und es ist völlig legitim zu verhandeln, wenn es geht, etwa bei der Maklercourtage oder dem Zinssatz. Letztendlich feilscht man aber nicht nur um Geld, sondern auch immer um Geschäftsbeziehungen. Unaufrichtigkeit fällt einem schnell auf die Füße, zumal sich die Dinge schneller herumsprechen, als man vielleicht denkt. Aber diese Erfahrung kann mein neuer Bekannter selbst machen.

Schuldenfrei nach 30 Jahren

Ob Volltilger-, Annuitätendarlehen oder variabler Zins – jede Kreditart hat ihre Vor- und Nachteile. Entscheidend ist die persönliche Finanzierungssituation.

Heute ist ein großer Tag! Nach 30 Jahren zahle ich mein Darlehen endgültig zurück. Nicht, dass ich mich als Teenager schon im größeren Stil verschuldet hätte. Aber meine Eltern hatten vor langer, langer Zeit ein Darlehen mit Endfälligkeit September 2022 aufgenommen, um ein Bauprojekt zu finanzieren. Als Teenager verfolgte ich ihr Vorhaben seinerzeit nur halbherzig. Ich erinnere mich aber noch, dass ich bei der Erwähnung des Jahres 2022 dachte: «Oh Gott, da bin ich ja uralt!» Meine Eltern sind längst verstorben, das Darlehen aber lebte weiter, ich bin noch nicht uralt und zahle es an diesem Herbsttag 2022 zurück.

Wer eine Immobilie finanziert, hat die Wahl zwischen unterschiedlichen Darlehensarten, die je nach Situation mehr oder weniger sinnvoll sein können. Die Idee hinter dem endfälligen Darlehen, von dem ich spreche, ist folgende: Ich nehme einen Kredit auf, beispielsweise in Höhe von 100000 Euro, und zahle den gesamten Betrag erst am Ende der Laufzeit zurück – in meinem Fall nach 30 Jahren (wobei ich korrekterweise sagen muss, dass das Darlehen in drei zehnjährige Kredite unterteilt war). Während der gesamten Laufzeit tilge ich nicht, sondern zahle lediglich monatlich Zinsen.

Das ist immer dann sinnvoll, wenn man das Geld zu einer höheren Rendite, aber auch sicher anlegen kann (also bitte nicht in Aktien). Vor allem in Zeiten hoher Zinsen kann ein endfälliges Darlehen sinnvoll sein, denn die Zinsen für ein vermietetes Objekt kann ich von der Steuer absetzen. Ein kurzes Rechenbeispiel: Ich schließe einen Kredit über 100000 Euro zu einem Zinssatz von fünf Prozent ab. Jährlich zahle ich 5000 Euro, die ich als Werbungskosten absetzen kann, das heißt, meine Steuerlast verringert sich um diesen Betrag. Wenn man eine Steuerlast von 47,5 Prozent zugrunde legt, habe ich eine Steuerersparnis von 2375 Euro. Da die Kreditzinsen zu Beginn der 1990er-Jahre bei zwölf Prozent lagen (so viel zu den aktuell hohen Zinsen ...), kam da einiges an Ersparnis zusammen. Gleichzeitig waren Lebensversicherungen seinerzeit eine ebenso sichere wie renditestarke Anlageform, zumal der Gewinn nach zwölf Jahren steuerfrei war.

Diese Steuerfreiheit bei Lebensversicherungen wurde längst abgeschafft, endfällige Darlehen gibt es heute noch. Sie werden meist in Kombination mit anderen Finanzprodukten angeboten wie Bausparverträgen, Kapitallebensversicherungen, aber auch Aktiensparplänen, mit dem Ziel, Kapital aufzubauen, mit dem man dann am Ende der Laufzeit das Darlehen tilgt. Genau da könnte das Problem liegen: Nicht immer sind die Anlagen so sicher, wie sie einem verkauft werden. Der Garantiezins bei einer Lebensversicherung bleibt zwar, die Überschussbeteiligung schwankt aber mit dem Zinsverlauf. Selbst wenn Aktien langfristig steigen, gibt es keine Garantie auf einen Gewinn. Wenn man einen Kredit mit einem ETF-Plan zurückzahlen will und der Rückzahlungstag auf den Kriegsbeginn in der Ukraine fällt, hat man ein Problem. Deswegen ist an dieser Stelle Vorsicht geboten. Als Überbrückung oder Bestandteil einer größeren Finanzierung kann ein endfälliges Darlehen jedoch sinnvoll sein, da neben der Steuerersparnis die monatliche Belastung gering ist.

Die wohl gängigste Kreditform ist das Annuitätendarlehen. Jeden Monat zahle ich den immer selben Betrag an die

Bank, der sich aus Zins und Tilgung zusammensetzt. Da ich meinen Kredit im Laufe der Zeit tilge, wird der Zinsanteil immer kleiner, und ich tilge automatisch mehr. Der Zins ist für die gesamte Laufzeit fest, je länger die Laufzeit, beispielsweise 15 oder gar 20 Jahre, desto höher sind die Zinsen. Allerdings hat man so auch mehr Planungssicherheit, gerade in Phasen steigender Zinsen. Anders als beim Volltilgerdarlehen habe ich den Kredit am Ende der Laufzeit nicht komplett zurückgezahlt, deshalb muss ich mich rechtzeitig um eine Anschlussfinanzierung kümmern. Die große Planungssicherheit bei diesem Darlehen ist Vor- und Nachteil zugleich: Der Vertrag ist sehr starr, mögliche Sondertilgungsraten muss ich zu Vertragsbeginn festlegen. Allerdings habe ich nach zehn Jahren ein Sonderkündigungsrecht und kann gegebenenfalls auch günstigere Zinsen in Anspruch nehmen.

Beim Volltilgerdarlehen zahle ich meinen Kredit bis zum Ende der Laufzeit ab, sodass ich schuldenfrei bin. Bei einem vermieteten Objekt ist die Schuldenfreiheit aber nicht mein oberstes Ziel. Bei einer selbst genutzten Eigentumswohnung oder dem eigenen Haus ist es hingegen vorteilhaft, wenn ich irgendwann nicht mehr monatlich den Kredit abzahlen muss, spätestens im Rentenalter. Die Laufzeiten für ein Volltilgerdarlehen können ganz unterschiedlich sein, sie reichen von wenigen bis zu 20 oder 40 Jahren. Während dieser Zeit ändert sich meine Rate nicht. Je schneller ich meinen Kredit abbezahlen will, desto höher ist meine monatliche Belastung. Persönlich finde ich das Volltilgerdarlehen immer dann sinnvoll, wenn ich nach Ablauf des derzeitigen Kredits nur noch eine überschaubare Restschuld habe.

Beim variablen Darlehen ist der Zins nicht festgeschrieben, der Name lässt es bereits vermuten. Der Zins ändert sich alle drei Monate gemäß der Entwicklung des Euribor, des Zinses für Termingelder im europäischen Interbankengeschäft. Steigt der Leitzins und damit auch der über dem Leitzins liegende Euribor, erhöhen sich meine Kreditzinsen – und umgekehrt. Ein variables Darlehen ist daher vor allem in Phasen lockerer Geldpolitik, sprich fallender Zinsen, sinnvoll. Oder auch zur kurzfristigen Finanzierung, etwa als Überbrückungskredit. Als großer Nachteil bei diesem Darlehen gilt gemeinhin die fehlende Planungssicherheit. Das sehe ich jedoch anders, denn ich kann den variablen Kredit alle drei Monate kündigen und in ein Annuitätendarlehen umwandeln. Oder ich kann die Restschuld begleichen und muss – anders als bei den oben erwähnten Darlehen – keine Vorfälligkeitsentschädigung zahlen.

Den Darlehensbetrag habe ich gerade überwiesen, 30 Jahre vergingen schneller als gedacht. Ich kann es dann doch nicht lassen, einmal nachzurechnen, ob dieses endfällige Darlehen samt Steuersparmodell sinnvoll war. Das Ergebnis meiner Bierdeckelrechnung: vermutlich nicht. Ich wäre wohl besser gefahren, das Darlehen nach zehn Jahren in ein Annuitätendarlehen umzuwandeln. Nur wusste ich das damals nicht, und die Finanzwelt war seinerzeit bei Weitem nicht so transparent wie heute. Schade. Auch deswegen schreibe ich dieses Buch.

Keine Angst vor Mietnomaden

Den Kauf einer vermieteten Wohnung verbinden viele Menschen mit Ärger und Stress. Zu Unrecht: Viele Risiken kann man im Vorfeld minimieren, und die Rendite ist ungleich höher.

Meine Freundin Indra kauft nur vermietete Wohnungen. Das ist sozusagen ihr Geschäftsmodell. Ich erwähne das, weil es einigen vielleicht riskant erscheint. «Warum?», fragt Indra. «Die Wahrscheinlichkeit, dass jemand, der fünf, zehn oder gar 20 Jahre zuverlässig seine Miete gezahlt hat, von heute auf morgen verrückt wird, die Wände beschmiert und seine Miete nicht mehr zahlt, ist doch sehr gering.» «Na ja», werfe ich ein. Mir ist vor einigen Jahren nämlich genau das passiert: Ein ebenso zuverlässiger wie sympathischer Mieter ist von heute auf morgen psychisch krank geworden, hat tatsächlich die Wände beschmiert (mit seinen Fäkalien, um es genau zu nehmen), konnte nicht mehr als Anwalt arbeiten und hat monatelang seine Miete nicht gezahlt. Aber gut, mit der Hilfe seines Bruders konnten wir die Situation damals lösen, und am Ende hat mich die menschliche Tragödie des jungen Mannes sehr viel mehr bewegt als der finanzielle Verlust, der von meinen anderen Objekten aufgefangen wurde. Aber das ist tatsächlich auch die einzige Mietnomaden-Geschichte, die ich aus über 25 Jahren als Vermieterin zu erzählen habe. An sich ist die Sorge vor Mietnomaden völlig unbegründet, da stimme ich Indra zu. «Wenn ich Probleme habe, dann mit Mietern, die ich selbst ausgesucht habe, da ich anfangs nicht genau genug hingeguckt habe», sagt Indra, die mittlerweile über 70 Wohnungen in ihrem Portfolio hat. Geht mir übrigens ähnlich.

Es spricht sehr viel dafür, eine vermietete statt eine leer stehende Wohnung zu kaufen. Wer ein Mehrfamilienhaus kauft, übernimmt ohnehin in den meisten Fällen bestehende Mietverhältnisse, im Zweifel sind höchstens ein, zwei Wohnungen frei. Und das schlägt sich sofort im Kaufpreis nieder, denn unvermietete Wohnungen sind deutlich teurer als vermietete. Letztere sind oft 20 bis 30 Prozent günstiger, denn bei einer bewohnten Wohnung ist man zunächst an den Mietpreis gebunden. Oft liegt dieser unter der aktuellen, marktüblichen Miete. Ein leer stehendes Objekt kann ich hingegen sofort zu Marktpreisen vermieten. Wenn ich ein vermietetes Objekt kaufe, kaufe ich also in gewisser Weise ein Risiko ein, denn ich weiß nicht, wann ich die Wohnung zu höheren Preisen an den Markt bringen kann. Deshalb bekomme ich einen Abschlag beim Kaufpreis, denn auch hier gilt: Rendite kommt von Risiko.

Was den zeitlichen Horizont anbetrifft, gibt es tatsächlich keine Sicherheit. Natürlich gibt es Daumenregeln: In kleineren Wohnungen gibt es mehr Fluktuation, Familien ziehen eher nicht so schnell um, der 86-jährige Mieter wird vermutlich nicht weitere 20 Jahre in der Wohnung bleiben usw. Mit diesem «Mieterhöhungspotenzial», wie es schrägerweise im Fachjargon heißt, kann man allerdings nicht kalkulieren. «Ich muss mit dem Status quo leben können», sagt Indra. Das Objekt muss sich rechnen, wobei das sogar heißen kann, dass ich monatlich einen gewissen Betrag – etwa aus anderen Objekten – hinzuschießen muss. Den eigentlichen Gewinn mache ich erst beim Auszug, sei es durch Verkauf oder Neuvermietung. Das ist dann die Prämie für das Risiko, das ich eingegangen bin. Oder der «Jackpot», wie Indra ihn freudig nennt.

Was die anderen Risiken anbetrifft, kann man sich als Käuferin im Vorfeld sehr gut absichern, muss dazu allerdings bestehende Mietverträge genau prüfen. Das wohl größte Risiko ist, dass die Mieter ihre Miete nicht zahlen. Daher muss ich im Vorfeld die Zahlungseingänge prüfen. Gab es etwa Rückstände oder gar Rechtsstreitigkeiten deswegen? In den Verträgen muss ich weiter prüfen, ob es besondere Vereinbarungen gibt, wie etwa eine Staffel- oder Indexmiete. Sind diese Vereinbarungen auch rechtswirksam? Formulierungen wie «danach erhöht sich die Miete um jährlich zwei Prozent» sind beispielsweise unwirksam. Auch gelten in Niedersachsen andere Regelungen als etwa in Berlin.

Wichtig ist auch: Wie und welcher Höhe wurde die Kaution beglichen? Handelt es sich, wie in den meisten Fällen, um eine Barkaution, muss der alte Eigentümer diese überweisen. Wurde zuvor keine Kaution einbehalten, darf die neue Besitzerin auch keine Sicherheit fordern, denn ein Verkauf ändert nichts am bestehenden Mietverhältnis. Folglich kann die Käuferin das Mietverhältnis auch nicht einfach kündigen, Mieterhöhungen sind ebenfalls nur im gesetzlichen Rahmen zulässig.

Nicht ganz unwichtig ist die Frage nach anstehenden Sanierungen oder Renovierungen. Ist der Mieter verpflichtet, nach Auszug Schönheitsreparaturen durchzuführen? Wenn ja, welche? Sind diese Regelungen heute überhaupt noch wirksam? Besonders aufschlussreich ist es, wenn man bei der Besichtigung mit den Mietern ins Gespräch kommen und sich sowohl ein Bild vom Zustand der Wohnung als auch von den Mietern selbst machen kann (wobei einem gerade bei der Besichtigung von Mehrfamilienhäusern gerne die Vorzeigemieter präsentiert werden ...).

All das mag vielleicht abschreckend klingen, der Preisunterschied zwischen einem leer stehenden und einem vermieteten Objekt ist meiner und Indras Meinung nach aber die Mühe wert.

Ziehen die «alten» Mieter aus, kann man die Dinge selbst in die Hand nehmen, auch die Mieterauswahl. Zunächst sollte man darauf achten, dass die potenziellen Mieter nicht mehr als 30 Prozent ihres Nettogehaltes für die Miete ausgeben, ansonsten könnten sie früher oder später in finanzielle Schwierigkeiten geraten. Darüber gibt der Arbeitsvertrag Auskunft, bei Selbstständigen der Einkommensteuerbescheid. Darüber hinaus würde ich mir die Mietschuldenfreiheit vom derzeitigen Vermieter bestätigen sowie eine Schufa-Abfrage machen lassen. Selbstredend brauche ich eine Kopie des Personalausweises.

So weit, so gut. Neben den finanziellen Eckdaten, die natürlich stimmen müssen, ist das Menschliche aber noch wichtiger. Die neuen Mieter bzw. Mieterinnen müssen in die Hausgemeinschaft passen, sonst ist der Ärger programmiert. Die junge, mitunter lautstarke Familie neben dem Junggesellen kann durchaus zu Ärger führen (ich spreche hier aus Erfahrung, unser ehemaliger Nachbar hat da keinen Spaß verstanden). Ebenso die Studierenden-WG neben dem Rentnerehepaar. Muss nicht sein, kann aber so kommen. Mittlerweile habe ich gelernt, auf mein Bauchgefühl zu hören: Denn Mietverhältnisse, die sich im Nachhinein als kompliziert herausgestellt haben, haben meistens schon schwierig angefangen. Wenn die Interessenten vor Vertragsabschluss bereits beantwortete Fragen mehrfach erneut stellen oder übertriebene Sonderwünsche haben, zieht sich dies mit großer Wahrscheinlichkeit über das ganze Mietverhältnis – und das kann sehr anstrengend sein! Letztendlich arbeitet man als Vermieterin mit seinem Mieter zusammen, deshalb sollte man sich im Vorfeld genau überlegen, mit wem man es zu tun haben will. Tatsächlich lernt man das mit der Zeit, wie Indra und ich festgestellt haben. Aber im Zweifel ist die Wohnung, in der seit 20 Jahren zuverlässige Mieter wohnen, die bessere Wahl, in vielerlei Hinsicht.

Vermieterin mit Herz

Immobilien können mehr als eine Kapitalanlage sein. Man kann mit ihnen die Welt bunter und vielleicht auch etwas besser machen.

Viele Menschen verbinden mit dem Vermieterdasein viel Ärger und Arbeit. Nicht ganz abwegig, denn es gibt sie durchaus, die Mieter, die ständig herumnörgeln. Aber: Meiner Erfahrung nach bilden sie eine kleine, sehr kleine Minderheit. Die Vorteile, Eigentümerin und Vermieterin zu sein, sind so viel größer als die Mühe und der Ärger, die man gelegentlich hat. Nicht nur in finanzieller Hinsicht: Mir fällt keine andere Anlageklasse ein, die mir so viele Gestaltungsmöglichkeiten gibt, die mir so viel Freude macht. Natürlich bereiten mir auch Aktiengewinne Freude, aber auf andere Art, vielleicht ist es eher der Spaß, gewonnen zu haben. Die Freude am Vermieten ist, etwas gestalten zu können, von den Wohnräumen bis hin zu gesellschaftlichen Entwicklungen.

Mit dieser Einsicht bin ich nicht allein. Von Berufs wegen kenne ich einige Vermieter, mehr noch Vermieterinnen, die ihre Rolle mit Leidenschaft erfüllen, die große Freude am Gestalten mitbringen. Meine Freundin Maya etwa hat ein Tech-House gegründet. In ihrem Haus gibt es drei Wohnungen mit je drei Schlafzimmern. Diese Zimmer vermietet sie gezielt an junge und innovative Gründerinnen und Unternehmer. «Zum Arbeiten finden sich die Menschen ohnehin, etwa in Co-Working-Spaces», erzählt sie. «Ich wollte, dass sich die Leute auch privat austauschen können, damit etwas Neues entstehen kann.» Potenzielle Mieter und Mieterinnen sucht sie nicht in erster Linie nach deren finanzieller Bonität aus, sondern danach, ob sie eine innovative Geschäftsidee haben und bereit sind, sich für die Gemeinschaft einzubringen. «Das ist wichtig, sonst funktioniert das Konzept nicht», sagt sie. So haben die Bewohner in Eigenregie im Gemeinschaftskeller ein Tonstudio gebaut. Die Mieter wissen den Freiraum zu schätzen, Maya wiederum freut sich, dass etwas passiert und Neues entsteht.

Damit so ein Projekt funktioniert, müssen die Finanzen stimmen. Allerdings, erzählt Maya, reize sie die Miete nicht aus. «Das Haus rechnet sich, das reicht.» In diesem Fall geht es ihr um die «emotionale Rendite», wie sie es nennt. Maya interessiert sich seit ihrer Kindheit für Innovation und Technologie, hat eine Leidenschaft für Kunst. Dennoch hat sie sich für eine Karriere in der Immobilienbranche entschieden. Mit ihren Konzepthäusern verbindet sie ihre professionelle Erfahrung und persönliche Interessen und erfreut sich am Ergebnis. Ein ehemaliger angestellter Programmierer hat sich beispielsweise als Content Creator für digitale Kunst selbstständig gemacht und könne «jetzt mehr als gut davon leben». Natürlich liegt das nicht nur an ihrem Haus, aber es habe den Prozess beschleunigt.

Beflügelt von diesem Projekt, rief Maya das Konzept des Künstlerhauses ins Leben. Ein Haus für Künstlerinnen und Künstler, Schriftstellerinnen und Schriftsteller, eigentlich für alle, die an einem kreativen Projekt arbeiten. Das Herzstück, so sagt sie, sind die Künstlerresidenzen: Für acht bis zwölf Monate vermietet Maya möblierte Wohnungen an junge Kreative. Oft kommen die Leute aus dem Ausland, suchen einen Anlaufpunkt und wollen in der Berliner Kunstszene Fuß fassen. Daher stellt Maya ihnen im Haus ein Studio zur Verfügung, in dem sie kleinere Projekte zeigen können. Gegen Ende ihres Aufenthaltes können die Künstler und Künstlerinnen ihre Arbeiten in der hauseigenen Galerie «Scope BLN» ausstellen.

Neben der Galerie gibt es noch ein Café im Haus. Um einen Betreiber zu finden, hat Maya einen «Open Call» gemacht: Wer sich angesprochen fühlte, konnte ein kreatives Konzept einreichen. Den Zuschlag bekam ein Künstlerkollektiv. Die ersten sechs Monate durfte es die Räume kostenlos nutzen, jetzt sei die Miete kostendeckend. Es sollte mehr entstehen als nur Kaffee und Essen, sagt Maya.

Selbstverständlich ist die Vermietung dieser Konzepthäuser arbeitsintensiv, bringt aber auch deutlich mehr Spaß. Um den zusätzlichen Arbeitsaufwand zu bewältigen, von der Auswahl der Mieter und Künstler über die Organisation der Ausstellung bis hin zur Verwaltung des Objekts, hat Maya mittlerweile einen Mitarbeiter, der auch beteiligt ist. «Ich mache das aus Leidenschaft», sagt sie. Vielleicht ist es auch etwas Persönliches: Sowohl ihr Vater als auch ihre Schwester wollten Künstler werden, konnten sich ihre Träume im seinerzeit noch sozialistischen Bulgarien nicht erfüllen. Nun macht Maya es auf ihre Weise. «Vielleicht geht es auch darum, der Gesellschaft etwas zurückzugeben», sagt sie.

Maya geht mit ihren Konzepthäusern sicherlich sehr viel weiter als die meisten Vermieter. Auch mir macht es großen Spaß mitzugestalten, indem ich in Berlin-Mitte einen Raum teilweise kommerziell vermiete, um ihn dann Künstlerinnen und Künstlern überlassen zu können. Aber es gibt auch andere Möglichkeiten, mit Immobilien Einfluss zu nehmen. Angefangen von der Auswahl der Mieter über die Verschönerung und nachhaltige Entwicklung der Immobilie, bis hin zu bestimmten Vermietungsmodellen für einzelne Branchen. Der Fantasie sind keine Grenzen gesetzt. Ob man das will, muss jeder für sich selbst entscheiden. Sicher ist es oft mehr Arbeit.

Aber es ist auch eine großartige Möglichkeit, die Welt im Kleinen zu verändern, sie vielleicht ein bisschen besser, ein bisschen bunter zu machen.

WEGs: Oft ist die Hausnummer die einzige Gemeinsamkeit

Sich mit anderen Menschen Wohneigentum zu teilen, ist ein Sozialexperiment. Verwalter können das Chaos ordnen, sind aber immer schwerer zu finden. Ist die Lösung digital?

Wir sind in den Skiferien angekommen, und schon erreichen mich die ersten schlechten Nachrichten aus Berlin: Eine lapidare E-Mail der Hausverwaltung, die sich bislang für unsere Eigentümergemeinschaft um die Instandhaltung und die Bürokratie rund um unser Wohnhaus gekümmert hat. Sie fänden, wie viele andere Verwaltungen auch, keine Fachkräfte mehr und müssten sich von kleinen und aufwendigen Wohnungseigentümergemeinschaften (WEG) wie der unsrigen trennen.

Selbst nach 20 Jahren Erfahrung mit der Haus- und Mietverwaltung war auch das für mich neu. Vor allem bedeutet es jetzt erst einmal Arbeit. Ich sitze nämlich im sogenannten Verwaltungsbeirat, also an der Schnittstelle zwischen Eigentümern und Verwaltung. Das heißt, ich darf mich nun aus der Ferne darum kümmern, einen Dienstleister zu finden, der uns als WEG noch betreuen will. «Viel Erfolg bei Ihrer Suche», verabschiedet sich die langjährige Verwalterin per Mail, dabei weiß sie so gut wie ich, dass es für kleine Eigentümergemeinschaften derzeit schwierig ist, einen Verwalter zu finden. Genauso gut könnte sie mir viel Erfolg bei der Suche nach einem

Handwerker wünschen. Nach einer Umfrage des Verbands der Immobilienverwalter musste jede zweite Hausverwaltung neue Anfragen wegen Personalmangels ablehnen. Bei einer Befragung des Hausverwaltungsdienstleisters Matera zusammen mit dem Marktforschungsinstitut YouGov gab ein Drittel der Eigentümer an, bei der Suche nach einer neuen Verwaltung Schwierigkeiten gehabt zu haben.

Ich kann es unserer Verwalterin nicht verübeln, dass sie aufgegeben hat. Eine WEG ist ein großes Sozialexperiment, und sie war zwangsläufig eine Teilnehmerin. Wenn Menschen zusammen Wohneigentum kaufen, treffen Freigeister auf Zwangsneurotiker, risikoscheue auf risikofreudige Eigentümer, gut situierte, die wahrscheinlich ein paar Dutzend Wohnungen besitzen, auf weniger gut gestellte, deren gesamtes Kapital und zukünftiges Einkommen an dieser Immobilie hängt. Der einzige gemeinsame Nenner ist die Hausnummer. Das macht die Arbeit für die Hausverwaltung nicht einfach.

Ein Beispiel aus dieser speziellen WEG, die übrigens nicht die einzige in meinem Leben ist: Wir haben uns stundenlang über den schlampigen Reinigungsdienst beschwert, die Hausverwaltung musste diesen mehrmals auf unser Verlangen hin austauschen. Und wir? Waren nicht mal in der Lage, unser Hausgeld rechtzeitig und in vollständiger Höhe zu überweisen. Kurzum, die Verwalterin hatte viel Arbeit für wenig Geld: Rund 40 Euro pro Einheit bekommt die Hausverwaltung, bei sechs Parteien also 240 Euro im Monat. Mit knapperem Personal und allgemein höheren Kosten kann sie für diesen Preis kaum mehr als zwei Stunden im Monat für uns aufwenden – und wir haben sicherlich deutlich mehr Arbeit produziert.

Einen WEG-Verwalter muss man immer dann bestellen, wenn mehrere Parteien neben ihrem eigenen noch gemeinsames Eigentum besitzen. Im Falle eines Mehrfamilienhauses sieht das so aus: Per Teilungserklärung wird jede Wohnung ihrem Besitzer oder ihrer Besitzerin zugeschrieben, das ist das sogenannte Sondereigentum. Das Treppenhaus, der Garten, das Dach, aber auch Briefkästen, alles, was von der gesamten Gemeinschaft genutzt wird, gehört zum Gemeinschaftseigentum.

Üblicherweise richten sich meine WEG-Anteile und damit auch die Kosten nach der Größe meiner Wohnung. Ein Beispiel: Ein Mehrfamilienhaus hat insgesamt 1000 Quadratmeter Wohnfläche, ich besitze eine 80-Quadratmeter-Wohnung. Dementsprechend gehören mir acht Prozent des Gemeinschaftseigentums. Fallen beispielsweise 1000 Euro jährlich für die Gartenpflege an, bin ich mit 80 Euro dabei. Muss das Dach für 10000 Euro repariert werden, kostet mich das 800 Euro. Die WEG kann diesen sogenannten Verteilungsschlüssel aber auch ändern, etwa nach Personenzahl. Regelmäßig sitze ich auf WEG-Versammlungen und diskutiere darüber, ob die Familie im ersten Stock genauso viel für Fahrstuhlwartung zahlen muss wie die Familie im sechsten Stock, die den Lift sehr viel öfter nutzt.

Zu den Aufgaben des WEG-Verwalters gehört es zwar auch, solche mühsamen Diskussionen zu moderieren. Die eigentliche Rolle besteht aber darin, die Immobilie technisch und kaufmännisch zu betreuen. Das heißt, Angebote für Reparaturen einzuholen und zu beauftragen und die jährliche Wohngeldabrechnung sowie eine Planung für das kommende Jahr vorzulegen, die die Gemeinschaft dann verabschieden muss. Das Wohn- oder Hausgeld ist vergleichbar mit den Betriebskosten, nur dass zusätzlich noch Posten für Instandhaltung und Rücklagen anfallen.

Die Rücklagen sind essenziell. Man braucht sie, um eventuelle Kosten für größere Reparaturen zu decken. Gibt es keine oder zu geringe Rücklagen, kann das problematisch werden. Wenn beispielsweise die Heizungsanlage kaputtgeht und sich herausstellt, dass ein Eigentümer kein Geld hat, haben die übrigen WEG-Mitglieder ein Problem: Sie müssen die Kosten vorschießen, im schlimmsten Fall kann die Arbeit nicht durchgeführt werden. Wer also eine Wohnung kauft, sollte sich immer auch die WEG-Rücklagen ansehen.

Eine WEG muss einen Verwalter bestellen, aber dies muss nicht immer eine externe Hausverwaltung sein. Theoretisch könnte auch ein Miteigentümer die Aufgabe übernehmen, im besten Fall jemand, der oder die die Immobilie gut kennt. Das ist meist der Beirat – und das wäre dann wohl ich. Ich hielt diese Idee bisher für abwegig, ein Hobby für Leute, die sich gerne selbst quälen. Nach etwas Recherche bin ich aber nicht völlig abgeneigt.

Mittlerweile gibt es immer mehr digitale Lösungen. Das bereits genannte Start-up Matera zum Beispiel bietet einerseits ein Onlineportal, das mir bei allen Verwaltungsaufgaben helfen könnte, und andererseits Fachleute, die sich um WEG-Anliegen kümmern wie etwa die Wohngeldabrechnung oder Reparaturen. Brauche ich einen Handwerker oder bei komplizierteren Bauvorhaben eine Expertin, übernimmt das Unternehmen die Vermittlung. Die Sachfragen ließen sich damit sicher klären, aber die waren auch für unsere Verwalterin zuvor nicht das eigentliche Problem. Das lag eher darin, die Launen unserer heterogenen Truppe zu ertragen und zu bändigen. Ich fürchte, dabei wird mir aber kein noch so gutes Onlineportal helfen können. Vielleicht wäre eine Zusatzausbildung zur Mediatorin eine Überlegung wert.

Kaufen – oder nicht kaufen?

Mittlerweile lebe ich – mit Unterbrechungen – seit über 25 Jahren in Berlin. Vieles hat sich seitdem verändert: Den alten Tresor gibt es schon lange nicht mehr, ebenso wenig den Gin Tonic für eine Mark fünfzig. Die Mietwohnung mit Etagenklo und Kohleheizung für 180 Mark im Monat auch nicht. Eine Frage blieb aber über die Jahre hinweg immer relevant: Ist es sinnvoll, sich jetzt eine Wohnung zu kaufen?

Argumente gegen den Wohnungskauf gab es immer, vor allem in Berlin: Anfangs sprachen die günstigen Mieten dagegen, dann der hohe Leerstand, später die bereits gestiegenen Werte für Wohnimmobilien. Und schließlich die viel zu hohen Preise. Irgendwas war immer. Und jetzt? Jetzt sprechen die gestiegenen Zinsen dagegen, die natürlich nicht nur Berlin, sondern ganz Deutschland betreffen (wobei die Raten im historischen Vergleich immer noch niedrig sind, das nur am Rande).

Um es gleich vorwegzunehmen: Hier geht es um den Immobilienkauf zur Selbstnutzung auf Kredit. Wer eine Immobilie zur Vermietung, also als Kapitalanlage, kaufen will, muss anders rechnen, wie bereits beschrieben. Auch für Käuferinnen und Käufer, die ein Haus oder eine Wohnung selbst beziehen wollen, lässt sich pauschal nicht sagen, ob ihre Rechnung aufgeht. Es kommt auf die persönlichen Lebensumstände an und darauf, wie viel Eigenkapital man mitbringt und welche monatlichen Belastungen man tragen kann. Wer seine eigene Wohnung oder sein eigenes Haus auf Kredit finanzieren will, sollte in jedem Fall einige grundlegende Dinge beachten.

Erstens: Je mehr Eigenkapital ich einbringe, desto niedriger ist logischerweise der Betrag, den ich als Darlehen aufnehmen muss. Ist der Anteil an Eigenkapital am Kaufpreis höher, ist der Kredit für die Bank weniger riskant, deshalb gibt sie mir einen günstigeren Zinssatz und senkt damit meine gesamten Zinskosten. Je nach Sicherheiten, die man einbringen kann, kann man den Kaufpreis auch zu 100 Prozent finanzieren. Die Kaufnebenkosten, also Makler, Notar und Grunderwerbssteuer, sollte man jedoch selbst einbringen, das sind je nach Bundesland zwischen 10 und 15 Prozent. Um günstigere Zinskonditionen zu bekommen, sind 30 Prozent Eigenkapital besser.

Zweitens gibt es die Faustregel, nach der man nicht mehr als 35 Prozent seines Haushaltsnettoeinkommens für Zins und Tilgung ausgeben sollte. Da der Zinsanteil mittlerweile deutlich höher ist als vor ein paar Jahren, als die Bauzinsen noch bei einem Prozent lagen, wird dies in den allermeisten Fällen dazu führen, dass bei gleichem Einkommen heute weniger Quadratmeter Wohnfläche zu haben sind. Selbst wenn die Kaufpreise an manchen Orten bereits leicht nachgegeben haben, bleibt diese Regel gültig.

Kommen wir drittens zur Tilgung, also dem Betrag, mit dem ich tatsächlich mein Darlehen an die Bank zurückzahle. Scheinbar kleine Unterschiede bei der monatlichen Tilgungshöhe können sich über viele Jahre gerechnet auszahlen. Ein kleines Rechenbeispiel zu einem Kredit mit folgenden Eckdaten: Höhe 200000 Euro, nominaler Zinssatz 4 Prozent, zehn Jahre Laufzeit. Die folgenden Zahlen sind allesamt gerundet: Im ersten Fall tilge ich 1 Prozent jährlich, meine monatliche Rate beträgt 833 Euro, im zweiten tilge ich 2,5 Prozent und komme so auf eine monatliche Rate von 1083 Euro.

Nach Ablauf der zehn Jahre habe ich im Fall eins nur etwa 26000 Euro getilgt, es bleibt eine Restschuld von 174000 Euro. Im zweiten Fall hingegen muss ich nur noch

137000 Euro zurückzahlen, weil ich schon fast 63000 Euro getilgt habe. Außerdem habe ich im ersten Szenario insgesamt rund 76000 Euro Zinsen gezahlt, im zweiten rund 69000 Euro, also 7000 Euro weniger. Scheinbar kleine monatliche Unterschiede von nur 200 Euro machen langfristig einen großen Unterschied aus: Kann ich mir eine höhere Tilgung leisten, zahle ich insgesamt deutlich weniger Zinsen und bin schneller fertig.

Noch ein Hinweis zur Tilgung: Hier ist eine gewisse Flexibilität ratsam. Man kann sich entweder eine Sondertilgung einräumen lassen, oder aber eine Anpassung des Tilgungssatzes, wobei die Banken zwischen einer einmaligen und einer mehrmaligen Anpassung unterscheiden. Natürlich machen die Banken das nicht aus reiner Nächstenliebe, oft schlägt sich diese Flexibilität in höheren Zinssätzen nieder. Aber hier gilt: Nachverhandeln! Genauso wenig wie das erste Gehaltsangebot ist auch das erste Kreditangebot in Stein gemeißelt.

Um gut verhandeln zu können, sollte man sich nie auf das Angebot seiner Hausbank verlassen, sondern mehrere Offerten einholen. Am einfachsten geht das mit einem Kreditmakler oder Darlehensvermittler, der Angebote der unterschiedlichsten Kreditinstitute vergleicht. Er bekommt seine Provision zwar nicht offiziell von mir, sondern von der Bank. Da die Bank diese jedoch in ihrem Angebot berücksichtigt, sind es am Ende doch meine Kosten. Persönlich ist es mir das wert, denn die Suche nach dem richtigen Angebot ist zeitaufwendig.

Stellt sich abschließend noch die Frage nach der Laufzeitbindung. Vor der Zinswende galt: je länger, desto besser. Angesichts der hohen Zinsen würde ich mich heute lieber kürzer binden, etwa für fünf oder zehn Jahre. Allerdings sollte man bei den Zinsen auch nicht zu gierig werden. Historisch betrachtet, haben wir immer noch vergleichsweise niedrige Zinsen. Ob sie in zehn Jahren wieder auf dem Stand der 90er- oder eher auf dem der 2010er-Jahre sein werden, ist größtenteils Spekulation.

So ist es im Übrigen auch mit den Preisen: Oft höre ich dieser Tage, man wolle mit dem Haus- oder Wohnungskauf noch warten. Die Preise, so die Logik, würden fallen. Das Kalkül: Einige Besitzer werden ihre Immobilien verkaufen müssen, da sie die höheren Anschlussfinanzierungskosten nicht mehr stemmen können. Kann so kommen – oder auch nicht. Auf fallende Immobilienpreise zu spekulieren, ist wenig erfolgversprechend. Zudem spricht die demografische Entwicklung gegen diese These, zumindest in den Ballungszentren: Solange die Bevölkerungszahlen steigen und Wohnraum knapp ist, bleiben auch die Preise stabil.

Dass die Zinsen vorerst hoch bleiben, ist recht wahrscheinlich. Wer also jetzt die richtige Immobilie findet und den Kaufpreis stemmen kann, sollte kaufen und nicht auf bessere Zeiten hoffen. So habe ich es in meinen 25 Jahren in Berlin bislang auch erlebt. Jedes vermeintliche Kaufhindernis wurde verlässlich von einem neuen abgelöst. Gab es zunächst keine potenziellen Käufer für den Wiederverkauf, waren später die vielen Käufer schuld, dass die Preise so stark gestiegen waren. Zuerst waren die Wohnungen in schlechtem Zustand und der Renovierungsaufwand zu hoch, später waren die sanierten Wohnungen zu teuer. Eine Prognose, die ich deshalb guten Gewissens wagen kann: In ein paar Jahren sehen Käuferinnen und Käufer das nächste vermeintliche Problem. Irgendwas ist eben immer.

Geld verdienen mit dem Ferienhaus – eher eine Fata Morgana

Ein Ferienhäuschen im Süden kaufen, direkt am Strand, und wenn man selbst nicht dort urlaubt, vermietet man es. Klingt gut? Schon, bis man anfängt zu rechnen.

Wir sind in den Sommerferien, in Hossegor an der französischen Atlantikküste. Verdammt heiß hier. Die Jungs sind auf unbestimmte Zeit im Surfshop verschwunden, während ich fast magnetisch vom Schaufenster der örtlichen Immobilienagentur angezogen werde. Ein Haus mit Pool, nur wenige Minuten entfernt vom Strand, wird dort beworben. Wäre das nicht schön? Dann müssten wir nicht bereits im Spätherbst hektisch anfangen, schon fürs kommende Jahr nach einer Unterkunft für die sechsköpfige Familie zu suchen, mit dem blöden Gefühl, dass die besten Häuser schon weg sind oder vermutlich ohnehin nie auf dem Markt waren. Die Enttäuschung des Ankunftsabends bliebe uns erspart (doch nicht so schön wie im Internet), und ich müsste mich nicht mehr über stumpfe Küchenmesser, wackelige Plastikstühle auf der Terrasse und fehlendes Spülmittel ärgern. Einfach ankommen und sich wie zu Hause fühlen – im eigenen Ferienhaus.

Jedes Jahr fange ich aufs Neue an zu träumen und mache die Rechnung auf: Würde sich ein Ferienhaus für uns lohnen? Und je länger ich rechne, desto eher erscheint mir die Idee einer rentablen Ferienwohnung wie eine Fata Morgana.

Grundsätzlich würde ich bei der Entscheidung, eine Ferienimmobilie zu kaufen, so vorgehen wie bei jedem anderen Immobiliengeschäft auch. Das heißt, zuerst beantworte ich die Frage nach dem Nutzungskonzept. Will ich die Immobilie nur vermieten, sie teilweise selbst nutzen, oder kaufe ich sie heute, um sie erst später zu bewohnen, als Alterssitz sozusagen? Oder anders gesagt: Geht es mir um das eigene Vergnügen, oder will ich damit auch noch Geld verdienen?

Wenn es Ihnen ums Vergnügen geht, will ich mich nicht mit Ratschlägen einmischen – wer es sich leisten kann, der soll das gerne für sich selbst entscheiden. Ich beschränke mich hier auf die Variante, bei der man von seiner Ferienimmobilie auch finanziell profitieren möchte, indem man sie an Touristen vermietet. Dabei ist es wichtig, das Objekt möglichst viele Wochen im Jahr zu belegen, nicht nur in der Hochsaison. Als ich vor ein paar Jahren auf der Suche nach der perfekten Ferienimmobilie nach Apulien reiste, musste ich feststellen, dass die süditalienische Region Ende September viel Charme verliert. Die Vermietbarkeit beschränkt sich auf wenige Sommermonate, im Winter lässt sich kaum etwas verdienen. Da sind Objekte in Regionen wie den Alpen oder auch auf Mallorca, die ganzjährig zu vermieten sind, schon deutlich besser als Kapitalanlage geeignet.

Aber auch hier kommt es auf die Mikrolage an. In den Sommermonaten lässt sich jede noch so geschmacklos ausgebaute Garage vermieten, in der kühleren Jahreszeit sind Objekte gefragt, die mehr zu bieten haben: Alleinlage, Blick auf Meer oder Berge, dabei trotzdem guter Anschluss an Infrastruktur wie Geschäfte, Restaurants, Ärzte und öffentliche Verkehrsmittel. Seit Corona ist es immer selbstverständlicher geworden, aus dem Homeoffice – in diesem Fall aus dem Holidayoffice – zu arbeiten, und damit sind auch die Ansprüche an Ferienhäuser gestiegen: angefangen von einer zuverlässigen und schnellen Internetverbindung über hochwertige Möbel bis hin zur vernünftigen Kaffeemaschine. Will man seine Ferienimmobilie in kälteren Regionen ganzjährig vermieten, erhöhen Sauna, Dampfbad, Kamin und bestenfalls noch ein Schwimmbad die Chancen.

Solche Freizeitmöglichkeiten können allerdings die wenigsten Privatvermieter selbst anbieten, daher werden Wohnungen in größeren Ferienanlagen gerne als Kapitalanlage angepriesen. Entscheidet man sich für eine Immobilie in einer solchen Freizeitanlage, hat das den Vorteil, dass der Betreiber oft auch die Vermietung übernimmt. Das kostet natürlich, meist zwischen 20 und 30 Prozent der Mieteinnahmen. Allerdings ist der Aufwand, die eigene Immobilie zu verwalten, nicht zu unterschätzen. Die Vermarktung mit entsprechenden Fotos im Internet und die Beantwortung der Buchungsanfragen kann man zwar noch relativ einfach von zu Hause aus koordinieren. Um die Wohnung zu putzen und nach der Abreise Bettwäsche und Handtücher auszutauschen, braucht man bezahlte Helfer vor Ort.

Eine kleine Bierdeckelrechnung macht schnell deutlich, dass die Ferienimmobilie im besten Fall eine Kapitalanlage fürs Herz ist. Ein Beispiel: Ein möbliertes Apartment, 100 Quadratmeter, mit Zugang zu Wellness- und Fitnessbereich im Ferienresort Baltic Lagoon an der Ostsee kostet rund 480000 Euro, plus Kaufnebenkosten von rund acht Prozent, da keine zusätzlichen Maklerkosten anfallen. Macht 520000 Euro. Ob man den Kaufpreis plus Rendite wieder einspielt, hängt dann an der Vermietung. Der Investor geht von 230 vermietbaren Tagen aus, der Makler eher von 150 Tagen. Bei einer durchschnittlichen Miete von 150 Euro pro Tag kämen bei 150 Vermietungstagen 22500 Euro pro Jahr zusammen. Die Vermietungsagentur nimmt eine Gebühr von durchschnittlich 25 Prozent, bleiben 16875 Euro übrig. Davon geht noch Hausgeld ab, circa 1800 Euro jährlich, macht 15075 Euro. Darüber hinaus fallen noch Instandhaltungskosten für Apartment und

Mobiliar an, die wir in unserer Beispielrechnung allerdings mit der Abschreibung gegenrechnen, die mit zwei Prozent jährlich zu Buche schlägt. Unter diesen Annahmen beträgt die Mietrendite auf den Bruttokaufpreis 2,9 Prozent. Mit der Zahl der Vermietungstage würde auch die Rendite steigen oder fallen.

Für die meisten Anleger ist so ein Objekt nur sinnvoll, wenn sie entsprechend Eigenkapital mitbringen, also wenn sie Geld haben, das gerade nirgendwo sonst gebraucht wird. Ohnehin muss man in den meisten Fällen mehr Eigenkapital mitbringen als beim Hausbau. Banken stufen Ferienwohnungen als Gewerbeimmobilien ein, entsprechend hoch ist der Sicherheitsaufschlag für das Mietausfallrisiko. Wer eine 100-Prozent-Finanzierung in Anspruch nehmen möchte, muss also genügend andere Sicherheiten mitbringen.

Zurück in der Hitze von Hossegor. Mittlerweile habe ich mein Traumhaus im Schaufenster entdeckt. Aber auch in diesem Jahr komme ich zu dem Schluss: Ein Ferienhaus ergibt finanziell leider überhaupt keinen Sinn, zumal wir das Haus gerade dann nutzen würden, wenn es sich zu Höchstpreisen vermieten ließe. Na gut, irgendwann vielleicht einmal, wenn es nicht vordergründig ums Finanzielle geht. Bis dahin werde ich mich weiter über stumpfe Messer und Plastikstühle ärgern und mich den Umständen anpassen. Zumindest für ordentliches Besteck werde ich nächstes Jahr noch Platz im Koffer lassen.

Das Haus im Dschungel

Während ich weiter von einem Haus im Süden träume, reiste meine Freundin Eva nach Costa Rica und kaufte sich ein Haus. Nicht träumen, sondern machen, ist ihre Devise

Vor ein paar Jahren, vor der Pandemie, flog meine Freundin Eva mit ihrem Mann und zwei Söhnen zum Surfen nach Costa Rica – und kam mit einem Haus zurück. Na ja, nicht ganz, aber fast. Eva und ihre Familie hatten Freunde an der Pazifikküste besucht, die dort schon seit Jahren dem Hamburger Winter entkommen. Tropisches Klima, Wellenreiten, lange Spaziergänge an menschenleeren Stränden, Ausflüge in den Dschungel – Eva und ihre Familien hatten die zwei Wochen sehr genossen. «Der Ort macht etwas mit mir», erzählte sie. Zwischen der letzten Welle und dem Weg zum Flughafen rief sie ihrem Surflehrer eher scherzhaft zu: «Meld dich, wenn ein Grundstück verkauft wird.»

Das war im Juli. Im Oktober poppte eine WhatsApp-Nachricht auf: «Eine Schulfreundin von mir muss ihr Grundstück verkaufen, komm doch vorbei!» Zwar liegt Costa Rica nicht unmittelbar vor der Haustür, aber Eva hatte Feuer gefangen. Sie kontaktierte Maklerfirmen vor Ort, organisierte abends nach ihrem Job Besichtigungstermine. Anfang Januar saß sie wieder im Flieger nach Costa Rica. Kaum angekommen, besichtigte sie 20, 30 Grundstücke, lief in jedes Maklerbüro, interviewte Anwältinnen und Expats, wie so ein Kauf überhaupt funktioniert und worauf sie achten muss. Abends rechnete sie mit spitzem Bleistift, wie viel Geld sie investieren und zu welchem Preis sie vermieten müssten, damit sich das Projekt bezahlt macht. «Ich will die Dinge richtig verstehen», sagt sie, nicht nur in Costa Rica, sondern generell, wenn es um finanzielle Dinge und ums Investieren geht. «Es ist schon eine Art Hobby, mein Geld gut anzulegen.» In diesem Fall kam ihre Abenteuerlust noch obendrauf. «Und vor allem der Spaß!» Sie selbst wollte mit ihrer Familie zwei bis vier Wochen im Jahr in Costa Rica Ferien machen, die Mieteinnahmen sollten das Projekt finanzieren, so die Idee.

Die Besichtigungstour verlief ergebnislos, doch am letzten Tag stand Eva schließlich auf «ihrem» Grundstück. «Es fühlte sich richtig an», sagt sie. Jeder, der schon einmal eine Immobilie gesucht und gefunden hat, kennt diesen Moment: Nach zig erfolglosen Besichtigungen hat man auf einmal «seine» Immobilie gefunden. Mit jeder Besichtigung zuvor hat man etwas gelernt, das Suchprofil geschärft, sodass die Entscheidung mit einem Mal ganz leichtfällt.

«Natürlich hat es auch geholfen, dass unsere Freunde bereits hier waren und sich auskannten», erzählt Eva weiter. 150000 Euro sollte das Grundstück im Dschungel kosten. Eva musste einen Kredit in Höhe von 40000 Euro aufnehmen, die Eigentumswohnung in Hamburg diente als Sicherheit. Bevor sie sich entschied, stellte sie sich wie auch sonst in solchen Situationen nur eine Frage: «Was ist das Schlimmste, was passieren könnte?» Zur Not hätten Eva und ihr Mann diesen Kredit mit ihrem Gehalt tilgen können. «Das wäre schon blöd gewesen, aber es hätte uns nicht umgebracht, unsere Rücklagen sollten auf jeden Fall unangetastet bleiben.»

Eva vertraute auf die Wertsteigerung. «Ich war mir sicher, dass wir das Haus in 10, 20 Jahren zu einem besseren Preis verkaufen könnten», sagt sie. Ein Grund für ihre Zuversicht: Das brasilianische Topmodel Giselle Bündchen sowie der US-Schauspieler Mel Gibson hatten in unmittelbarer Nähe Ferienhäuser. Vermutlich waren sie nur die Vorboten für das, was noch kommen konnte.

Eva gab ihr Angebot ab, flog zurück nach Hamburg. Einige Wochen später kam der Anruf aus Costa Rica, der Kaufvertrag sei zur Unterzeichnung bereit. Anders als in Deutschland kommt man in diesem Moment nicht mehr so leicht aus dem Vorvertrag – und wenn, dann mit Kosten. «Aber ich habe das Grundstück doch gar nicht gesehen!», protestierte ihr Mann.

«Du musst mir jetzt vertrauen», beruhigte ihn Eva. Sie überlegten eine Nacht. Im schlimmsten Fall könnten sie das Haus nicht vermieten, müssten die 2000 Euro im Jahr für Zins und Tilgung selbst zahlen. Aber dafür könnten sie dort ja auch Ferien machen. Und zur Not könnten sie das Dschungelgrundstück auch wieder verkaufen: Das Angebot in dem Ort zwischen Pazifikküste und steilen Dschungelhügeln war begrenzt, die Nachfrage groß. Also kauften die beiden – alles per WhatsApp übrigens.

Zwei Monate später stand die vierköpfige Familie im Dschungel. «Was haben wir uns hier eigentlich vorgenommen?», fragte Eva ihren Mann, sichtlich überrascht von ihrer eigenen Courage. Ihr Mann beruhigte sie, denn während Eva eher «Bauchmensch» ist, ist ihr Mann zunächst zurückhaltender, analysiert lieber erst einmal gründlich. «Wenn er sich dann entschieden hat, gibt es aber auch keine Zweifel mehr», sagt sie. Egal ob gründen, bauen oder investieren, Begeisterungsfähigkeit, aber auch Durchhaltevermögen sind sehr hilfreich.

Wieder zurück in Deutschland, plante Eva den Umbau, damit sie das Haus besser vermieten könnten. Per WhatsApp wählte sie abends am Küchentisch Wasserhähne und Armaturen aus, die der Bauleiter geschickt hatte. Sie zeigt auf ihr iPhone: «Schon irre, man kann mit diesem Ding ein Haus kaufen und einen Umbau organisieren.»

Dann kam die Pandemie. Bali war unerreichbar, ganz Asien war geschlossen. Alle, vor allem Amerikaner und Amerikanerinnen, wollten nach Costa Rica. Eva konnte das frisch renovierte Haus für 1300 Euro im Monat vermieten. Über Airbnb hätte sie noch deutlich mehr verdienen können. «Aber das war viel zu viel Arbeit und zu kompliziert aus der Ferne», sagt sie. Mit den Einnahmen allein konnte sie den Kredit tilgen und die Sommerferien für die Familie in Costa Rica bezahlen.

Der eigentliche Gewinn lag aber in der Grundstücksteilung. «Die Hälfte reicht völlig aus», sagt sie mit Blick auf den Dschungel. «So viel Fläche muss man erst einmal in den Griff bekommen.» Die andere Hälfte hat sie an einen Amerikaner verkauft, der ein Ferienhaus auf dem Nachbargrundstück bauen will. Für 30 Euro pro Quadratmeter hatte Eva seinerzeit gekauft, wenige Jahre später konnte sie den Quadratmeter für 125 Euro verkaufen. «Das war wahnsinniges Glück», sagt sie. «Das war nicht absehbar und wird sicherlich nicht so weitergehen.» Was mit dem lapidaren Satz «Sag mir doch Bescheid, wenn jemand verkaufen will» losging, hat sich zu einem super Investment entwickelt.

Sicherlich ist das Haus im Dschungel nicht das ideale Projekt für jeden, nicht jeder Mensch bringt so viel Tatendrang und Abenteuerlust mit wie Eva. Dafür bewundere ich sie sehr. Aber nur, wenn man gewisse kalkulierbare Risiken eingeht, kann überhaupt etwas entstehen, kann man etwas gewinnen. «Ich komme aus einer Unternehmerfamilie», sagt sie. «Die Basis muss stimmen, aber darüber hinaus gewinnt man mal, und mal verliert man», sagt sie. In diesem Fall hat sie gewonnen.

Börse

Mach mal was aus 1000 Euro

Wie wird aus 1000 Euro eine Million? Ganz einfach:
Mein Investment muss sich «nur» zehn Mal verdoppeln.

«Ach», stöhnt meine Freundin Theresa, «ich muss dringend etwas für meine Altersvorsorge machen.» Diesen Satz habe ich bereits 2015, 2017 und 2019 von ihr gehört. Jetzt mal wieder. «Und was ist, wenn mich der Max verlassen sollte», fährt sie fort, während sie dem Sohn Babybrei in den Mund schiebt. «Aber irgendwie ist mir Geld offenbar nicht wichtig genug.»

Theresa ist Psychologin. Eine tiefenpsychologische Analyse, warum Theresa ihre Altersvorsorge – wider besseres Wissen – schon seit Jahren auf die lange Bank schiebt, wäre bestimmt interessant. Aber das ist Theresas Job, nicht meiner. Ich kenne mich mit Geld aus und frage: «Kann ich dich denn unterstützen?»

«Ja», sagt Theresa erleichtert, als hätte sie auf diese Frage nur gewartet. «Kannst du nicht mein Geld verwalten?» Ich schlucke, beim Geld hört die Freundschaft bekanntlich auf. «Das ... das geht nicht!», stammele ich. «Wenn das schiefgeht, ist unsere Freundschaft hin!»

«Gut, dann gebe ich dir jetzt 1000 Euro, die gerade nur auf meinem Girokonto liegen. Du investierst sie, egal wie, und wir sehen, was in 25 Jahren daraus geworden ist», sagt Theresa so bestimmt, als hätte sie diesen Plan schon seit Wochen in der Schublade. Immerhin legt sie die 1000 Euro nicht gleich cash auf den Tisch. Stattdessen klappt sie ihren Laptop auf: «Ich überweise es dir gleich.» «Stopp, Moment!», rufe ich. «Das können wir gerne so machen, aber du richtest dir ein Onlinedepot auf deinen Namen ein, das ich dann für dich verwalte, sonst bekommen wir am Ende noch Ärger mit dem Finanzamt.» Nicht auszudenken, wenn ich meiner Freundin Theresa in 25 Jahren beispielsweise einen fünf-, sechs- oder gar siebenstelligen Betrag schenken würde. Wie sollen wir *das* bitte dem Finanzamt erklären? «Einverstanden, gleich morgen eröffnen wir ein Depot!» Ich schlage ein und gehe nach Hause.

Das Risiko für mich ist gering. Allerdings ist es auch nicht so einfach, mit 1000 Euro viel zu gewinnen, besser gesagt so viel zu gewinnen, dass man von einer Altersvorsorge sprechen könnte. Das Einfachste wäre es, die 1000 Euro in zwei ETFs zu investieren: zu 75 Prozent auf den MSCI World und zu 25 Prozent auf den MSCI Emerging Markets. Mit diesen passiv gemanagten Investmentfonds hätte Theresa die gesamte Weltwirtschaft abgedeckt und würde an deren Wachstum teilhaben. In den vergangenen Jahren konnte man auf diese Art im Schnitt sieben bis acht Prozent Rendite im Jahr erzielen. So gesehen, hätte Theresa nach 25 Jahren rund 5400 bzw. 6850 Euro. Mmh, das wird zur Altersvorsorge leider nicht reichen ...

Ich sollte das Thema sportlicher angehen, letztendlich hat Theresa wenig zu verlieren. Eine Million muss her, denke ich, auch weil «Theresas Million» eine schöne Überschrift wäre. Na gut, vielleicht etwas größenwahnsinnig. Aber rechnen wir einmal nach: Theresa ist 42 Jahre alt, wir haben 25 Jahre Zeit, ihr Geld zu vermehren, dann ist sie 67 und geht in Rente. Nehmen wir an, sie lebt dann noch 25 Jahre. Mit einer Million in der Tasche könnte sie dann monatlich rund 3300 Euro ausgeben, 25 Jahre lang. Das sollte mehr als reichen, selbst wenn

3300 Euro dann längst nicht mehr so viel wert sein werden wie heute.

Ich fange an, im Kopf zu rechnen. Wenn ich die 1000 Euro in eine Aktie investiere, die sich verdoppelt, könnten es bald 2000 Euro sein. Und wenn ich diese dann wieder in eine Aktie investiere, deren Wert sich verdoppelt, sind es schon 4000 Euro und so weiter. Ich muss den Einsatz also insgesamt zehnmal verdoppeln, dann habe ich eine Million verdient. So ähnlich wie bei *Wer wird Millionär?*, da sind es 15 Fragen bis zur Million.

Allein: Während ich gedanklich die ersten 1000 Euro easy investiere, wird mir bei dem Gedanken, gegen Ende rund 250000 oder gar 500000 Euro auf nur eine Aktie zu setzen, recht mulmig. Dabei sind die Wahrscheinlichkeiten eines Totalverlusts genauso hoch wie bei 1000 Euro, aber warum ich beim letzten Zug so viel risikoscheuer bin, kann dann meine Psychologin Theresa analysieren.

Also, zehnmal verdoppeln über 25 Jahre klingt nicht unmöglich. Wer kurz nach dem Börsengang in Amazon oder Microsoft 1000 Dollar investiert hat, hatte schon deutlich früher eine Million als nach 25 Jahren. Man muss halt nur dabeibleiben ... und das nächste Amazon finden. Oder zehn Aktien in Folge finden, die sich «nur» einmal verdoppeln müssen. Auch kein Selbstläufer. Zum Ende hin wird es zudem sehr riskant.

Realistischerweise werden wir mit 1000 Euro Theresas Altersvorsorge nicht retten können. Aber dieses faszinierende Beispiel zeigt, wie die Kraft der Verdopplung wirken kann. Theresa hat wenig zu verlieren, ein Versuch ist es wert. Langfristig sollte sie aber zusätzlich einen bestimmten Betrag monatlich in ETFs investieren. So oder so muss sich Theresa erst einmal ein Onlinedepot zulegen.

Auf der Überholspur zum Depot

Oft scheitert der Einstieg an der Börse daran, online ein Depot zu eröffnen. Dabei dauert das nur 15 Minuten. Welche Anbieter sind gut, günstig und verlässlich?

Seit Theresa und ich das letzte Mal über ihre Finanzen gesprochen haben, sind schon wieder einige Monate vergangen. Eigentlich hatten wir vor, in den gemeinsamen Sommerferien loszulegen. Doch dann wurde wegen Corona der Portugal-Urlaub gestrichen. Seitdem stecken wir mit unseren Kindern im alltäglichen Klein-Klein fest, zwischen «Kannst du heute meine Kinder mitnehmen?» und «Leihst du mir euer Auto?». Mit einer Tasse Kaffee setze ich mich an ihren Küchentisch. «Theresa», sage ich, «wir müssen jetzt wirklich einmal loslegen! Jeder Monat, in dem du nichts machst, ist verlorenes Geld.»

Am liebsten würde Theresa ja ihre gesamten Finanzen neu sortieren, vom Girokonto bis zur Risikolebensversicherung. «Nein, nein», wehre ich ab. «Das ist ein anderes Projekt, jetzt geht es erst einmal nur um die 1000 Euro.» Zuerst braucht sie ein Onlinedepot. «Ich rufe gleich bei meiner Bank an und eröffne eines», sagt sie. Bloß nicht. Natürlich hat es Vorteile, wenn alle Konten und Dienstleistungen, vom Girokonto über die Kreditkarte bis hin zum Depot, bei einem Anbieter sind. Nur sind die klassischen Filialbanken nicht die günstigste Wahl, und bei einem Anlagebetrag von 1000 Euro kommt es auf jeden Euro an. Bei Theresas Bank würde allein die Depotführung fast 30 Euro im Jahr kosten, hinzu kämen Order- und Verwahrgebühren – viel zu teuer.

Was Theresa braucht, ist ein Onlinebroker. Anders als Direktbanken wie Comdirect oder Consorsbank bieten Onlinebroker nur ein Depot an und nicht das Komplettprogramm einer Bank. «Ist so ein Onlinebroker denn sicher?», fragt Theresa. «Ja, denn anders als bei einem Girokonto liegt das Geld nicht bei der Bank, die Aktien werden nur verwahrt», erkläre ich. Ist der Onlinebroker pleite, kann Theresa die Aktien auf ein Depot bei einer anderen Bank übertragen. Das könnte in den Wirren einer Pleite zwar etwas dauern, verloren ist das Geld aber nicht.

«Wo hast du eigentlich dein Depot?», fragt Theresa, während wir im Internet die Angebote von Onlinebrokern vergleichen. «Bei Onvista», seufze ich. Ich bin bereits seit einigen Jahren dort, und lange Zeit war der Onlinebroker, der zur Commerzbank gehört, Testsieger. Mittlerweile ist das nicht mehr der Fall, die Order kostet jetzt sieben Euro. Neobroker wie Scalable Capital, Smartbroker oder Trade Republic sind deutlich günstiger. Allerdings ist ein Depotumzug mühsam und ist mitunter auch mit Kosten verbunden. Da ich klassisch nach «Buy and Hold» anlege und nicht mehrmals täglich handele, nehme ich die höheren Kosten in Kauf. Wer bereits ein bestehendes Onlinedepot hat, für den lohnt der Wechsel in den meisten Fällen nicht.

Anders aber für Theresa, die neu startet. Welcher Onlinebroker passt, hängt davon ab, ob und wie oft man Einzelaktien handeln oder ETF-Sparpläne einrichten will. Die Onlinebroker erheben keine oder nur minimale Grundgebühren, die Kosten für Aktienkäufe und -verkäufe sind gering, ETF-Sparpläne sind kostenlos. Je nach Depotmodell entscheidet man sich für eine höhere Grundgebühr, kann dafür aber günstig bis kostenfrei handeln. Oder man zahlt keine Depotgebühren, dafür kostet aber jede Order etwas mehr. Wer, anders als Theresa, monatlich einen ETF besparen will, sollte darauf achten, dass die Sparpläne kostenlos sind, wie etwa bei Trade Republic. Hat man sich einmal für das Modell entschieden, dauern die Depoteröffnung und die Identifizierung mit dem Video-Identverfahren über das Smartphone keine Viertelstunde: Einfach den Personalausweis in die Kamera halten und den Anweisungen der Mitarbeiterin am anderen Ende der Leitung folgen.

Ich habe nicht vor, für Theresa zu traden, sondern will nur eine Aktie kaufen, die sich möglichst verdoppelt, um dann wieder das nächste Wertpapier zu kaufen. Daher sollte sich Theresa für ein kostenloses Depot entscheiden und etwas höhere Ordergebühren in Kauf nehmen. Bei Scalable Capital etwa ist das Depot umsonst, jede Aktienorder kostet 99 Cent. Fairerweise muss man jedoch sagen, dass die Orderkosten zwar gering sind, die Handelskosten an den Börsen selbst aber nicht immer die günstigsten sind, denn man kann nur an ausgewählten Börsenplätzen handeln.

Trade Republic macht ähnliche Angebote, mich stört jedoch, dass der Handel vor allem über die App läuft. Ich will um jeden Preis verhindern, dass Theresa stündlich auf ihr Handy guckt und bei fallenden Kursen nervös wird. Nein, die Idee ist ja gerade: Wie schauen erst nach 25 Jahren, was aus ihrem Einsatz geworden ist!

Ob Direktbank oder Onlinebroker, zu jedem Depot gehört ein separates Verrechnungskonto, über das die Käufe abgewickelt werden. Das soll Betrugsfälle vermeiden. Bei Scalable Capital ist dieses Konto bei der Baader Bank, bei Trade Republic bei der Solarisbank. Beide unterliegen dem gesetzlichen Einlagensicherungsfonds, bis zu 100000 Euro sind also sicher. Bevor man also Aktien kaufen kann, muss man zuerst Geld auf ein Verrechnungskonto überweisen. Das klingt komplizierter, als es ist, denn das Konto wird automatisch mit der Depoteröffnung eingerichtet.

Unterbrochen von weinenden und hungrigen Kindern,

haben wir an diesem Nachmittag alle möglichen Angebote verglichen. Für Theresas Zwecke scheint Scalable Capital eine gute Wahl zu sein. Ein paar Tage später legt mir Theresa die Zugangsdaten für ihr Onlinedepot auf den Tisch. «So, da sind jetzt 1000 Euro drauf, mach was draus!» Jetzt muss ich nur noch die eine Aktie finden, die sich in nächster Zeit verdoppelt.

Auf geht's an die Börse

Die klassischen Anfängerfehler an der Börse: zu hohen Kursen einsteigen und viel zu früh verkaufen. Hier ein paar Tipps, wie der Start als Aktionärin gelingen kann.

Auch wenn ich mir mit dieser Aussage vielleicht selbst schade, weil dann niemand mehr weiterliest, aber die Grundprinzipien des Investierens sind schnell erklärt: Risiko streuen, lange halten und auf die Kosten achten. Viel schwieriger kann es jedoch sein, seine Emotionen in den Griff zu bekommen. Denn trotz bester Vorsätze und oft wider besseres Wissen fallen viele Anlegerinnen und Anleger auf das herein, was man den «Emotional Cycle of Investment» nennt, eine Art psychologischer Investmentkreislauf. Die Kurse beginnen zu steigen, Optimismus macht sich breit, aber noch halten sich Menschen mit wenig Börsenerfahrung zurück. Die Kurse steigen weiter und weiter. Wenn sie quasi den Höhepunkt erreicht haben, werden gerade Kleinanleger mit wenig Erfahrung euphorisch und trauen sich, Aktien zu kaufen. Man spricht dann von der Dienstmädchen-Hausse mit Verweis auf die Weltwirtschaftskrise 1929, als selbst das schlecht informierte Hauspersonal anfing, Aktien zu kaufen. Dann ist üblicherweise der Höhepunkt des Preisanstiegs erreicht. Meist fallen die Kurse kurz danach, die ersten Anleger werden nervös, reden sich aber noch gut zu. Auf dem Tiefpunkt bekommen sie Angst, verlieren schließlich die Nerven und verkaufen – mit großen Verlusten.

Da klingt so banal, dass man sich fragt, wer denn bitte so bescheuert sein kann, genau das zu machen. Ich zum Beispiel. Auch mir ist vor rund 20 Jahren genau so etwas passiert. Ende 1999 hatte ich Amazon-Aktien im allgemeinen Überschwang für damals rund 110 Dollar pro Stück gekauft. Wenige Tage nach den Anschlägen vom 11. September 2001 habe ich sie in der allgemeinen Panik für weniger als zehn Dollar verkauft. Dümmer geht es wirklich nicht! Glücklicherweise habe ich aus dem Fehler gelernt und bin an der Börse geblieben. Doch viele Menschen ziehen sich nach einer verlustreichen Erfahrung enttäuscht von der Börse zurück, haben ihr Geld vernichtet und verpassen neue Chancen – was natürlich für die Vermögensentwicklung fatal ist.

Wie kommt es, dass gerade unerfahrene Anlegerinnen und Anleger immer wieder denselben Fehler machen? Da ist zunächst die Faszination der steigenden Preise. Während steigende Lebensmittelpreise dazu führen, dass man am Ende bei Aldi oder Lidl einkaufen geht, ist es bei Aktien genau andersherum: Je höher die Kurse, desto mehr Menschen wollen die Aktie kaufen, in der Hoffnung: Was in der Vergangenheit gestiegen ist, steigt auch weiter. Das kann eine Weile vielleicht so sein, ist aber keineswegs ein Automatismus.

Wir Menschen sind zudem Herdentiere und fühlen uns oft am wohlsten, wenn wir das tun, was alle anderen tun. Es wäre aber an dieser Stelle sehr viel geschickter, das zu kaufen, was keiner haben will (natürlich nicht blind, manchmal gibt es gute Gründe, warum eine Aktie zum Ladenhüter wird, siehe Wirecard). Aber so einfach die Idee klingt, so schwierig ist sie umzusetzen. Deshalb bekommen Investmentfonds auch regelmäßig dann die größten Zuflüsse, wenn die Kurse steigen.

Ab einem gewissen Zeitpunkt treibt uns die Angst, etwas zu verpassen, auch Fear of Missing Out (FOMO). Wenn eine gute Freundin oder ein alter Freund immer wohlhabender wird, während wir selbst noch zögerlich am Spielfeldrand stehen, steigen wir irgendwann selbst mit ein. Allerdings schlecht informiert. Statt die nötigen Informationen zu sammeln, tun wir, was Freundin X auch macht. Ehe wir es uns versehen, stecken wir in der oben beschriebenen Spirale, auch wenn wir es eigentlich besser wissen. Schlimmer jedoch, als in dem Kreislauf gefangen zu sein, ist es, keine Lehren daraus zu ziehen und sich endgültig vom Aktienmarkt zu verabschieden. Denn wer sich dieser psychologischen Falle widersetzt, der kann langfristig sein Geld am Aktienmarkt vermehren.

Was also tun, gerade als Börsenneuling? Am besten investiert man seine Ersparnisse in einen ETF, beispielsweise zu 75 Prozent in den MSCI World und zu 25 Prozent in den MSCI World Emerging Market. Oder gleich in einen Index, der alle Länder umfasst, wie etwa den MSCI ACWI. Das Risiko ist damit breit gestreut, und die Kosten sind gering. Und dann mindestens fünf Jahre, möglichst aber viel länger liegen lassen und nicht hingucken. Wer darüber hinaus noch in einzelne Aktien investieren möchte, der sollte sich ein kleines Spieldepot mit fünf bis zehn Papieren zulegen. Am besten wählt man Unternehmen, die man kennt und deren Geschäftsmodell man einschätzen kann. Auf diese Weise lernt man viel über die Börse, aber auch über sich selbst.

Wolfgang allein gegen den Markt

Was lohnt sich mehr, ein Depot mit Einzelaktien oder das breit gefasste ETF-Weltportfolio? Ein kleiner Erfahrungsbericht.

Neulich besuchte ich meine Patentante an ihrem Geburtstag. Dort traf ich meinen alten Freund Wolfgang wieder, einen älteren Herrn, Jurist und ebenso engagierter wie erfolgreicher Privatinvestor. Von ihm habe ich in meinen ersten Jahren an der Börse sehr viel gelernt. Damals gab es nämlich kaum Finanzkolumnen, erst recht keine Podcasts oder YouTube-Channels. Entsprechend wissbegierig sog ich seinerzeit Wolfgangs Ratschläge auf, etwa die Hälfte der Aktien zu verkaufen, sobald sich der Kurs verdoppelt hat, um meinen Einsatz zu sichern. Auch heute noch unterhalte ich mich liebend gerne mit ihm über seine Investments, denn er hat mir immerhin rund 30 Jahre Erfahrung voraus.

«In diesem Jahr habe ich ein Experiment gemacht», erklärt er mir mit einem verschmitzten Lächeln. «Ich habe mir ein zweites Depot zugelegt, in dem ich nur in ETFs investiere, während ich in meinem alten Depot weiter auf Einzelaktien setze. Ich wollte mal sehen, womit ich die höhere Rendite erziele. Und rate, was besser gelaufen ist!» Seinem fröhlichen Gesichtsausdruck nach kann es sich eigentlich nur um sein Aktiendepot handeln. «Nein», antwortet er und lacht. «Mein Aktiendepot ist in den Miesen und mein ETF-Depot im Plus. Und ich dachte immer, ich hätte es wirklich raus ...» Immerhin schlägt ihm die Niederlage nicht aufs Gemüt.

Wolfgang ist sozusagen der lebende Beweis für die Richtigkeit der Effizienzmarkttheorie. Demnach sind alle Informationen im Markt eingepreist, kein einzelner Investor verfügt über zusätzliche Informationen, mit denen er den Markt schlagen kann. In der Praxis sind Finanzmärkte alles andere als effizient, und so versuchen Anleger wie Wolfgang und ich, mit Stock Picking den Markt zu schlagen. Wir wollen eine sogenannte Überrendite erzielen, indem wir unterbewertete Unternehmen und den richtigen Zeitpunkt für Aktienkauf und -verkauf auswählen.

Studien zufolge schneiden allerdings nur fünf Prozent aller Investmentfonds langfristig besser ab als der Markt. Hinzu kommt, dass Stock Picking im Vergleich zum passiven Investieren in ETFs sehr viel zeitaufwendiger ist. Zudem streue ich mein Risiko kaum, wenn ich einige wenige Aktien kaufe – statt mithilfe eines ETF auf den ganzen Markt zu setzen, beispielsweise auf den DAX mit seinen 40 Titeln. Und trotzdem, kurz- und mittelfristig kann man sehr wohl mit einzelnen Aktien Erfolg haben: So hat beispielsweise die Microsoft-Aktie im Jahr 2012 rund 50 Prozent zugelegt, der MSCI World dagegen «nur» 20 Prozent. Zudem gibt es durchaus erfahrene Stockpicker wie etwa Christian W. Röhl, der eine Dividendenstrategie verfolgt, oder Stefan Waldhauser, der auf Hightech-Investments setzt, die mit ihren Strategien oft höhere Renditen erzielen als der Markt.

Wolfgang hat rund 15 Titel in seinem Aktiendepot, drei davon sind mit mehr als 20 Prozent im Plus, darunter etwa der Schweizer Energieversorger BKW. Dann gibt es aber auch einige Aktien, vor allem Versicherungen, die in diesem Jahr richtig schlecht gelaufen sind. «Und erst meine Goldminen», seufzt Wolfgang. «Bei der lockeren Geldpolitik und der steigenden Inflation würde man denken, dass die Leute ihr Geld zunehmend in Gold umschichten», sagt er. Mitnichten – die Papiere der größten Goldminenunternehmen waren 2021 im

Minus. «Vier Aktien, die richtig in den Miesen sind – das können die Gewinne der Überflieger nicht wettmachen», erklärt Wolfgang.

Sein ETF-Portfolio hat hingegen gut 20 Prozent zugelegt. In diesem Depot liegen rund zehn einzelne ETF, mit denen er auf die weltweite Entwicklung sowie speziell auf die in Europa, der Schweiz, Japan, aber auch in den Schwellenländern setzt. Dazu noch etwas Gold in Form eines ETC, das Pendant zu ETF für Rohstoffe. «Also eine Art Weltportfolio», sage ich.

Das Weltportfolio ist ein Musterportfolio nach den Ideen des Investors und Bestsellerautors Gerd Kommer. Mit einigen wenigen ETFs können Anleger die globalen Chancen und Risiken ausbalancieren. So sollten sie 55 Prozent ihres Kapitals in Industrieländeraktien anlegen, je zur Hälfte in Value-Werte, also in große Unternehmen wie beispielsweise Apple, Visa oder Pfizer, die im S&P 500 sind, und die andere Hälfte in Small und Mid Caps, also kleine und mittelgroße Firmen, wie man sie beispielsweise im deutschen MDAX oder SDAX findet.

Weitere 25 Prozent werden in Schwellenländer-ETF investiert, zehn Prozent in Rohstoffe mithilfe von ETC und weitere zehn Prozent in Immobilien-ETF. Da sich die einzelnen Märkte oft gegensätzlich entwickeln – wenn Aktien gut laufen, sind Rohstoffe weniger gefragt und umgekehrt –, kann man auf diese Weise sein Risiko ausbalancieren. Ganz ähnlich hat auch Wolfgang investiert und will auch künftig daran festhalten. «Die Idee, dass man als harmloser Anleger einzelne Unternehmen durchschaut, ist schon mutig», gibt er zu bedenken.

Allerdings, da sind wir uns einig, sind ETF deutlich langweiliger. «Es macht sehr viel mehr Spaß, auf einzelne Unternehmen zu setzen», sagt Wolfgang. Das Erfolgserlebnis, die richtige Aktie gefunden zu haben, besser als der Markt zu sein, ist etwa so, wie als Erste durchs Ziel zu laufen. Allerdings geht es in erster Linie darum, das Geld langfristig gewinnbringend anzulegen, mit überschaubaren Risiken und Kosten. «Ich werde mehr auf ETF vertrauen», resümiert Wolfgang deshalb. Einen bestimmten Betrag werden Wolfgang und ich weiterhin in einzelne Unternehmen investieren, in unserem jeweiligen Spieldepot. Mal sehen, welches in diesem Jahr besser abschneidet.

Dann kopier doch mein Depot!

Noch nichts von Copy Trading gehört? Ist ein bisschen wie Instagram für Anleger. Wer mitmachen will, sollte den Unterschied zwischen Traden und Investieren kennen.

«Kann ich nicht einfach kopieren, was du machst?», fragt mich mein jüngerer Cousin mit Blick auf mein Aktiendepot. Er ist Anfang 30, unverheiratet, kinderlos und möchte erstmals Geld anlegen. «Bist du wahnsinnig?», frage ich ihn erschrocken.

Jemandem Einblick in mein Aktiendepot zu gewähren, bereitet mir Unbehagen, selbst bei mir nahen Menschen. Nicht dass ich etwas zu verbergen hätte, nur: Was gut für mich ist, ist für meinen kleinen Cousin noch lange nicht gut, genauso wenig wie für meine 74-jährige Patentante. Wie man sein Geld anlegt, ist eine persönliche Sache und hängt davon ab, wie viel man überhaupt zur Verfügung hat, wie risikofreudig man ist, wie viel Erfahrung man mitbringt und wie viel Zeit man aufbringen möchte. Kurzum, nur weil etwas für mich funktioniert, heißt das noch lange nicht, dass es für jemand anderen ebenfalls gut ist. «Ich kann dir gerne sagen, in welche Aktien ich investiere, aber den Rest musst du selber machen», schließe ich meinen kleinen Vortrag.

All das ist zwei, drei Jahre her – und offenbar habe ich eine große Geschäftsidee verpasst. Denn seit geraumer Zeit kopieren viele meiner Freundinnen und Freunde die Anlagestrategien anderer Investoren, mithilfe des sogenannten Social oder auch Copy Tradings. Ähnlich wie bei LinkedIn, Twitter oder Instagram folgen sie bestimmten Personen, in diesem Fall erfolgreichen Tradern. Das geht über Plattformen wie wikifolio oder eToro. Man kann dort Personen liken und kommentieren, aber – und das macht das Ganze so attraktiv für Menschen wie meinen Cousin – man kann auch ihre Anlagestrategie kopieren, indem man genauso investiert wie die Vorbild-Trader. Die Trader wiederum verdienen daran, dass Follower ihre Anlagestrategie kopieren.

Das Prinzip – ich kopiere automatisch ein Portfolio – ist immer dasselbe, die einzelnen Plattformen unterscheiden sich jedoch: Bei eToro beispielsweise muss man zunächst auf der Website ein Konto eröffnen, ehe man sich verschiedene Trader und Portfolios ansehen kann. «CPHequities» aus Dänemark zum Beispiel gehörte im Jahr 2021 mit Kursgewinnen von rund 95 Prozent in 12 Monaten zu den Toptradern. CPHequities hat rund eine Million Follower, also Anlegerinnen und Anleger, die sein Portfolio verfolgen, im Jahr 2023 kopieren rund 15000 Menschen seine Aktienstrategie. Über seinen Newsfeed tauscht er sich mit seiner Community aus, lädt beispielsweise zum Videocall ein, in dem er seine Investmentstrategie erläutert.

Welche Aktien CPHequities hält, kann man über die Portfoliofunktion erfahren, nämlich unter anderem Meta, Google, das amerikanische Cybersecurity-Unternehmen Fortinet und die Kreditkartenanbieter Visa und Mastercard. Dort sieht man auch, welche Aktien CPHequities kauft oder verkauft. eToro merkt sich, welche Portfolios man sich angesehen hat, und schlägt automatisch Trader mit ähnlicher Strategie vor.

Wenn ich den Trader meines Vertrauens gefunden habe, kann ich Beträge ab 200 US-Dollar investieren, etwa über PayPal, Kreditkarte oder Banküberweisung. Mein Depot sieht dann so aus wie das des Traders, den ich ausgewählt habe. Kauft er Aktien, kaufe ich die diese Aktien ebenfalls zu gleichen Teilen, ebenfalls über die Plattform.

Ähnlich funktioniert auch Naga, hinter dem ein Start-up aus Hamburg steht. Bei wikifolio hingegen kauft man keine Aktie, sondern ein Zertifikat auf das entsprechende Portfolio. Wer genügend Follower hat, kann ein Zertifikat ausgeben, das andere Anlegerinnen und Anleger dann erwerben können. Das wäre also mein Preis gewesen, hätte ich nicht so gezögert und stattdessen auf meinen jüngeren Cousin gehört.

Allerdings hat die Geschichte einige Haken: Die Plattformen vermitteln den Eindruck, als sei es ein Leichtes, mit dieser Technik Geld zu verdienen, selbst für unbedarfte Anlegerinnen und Anleger wie meinen Cousin. Es braucht aber Zeit und Know-how, sich die Vielzahl der Trader genauer anzusehen, ihre Investmentstrategie zu verstehen, die Unternehmen zumindest zu kennen, deren Aktien sie kaufen. All das ist nichts für Neulinge. Wer sich an der vergangenen Performance orientiert, kann schnell ein böses Erwachen erleben: Die Vergangenheit sagt nichts, absolut gar nichts, über die Zukunft aus.

Auch geht es hier weniger ums Investieren, sondern, wie der Name Social Trading oder Copy Trading schon sagt, ums kurzfristige Handeln. Die meisten Musterinvestoren sind auf kurzfristige Gewinne aus, die durch den schnellen Kauf und

Verkauf von Aktien entstehen. Das richtige Timing zu erwischen, ist aber so gut wie unmöglich: Studien zufolge verlieren 80 Prozent aller Day-Trader Geld. Daher investiere ich auch langfristig und trade nicht (okay, manchmal schon ...).

An sich finde ich die Idee, Portfolios transparenter und zugänglicher zu machen, sehr interessant, gerade im Vergleich zu den großen Investmentfonds. Bei eToro beobachte ich deshalb seit längerer Zeit Musterportfolios. Ich schaue mir die Portfolios von CPHequities und seinen Kompagnons sogar sehr gerne an, um mich zu informieren und inspirieren zu lassen. Am Ende treffe ich aber meine eigenen Entscheidungen.

Mein jüngerer Cousin hat übrigens schließlich selbst investiert, überwiegend passiv in ETF. Einen kleinen Betrag hat er aber auch in Copy Trading gesteckt. Nach der anfänglichen Euphorie gestand er mir kürzlich: «Das Ding ist ganz schön in den Miesen.»

Aktionärin – ganz automatisch

Robo-Advisors sind ein guter Einstieg für unerfahrene Anleger. Wer die Börsengeschäfte mit ihnen organisiert, verliert nicht so schnell die Nerven und kann daraus lernen.

Sobald unser Kontostand eine bestimmte Höhe erreicht, klingelt mein Telefon, und ein Kundenberater meiner Bank meldet sich bei mir mit den Worten: «Frau von Hardenberg, auf Ihrem Konto ist ein höherer Betrag eingegangen, wollen wir uns nicht einmal zusammensetzen und über interessante Anlagemöglichkeiten sprechen?» Dabei klingt der Herr leider so uninteressiert und gelangweilt, dass ich auf keinen Fall mit ihm über interessante Anlagemöglichkeiten sprechen möchte. Nicht dass wir uns falsch verstehen, ich schätze unsere kleine Filialbank sehr, aber eher um die alltäglichen Dinge des Lebens zu regeln: Vom Girokonto über die Kinderkonten und Darlehensanfragen bis hin zur verlorenen Kreditkarte – es hat durchaus Vorteile, einen persönlichen Ansprechpartner zu haben. Wenn es aber um unsere Geldanlage geht, gibt es bessere Alternativen.

Eine interessante Alternative zu den klassischen Filialberatern sind Robo-Advisors, gerade auch für Menschen, die wenig Erfahrung in diesem Feld haben. Das sind automatisierte, digitale Anlageberater oder besser: Vermögensverwaltungen. Nicht ein Berater oder eine Fondsmanagerin trifft die Anlageentscheidungen, sondern ein Algorithmus. Zu den bekanntesten gehören Liquid, Quirion oder Raisin Invest.

Wie das genau funktioniert? Zunächst fülle ich einen standardisierten Fragebogen aus, ähnlich dem der Filialbank. Mit Fragen wie «Die Gefahr, dass ich einen Teil meines Vermögens verliere, belastet mich sehr / mittel / gar nicht» und Fragen zu meinen Erfahrungen am Finanzmarkt und dem Anlagehorizont wird mein Risikoprofil ermittelt. Damit errechnet der Algorithmus eine passende Anlagestrategie mit der entsprechenden Risikoklasse: Bei risikoaversen Menschen ist der Anleihenanteil höher, bei risikofreudigen Menschen der Aktienanteil. Mein persönliches Ausgangsportfolio könnte etwa so aussehen: 70 Prozent Aktien-ETF und 30 Prozent Anleihen-ETF, denn um Kosten zu sparen, greifen Robo-Advisors auf ETF zurück.

Steigen die Aktienkurse und somit auch der Aktienanteil in meinem Portfolio, verkauft der Robo-Advisor, um die ursprüngliche Gewichtung von Aktien und Anleihen beizubehalten. Das nennt sich auch Rebalancing. Allerdings schichtet der digitale Berater nicht jedes Mal um, wenn das Verhältnis ins Wanken geraten ist, sondern üblicherweise an einigen wenigen fixen Zeitpunkten im Jahr. Es gibt inzwischen aber auch aktive Robo-Advisors, der Onlinebroker Scalable Capital bietet einen solchen Service an. Hier geht es nicht nur darum, eine bestimmte Gewichtung beizubehalten, sondern die Fonds je nach Börsengeschehen umzuschichten, um Verluste zu begrenzen und Gewinne zu maximieren.

Ob aktiv oder passiv, Robo-Advisors haben ihren Preis: Die Anbieter verlangen rund ein Prozent der Anlagesumme pro Jahr als Gebühr. Zum Vergleich: Die selbst verwaltete Geldanlage mit einer Mischung aus Tages-, Festgeld und Onlinedepot kostet Berechnungen zufolge nur 0,3 Prozent pro Jahr. Allerdings muss man sich hier aktiv kümmern, Entscheidungen fällen und ETF auswählen. Sicher ist das Geld in beiden Fällen, denn die ETF gehören der Anlegerin oder dem Anleger und bleiben als Sondervermögen im Fall einer Insolvenz geschützt.

Ich bin sehr dafür, dass Menschen ihre finanziellen Entscheidungen selbst treffen, nur so wird man eine mündige und unabhängige Anlegerin. Allerdings verstehe ich auch all jene, die Berührungsängste beim Thema Finanzen haben und die Verantwortung für ihre Anlageentscheidung (noch) nicht übernehmen wollen. Für sie sind Robo-Advisors eine kostengünstige Lösung: Man muss sich in das Thema einlesen, kann aber, solange man noch unsicher ist, die Entscheidungsverantwortung abgeben.

Wie schneiden Robo-Advisors am Ende ab? Nachdem die Aktienkurse zu Beginn der Coronakrise heftig eingebrochen waren, sind auch Robo-Advisors in die Kritik geraten. Zu Unrecht, wie ich finde, denn passive Robo-Advisors haben gar nicht den Anspruch, Verluste zu begrenzen oder Gewinne auszubauen, sondern spiegeln einfach das Marktgeschehen gemäß Risikogewichtung wider. Einen anderen Anspruch haben dagegen aktive Robo-Advisors, die Talfahrten an der Börse abfedern wollen. Zumindest Scalable Capital ist dies während der Coronakrise nicht gelungen: Der Anbieter hat deutlich schlechter abgeschnitten als die passiven Robo-Advisors.

Vieles spricht meiner Meinung nach dafür, einen passiven Robo-Advisor auszusuchen. So bleibt die Geldanlage übersichtlich und bringt langfristig trotzdem mehr ein, als wenn das Geld einfach nur auf dem Konto liegt, bis der Bankberater anruft und einem neue Anlageprodukte verkaufen will.

Wann sind Aktien eigentlich günstig?

Wenn die Kurse fallen, denken viele Anleger, sie können ein Schnäppchen machen. Bevor man bei Standardwerten zuschlägt, sollte man diese Kennzahlen kennen.

«Sind Aktien jetzt nicht billig?» Diese Frage treibt meinen zwölfjährigen Sohn seit Wochen um. Er hat ein kleines Musterdepot mit drei Papieren, die wir ihm in den vergangenen Jahren zum Geburtstag oder zu Weihnachten geschenkt haben. Die eigentlichen Aktien liegen in meinem Depot, da Minderjährige keine Einzelaktien halten dürfen. Insgesamt steht es recht gut um sein Depot, aber seine Airbnb-Aktie ist unter dem Einstiegskurs. Das bereitet ihm jedoch wenig Unbehagen, im Gegenteil: Er fragt sich, ob er jetzt nicht günstig nachkaufen könnte. Mit dieser Überlegung ist mein Sohn nicht allein, viele Anlegerinnen und Anleger überlegen sich das, wenn die Kurse fallen.

Wenn das so einfach wäre. Denn tatsächlich sagt der Preis

einer Aktie absolut gar nichts über ihren Wert, sprich über den Unternehmensanteil, aus. Der Aktienpreis entsteht allein durch Angebot und Nachfrage. Wenn – wie etwa während der Pandemie – alle Anlegerinnen BioNTech-Aktien kaufen wollen, steigt der Aktienpreis, denn die Anzahl der verfügbaren Wertpapiere am Markt bleibt gleich. Am Unternehmenswert hat sich natürlich nichts geändert, dieser wird unter anderem von Gewinn und Umsatz bestimmt. Genauso hat sich auch jetzt nichts am Unternehmenswert geändert, wenn Investoren diese Papiere abstoßen und der Kurs von BioNTech wieder nachgibt. Nur weil Aktien «optisch» billig sind, sagt das absolut nichts darüber aus, ob das Papier nun ein Schnäppchen ist oder nicht.

Wie aber findet man heraus, ob eine Aktie einen Kauf wert ist? Die schlechte Nachricht gleich vorweg: Es gibt nicht die eine alles entscheidende Kennzahl. Die relevanten Bewertungszahlen sind ganz unterschiedlich, je nachdem, ob man auf Dividendenaktien oder Wachstumswerte aus dem Technologiesektor setzt oder auf klassische Blue Chips, also die Aktien großer Unternehmen. Und selbst dann muss man noch zwischen einzelnen Branchen unterscheiden.

Da Blue-Chip-Aktien unter Privatanlegern besonders gefragt sind, ist das Kurs-Gewinn-Verhältnis (KGV) die wohl bekannteste Kennziffer. Hier wird der aktuelle Aktienkurs durch den Jahresgewinn pro Aktie geteilt. Ein Zahlenbeispiel: Kostet die Allianz-Aktie 180 Euro, und der Versicherungskonzern erwirtschaftet einen Gewinn pro Aktie von 19,75 Euro, dann ergibt sich daraus ein KGV von 9,1.

Man sagt immer, ein KGV von unter zwölf sei gut. Das lässt sich aber kaum so sagen, es kommt wirklich auf die Branche an. Die Autobranche ist etwa so niedrig bewertet, weil die Unsicherheit groß ist, ob sie das Thema Elektromobilität in den Griff bekommt.

Die Frage ist ohnehin, wie sinnvoll es ist, eine Kennzahl zu wählen, die den Unternehmensgewinn heranzieht. Selbstständige, Freiberufler oder Unternehmerinnen wissen, dass der Gewinn eine sehr flexible Variable ist. Man kann verschiedenste Ausgaben geltend machen oder auch nicht, Zahlungseingänge verschieben oder vorziehen, Rücklagen in unterschiedlicher Höhe bilden. All das ist legal, es kann aus verschiedensten Gründen sinnvoll sein, einen niedrigeren oder höheren Gewinn auszuweisen. Dennoch hat sich das KGV als die Kennzahl durchgesetzt und ist in jedem Anlagemagazin und Börsenbrief prominent vertreten.

Statt sich auf eine Kennzahl zu versteifen, ist es wichtiger, eine Vielzahl von Kriterien heranzuziehen. Eine Bewertungsmethode – allerdings nicht für Wachstumswerte – ist die Levermann-Strategie, benannt nach der deutschen Fondsmanagerin Susan Levermann. Für ihren Investmentfonds hat sie ein Modell mit 13 Bewertungsfaktoren entwickelt, von Rentabilitätskriterien wie der Eigenkapitalrendite über den Aktienpreis, gemessen am KGV, bis hin zum Überraschungseffekt, etwa der Reaktion auf die Quartalszahlen. Für jedes einzelne Kriterium vergibt Levermann Punkte. Liegt das Gesamtergebnis bei mindestens vier Punkten, ist die Aktie einen Kauf wert, wobei kleinere Unternehmen deutlich mehr Punkte sammeln müssen. Levermann war mit ihrem Fonds so erfolgreich, dass dieser preisgekrönt wurde. Natürlich gibt es auch hier Kritikpunkte, etwa dass sich zu viele Kennzahlen an der Vergangenheit orientieren. Insgesamt sind aber Anleger, die nach der Levermann-Strategie investieren, recht gut gefahren.

Wer sich jetzt fragt, ob er neben der Analyse dieser Kennzahlen noch seinem eigentlichen Beruf nachgehen kann oder fortan hauptberuflich Datenanalyst werden muss, dem sei gesagt: Es gibt andere Menschen, die dies übernehmen können.

Die Finanzportale aktien.guide und aktienfinder.net erheben und analysieren etwa diese Zahlen, die Nutzerinnen wie ich dann im Rahmen eines Abos abrufen können.

Meinem Sohn, der mit Airbnb und Tesla Wachstumswerte hält, nutzt die Levermann-Strategie allerdings wenig. Bei diesen Titeln muss man noch einmal ganz andere Werte heranziehen, aber dazu ein andermal mehr. Immerhin hat er mittlerweile verstanden, dass der Preis der Aktie nichts über den Wert des Papiers aussagt – und damit schon eine wichtige Erkenntnis gewonnen.

Schnäppchen oder nicht? Wachstumswerte im Check

Vor allem Techwerte scheinen infolge steigender Zinsen besonders günstig. Um unterbewertete Aktien zu finden, brauchen Anleger die richtigen Kennzahlen.

Bei Amazon feierte man gerade den jährlichen Prime Day. Dahinter verbergen sich zwei Tage, an denen der Onlinehändler auf viele Produkte besonders große Rabatte gewährt. Zumindest in der Theorie, denn viele Schnäppchen sind eigentlich gar keine. Zum Beispiel, weil der Preis des jetzt reduzierten Fernseher-Auslaufmodells schon vorher stark gesunken war oder weil die unverbindliche Preisempfehlung des Herstellers als Referenz für den Rabatt herangezogen wurde – und nicht der eigentliche Marktpreis.

Die Frage, wann ein Schnäppchen ein Schnäppchen ist, beschäftigt mich immer wieder auch als Investorin. Denn an der Börse fühlt es sich gelegentlich ein wenig nach Prime Day an. Viele Wachstumswerte, also Aktien von Unternehmen, denen die Börse eine große Zukunft zutraut, haben Phasen, in denen sie über Wochen stark fallen. Der Schlüssel zu erfolgreichem Investieren ist es, in diesen Momenten genau die Aktien zu kaufen, die wirklich unterbewertet sind. Und jene zu meiden, bei denen der Preissturz gerechtfertigt war. «Kauf einen Dollar, aber bezahle nicht mehr als 50 Cent», hat der Starinvestor Warren Buffett diesen Ansatz einmal treffend beschrieben. Nur: Wie finde ich die wahren Schnäppchen?

Wachstumswerte, zu denen oft, aber nicht zwangsläufig, Technologiefirmen zählen, sind besonders günstig, wenn sich steigende Zinsen abzeichnen. Unternehmen, die heute noch keinen Gewinn erzielen und deren Börsenwert vor allem von den künftigen Erträgen abhängt, benötigen viel Fremdkapital, um ihr Wachstum voranzutreiben. Wenn es zu hoher Inflation kommt, erhöhen die Notenbanken die Zinsen, um den Preisanstieg in den Griff zu bekommen. Für die Unternehmen bedeutet das aber höhere Finanzierungskosten. In der Logik vieler Investoren heißt das: verkaufen, denn die Gewinne werden länger auf sich warten lassen, als bisher angenommen. Allerdings werden einige Unternehmen dabei unverhältnismäßig hart abgestraft.

Auf der Suche nach diesen Schnäppchen sind klassische Bewertungen wie das eben schon vorgestellte KGV hinfällig, denn Wachstumsunternehmen machen ja nun mal meistens keine Gewinne, sondern investieren lieber in ihre Zukunft. Jeff Bezos zum Beispiel hat mit Amazon jahrelang kaum Gewinne ausgewiesen, während sein Unternehmen einen immer größeren Marktanteil eroberte. Achtete man nur auf das KGV, wäre jedes Wachstumsunternehmen überbewertet. Eine sinnvollere Kennzahl bekommt man, wenn man den Unternehmenswert ins Verhältnis zum Umsatz setzt, im Englischen spricht man von «Enterprise Value / Sales» (EV / S). Die Idee dahinter ähnelt dem des Kurs-Gewinn-Verhältnisses – hierbei wird allerdings ermittelt, ob Preis und Einnahmen im vernünftigen Verhältnis zueinander stehen.

Bei dieser Betrachtung des Unternehmenswerts stelle ich mir im Prinzip die Frage, was ein Investor für die Firma zahlen würde, um sie heute zu übernehmen. Nehmen wir einen tatsächlich angekündigten Deal als Beispiel: Wie viel Geld würde Microsoft auf den Tisch legen, um den Videospielproduzenten Activision Blizzard zu kaufen? Dieser Übernahmepreis berechnet sich aus der Marktkapitalisierung, also der Summe aller Aktien multipliziert mit dem aktuellen Aktienpreis, dazu kommen die Schulden des Übernahmekandidaten, denn diese «kaufe» ich bei einem Unternehmenskauf ebenfalls mit. Davon kann ich aber die Bargeldreserven abziehen, diese kommen schließlich nach dem Kauf auf mein Konto. Den Unternehmenswert teile ich durch den aktuellen Jahresumsatz. So sehe ich, wie oft ich diesen Umsatz erzielen muss, um damit den Übernahmepreis begleichen zu können. Ein niedrigeres EV / S-Verhältnis ist besser als ein höheres. Denn je niedriger dieses ist, desto weniger Jahre brauche ich, um den Unternehmenswert zu bezahlen.

So weit, so gut. Natürlich sitze ich nicht morgens mit Bleistift und Taschenrechner am Frühstückstisch und schiebe Zahlen hin und her. Es gibt die bereits erwähnten Datenanalyse-Angebote wie Aktien.guide oder Aktienfinder, die das für mich erledigen. Das kostet, aber ist das Geld wert. Neben dem EV / S finden sich dort auch andere Kennzahlen wie etwa die Bruttomarge (Was verdient das Unternehmen vor Abzug der Kosten?), das Umsatzwachstum (Ist das Unternehmen organisch gewachsen, oder konnte es seinen Umsatz nur dank Zukäufen steigern?), den Verschuldungsgrad oder die sogenannte Rule of 40, die Aufschluss über die Effizienz des Unternehmenswachstums gibt. All diese Kennzahlen zeigen mir, ob ein Unternehmen fair bewertet ist.

Gute Kennzahlen sind wichtig für die Ideenfindung, alles entscheidend sind sie aber nicht. Wie bei klassischen Aktien muss ich mir ein breites Bild vom Unternehmen machen. Wichtige Kriterien sind für mich dabei die Unternehmensführung und die Mitarbeiterzufriedenheit. Nur wenn das Management in der Lage ist, das Unternehmen auf die nächste Stufe zu bringen und dabei auch die Beschäftigten mitzunehmen, wird es langfristig Erfolg haben. Oft bringen Gründerinnen in der ersten Phase die Firma voran, später braucht es jedoch erfahrene Managerinnen, die einen großen Konzern in einem schärferen Wettbewerbsumfeld führen. Apple-Chef Tim Cook ist sicherlich nicht so innovativ wie Steve Jobs, hat es jedoch im vergangenen Jahrzehnt geschickt geschafft, die Marke auszubauen und neue Geschäftsfelder zu erschließen. Eine der besten Informationsquelle für Wachstumsbranchen ist für mich der Podcast «Pivot» mit der amerikanischen Journalistin Kara Swisher und mit Scott Galloway, Marketingprofessor an der New York University. Wenn man den beiden länger zuhört, erkennt man auch hier: Nicht jedes Schnäppchen ist ein Schnäppchen, ähnlich wie beim Amazon-Prime-Day.

Was, du kaufst Aktien?!?

Ob man «nur» eine einzelne Aktie oder gleich ein ganzes Unternehmen kauft, die Kriterien dafür sind sehr ähnlich. Eine kurze Einführung in die Welt der Unternehmensbewertung.

Mit Freundinnen und Freunden aus Kindheitstagen verhält es sich ähnlich wie mit Geschwistern: Die Großen bleiben stets die Großen, auch wenn die Kleinen die Großen längst überflügelt haben. Neulich habe ich meine Kindheitsfreundin Christin wiedergetroffen, die stets «die Kleine» beim Spielen im Garten war. Seither sind einige Jahre vergangen: Christin hat lange Zeit in Amerika gelebt, ein Unternehmen gegründet, eine Immobilie gekauft, ihr eigenes Haus gebaut und drei Söhne bekommen. Sie hat ihr Leben im Griff, gerade will sie ein Unternehmen kaufen, für ihre Tatkraft und ihren Mut bewundere ich sie sehr.

Die Bewunderung beruht offenbar auf Gegenseitigkeit, wenn auch aus unterschiedlichen Gründen: «Du kaufst tatsächlich Aktien? Das habe ich mich noch nicht getraut, Immobilien ja, aber Aktien?!» Ich gucke sie fassungslos an: «Christin, du willst gerade ein ganzes Unternehmen kaufen und traust dich nicht, in eine einzelne Aktie zu investieren? Eine Aktie ist nichts weiter als ein Unternehmensanteil.» Die «Kleine» ist mir meilenweit voraus und bewundert mich dafür, dass ich schnöde Aktien kaufe?! «So wie du dir jetzt ‹dein› Unternehmen ansiehst, guckt man sich auch ein Unternehmen an, dessen Aktien man kauft», sage ich. Christin guckt mich an: «Stimmt eigentlich, so hatte ich das noch gar nicht gesehen ...»

Wer ein Unternehmen kauft, verspricht sich eine attraktive Rendite, schließlich ist so ein Deal mit Risiken verbunden. Hat man, wie Christin, bereits ein Unternehmen und kauft ein weiteres hinzu, ist das Ziel, die eigene Wettbewerbsposition zu stärken und künftig höhere Gewinne einzufahren. Ob man nun Anteile oder gar ein ganzes Unternehmen kauft, man muss den Wert der Firma kennen und die Perspektiven einschätzen können. Da ein Firmenkauf jedoch deutlich komplexer ist als ein

Aktienkauf, ermitteln in der Regel Unternehmensberatungen im Rahmen einer Due Diligence den Wert des Übernahmekandidaten. Dabei werden alle wirtschaftlichen, finanziellen, rechtlichen, aber auch technischen Aspekte des Unternehmens auf Stärken, Schwächen und mögliche Risiken geprüft.

Die Prüferinnen und Prüfer nehmen sich unter anderem die Bilanzen der vergangenen Jahre vor, um die Unternehmenswerte, aber auch die Verbindlichkeiten festzustellen. Umsatz, Gewinn und Cashflow werden analysiert, Monats- und Quartalszahlen werden verglichen, um zu sehen, wie sich das Unternehmen über die Zeit entwickelt hat. Wie ist es im Vergleich zu seinen Wettbewerbern aufgestellt? Welche Potenziale ergeben sich durch eine Kostenoptimierung im Zuge der Fusion oder auch durch die Erschließung neuer Märkte? Und welche Risiken gibt es, sowohl unternehmerischer als auch gesamtwirtschaftlicher Natur? Die Liste ist noch weit umfangreicher, von der Prüfung möglicher Rechtsstreitigkeiten bis hin zu den Lebensläufen des Managementteams wird jeder Stein umgedreht.

In gewisser Weise führe ich als Anlegerin auch eine Art Due Diligence durch, bevor ich mich für eine Aktie entscheide. Dabei gibt es eine Fülle von Kennzahlen – einige wie das KGV oder das Verhältnis von Unternehmenswert zu Umsatz habe ich ja bereits vorgestellt. Nicht immer spiegelt der Aktienkurs den eigentlichen Wert des Unternehmens wider, manchmal ist eine Firma über- oder unterbewertet. Ist Letzteres der Fall, empfiehlt es sich, die Aktie zu kaufen, denn langfristig passen sich der Firmen- und der Börsenwert an. Genau darauf setzt US-Investorenlegende Warren Buffett.

Wichtig ist zu verstehen, dass eine Kennzahl allein nichts aussagt, man muss sie immer im Vergleich zur historischen Entwicklung oder im Branchenvergleich sehen. Wie Christin auch gucke ich mir das Unternehmen mit Blick auf die Profitabilität, die Bilanz und den Unternehmenswert an. Um die Profitabilität besser einzuschätzen, betrachte ich zunächst den Umsatz, also die Summe aller Verkäufe. Aussagekräftig wird der Umsatz allerdings erst im Vergleich mit früheren Umsätzen des Unternehmens, sprich, ich prüfe, ob der Umsatz wächst oder sich eher abschwächt. Die EBITDA-Marge ist der Umsatz minus Fixkosten wie Personal, Mieten sowie direkte Produktions- und Vertriebskosten. Je höher die Marge, desto erfolgreicher wirtschaftet das Unternehmen. Die Eigenkapitalrendite berechne ich, indem ich den Jahresgewinn durch das Eigenkapital teile. Auch diese Zahl ist nur sinnvoll, wenn man sie im Branchen- oder zeitlichen Vergleich betrachtet.

Unter den Bilanzkennzahlen sollte man sich die Eigenkapitalquote ansehen. Sie berechnet sich aus dem Eigenkapital geteilt durch die Bilanzsumme und sollte nicht kleiner als 25 Prozent sein. Das sogenannte Gearing gibt an, ob die Schuldenlast des Unternehmens nachhaltig ist. Dazu werden die Schulden des Unternehmens abzüglich der Cash-Reserven durch das Eigenkapital geteilt. Ein akzeptables Gearing liegt zwischen 10 und 40 Prozent, je nach Branche.

Eine andere sehr bekannte Bewertungskennzahl ist die Marktkapitalisierung, also die Summe aller ausgegebenen Aktien multipliziert mit dem Aktienkurs. Aufschlussreicher ist jedoch der Unternehmenswert. Wie ich bereits erwähnt hatte, geht es hier darum, was man auf den Tisch legen müsste, würde man das ganze Unternehmen samt Schulden und Cash auf dem Konto kaufen. Will man das Unternehmen mit Wettbewerbern vergleichen, teilt man den Unternehmenswert durch den Umsatz oder aber die EBITDA-Marge. Ist der Wert geringer als bei der Konkurrenz, ist das Papier unterbewertet – und umgekehrt.

Besser als das bereits vorgestellte KGV eignet sich als Kennzahl der Cashflow, also alle Unternehmenseinnahmen abzüglich aller Ausgaben. Denn wie sagte ein Unternehmerfreund einmal passend: «Am Ende des Jahres habe ich immer den Gewinn, den ich Anfang des Jahres prognostiziert hatte.» Der Cashflow ist hingegen das Bargeld, das am Ende in der Unternehmenskasse ist. Diesen Cashflow kann man ähnlich wie das KGV ins Verhältnis zum Kurs bzw. zur Marktkapitalisierung setzen, dann erhält man das Kurs-Cashflow-Verhältnis (KCV), mit dem man das Unternehmen innerhalb der Branche vergleichen kann.

Während ich die Kennzahlen in den Geschäftsberichten nachlesen kann oder in komprimierter Form mithilfe spezialisierter Informationsdienste wie aktien.guide erhalte, lese ich für allgemeine Unternehmens- oder Brancheninformationen aufmerksam Tages- und Finanzzeitungen. Da hat Christin einen großen Vorteil: Sie kennt den Markt und die Wettbewerbssituation sehr viel besser als jede Aktionärin am Spielfeldrand. Außerdem kann Christin als künftige Inhaberin das Unternehmensschicksal selbst gestalten. Verständlich, warum es Christin viel leichter fällt, ein Unternehmen zu kaufen als eine einzelne Aktie. Als Unternehmerin würde ich daher immer sagen, die beste Investition ist die in das eigene Unternehmen. Wenn das mangels eigener Firma nicht geht, sind Aktien die zweitbeste Wahl.

Geschickte Kurskosmetik

Nicht nur Amazon, Alphabet und Tesla teilen ihre Aktien. So wirken die Papiere natürlich extrem günstig. Doch wie wirkt sich ein solcher Split auf die künftige Kursentwicklung aus?

Es gibt immer wieder Zeiten, in denen mein Depot nicht besonders gut läuft. Dass meine Amazon-Aktien aber über Nacht um mehr als 90 Prozent gefallen sein sollten, hat mich eines Morgens dann doch kalt erwischt. Gestern war noch alles bestens, und heute sollte ich fast einen Totalverlust erlitten haben? Hatte es etwa einen Angriff auf die Amazon-Zentrale in Seattle gegeben? Oder warum war das Unternehmen – zumindest auf meinem Depotauszug – nahezu ausgelöscht?

Die Erklärung ist zum Glück weniger tragisch: Amazon hatte einen sogenannten Aktiensplit durchgeführt, die Papiere wurden im Verhältnis 1 zu 20 geteilt. Das heißt, für eine Aktie, die zuletzt 2400 Euro gekostet hatte, lagen 20 Aktien zu je 120 Euro in meinem Depot. Der Grund für meinen ersten Schreck war, dass mein Onlinebroker sich zunächst damit schwertat, diesen Umstand korrekt abzubilden. Als Performance wies er ein Minus von über 90 Prozent aus, was dem vermeintlichen Kurssturz von 2400 Euro auf 120 Euro entspricht. Ein steiler Knick nach unten. Da sich aber die Anzahl meiner Aktien verzwanzigfacht hatte, änderte sich an der Gesamtposition nichts.

Aktiensplits wie dieser kommen immer wieder vor, im Sommer 2022 gab es besonders viele. Alphabet (ehemals Google) hat seine Aktien im Verhältnis von 1 zu 19 geteilt, Tesla im Umfang von 1 zu 3. Der kanadische E-Commerce-Anbieter Shopify hatte kurz zuvor eine 1-zu-10-Teilung hinter sich gebracht. Aber warum nehmen Unternehmen überhaupt einen Aktiensplit vor?

Nun, die Aktien von Amazon und Alphabet waren mit einem Preis von über 2000 Euro pro Papier auf den ersten Blick sehr teuer, auch Tesla war mit rund 650 Euro unter diesem Gesichtspunkt nicht mehr günstig. Ein Extremfall sind die Papiere der Klasse A von Warren Buffetts Firma Berkshire

Hathaway: Rund 400000 Euro kostet eine Aktie. Viele Kleinanleger ziehen solche Wertpapiere für sich erst gar nicht in Betracht. Zu teuer! Dabei könnten sie heutzutage im Rahmen eines Aktiensparplans sogar Bruchteile kaufen und so durchaus kleinere Beträge als den Nennwert in einzelne Aktien investieren. Durch den Split aber werden die Papiere zumindest rein optisch wieder attraktiv für die breite Masse, eine Art kosmetische Kurspflege.

Denn am Wert des Unternehmens ändert sich durch das Prozedere nichts: Die Marktkapitalisierung, also die Anzahl der Aktien multipliziert mit dem Aktienkurs, bleibt gleich. Zwar ist der Kurs deutlich niedriger, dafür ist aber die Anzahl der Aktien gestiegen, ein Nullsummenspiel also. Genauso wenig ändert sich an der Dividendenrendite, dem Verhältnis von Dividende zu Aktie. Ein Beispiel: Die Aktie der Firma X kostet 1000 Euro, X zahlt eine Dividende von 50 Euro. Das ergibt eine Dividendenrendite von 5 Prozent. Nach dem Aktiensplit im Verhältnis von 1 zu 10 kostet die Aktie nur noch 100 Euro, die Dividende wird aber ebenfalls durch 10 geteilt und beträgt nur noch 5 Euro. Die Dividendenrendite liegt nach wie vor bei 5 Prozent.

Doch obwohl sich nichts ändert, kann diese vermeintlich rein oberflächliche Prozedur durchaus tiefgreifende Auswirkungen auf den Kurs haben. Das zeigt zumindest eine Studie der Bank of America, die die Entwicklung im S&P 500 von 1980 bis 2021 analysierte. Demnach führt bereits die Ankündigung eines Aktiensplits zu steigenden Kursen. Die Aktien legten in den darauffolgenden zwölf Monaten im Schnitt um 25 Prozent zu. Unklar ist, ob das wirklich an der Teilung lag. Denn oft handelt es um schnell wachsende Unternehmen wie etwa Apple oder Netflix. Der Kurs könnte also auch aufgrund des hohen Umsatzwachstums zugelegt haben.

Es sei der Vollständigkeit halber noch darauf hingewiesen, dass es auch den umgekehrten Fall der Wertpapierkosmetik gibt, die Zusammenlegung von Aktien: So hat die Commerzbank nach der Finanzkrise ihre Aktien im Verhältnis von 10 zu 1 zusammengeführt. Damals kostete das Papier nur noch 1,44 Euro, und die Commerzbank fürchtete, dass die Aktie zum sogenannten Pennystock verkäme, was schlecht für das Image des Geldhauses gewesen wäre. Nach der Zusammenlegung kam das Papier immerhin auf einen Kurs von rund 14 Euro.

Aktionärinnen und Aktionäre sollten vom Prinzip des Aktiensplits zumindest einmal gehört und es verstanden haben – sich davon aber nicht allzu sehr beeindrucken lassen. Wichtig zu wissen ist, dass bestehende Kauf- oder Verkaufsorders in diesen Fällen automatisch gelöscht werden, um ungewollte Käufe oder Verkäufe zu vermeiden. Davon, einer Aktienteilung zu viel Gewicht zu geben, sie sogar als Kaufgelegenheit zu interpretieren, würde ich eher abraten. Entscheidender ist für mich die Entwicklung des Unternehmensgewinns und -umsatzes.

Übrigens hatte mein Broker nach wenigen Tagen die historischen Kurse entsprechend dem Teilungsverhältnis angepasst. Die Kurve fiel so nicht mehr ins Bodenlose, allerdings sank die Aktie mit dem allgemeinen Markttrend trotzdem.

Finanzbildung am Strand

Mit einer großen Sandburg wehren wir uns gegen die hereinbrechende Flut. Auch Unternehmen setzen auf einen Burggraben, um sich gegen die Konkurrenz zu wappnen. Davon können Investorinnen profitieren.

Die Sommerferien gehen zu Ende. Wie jedes Jahr haben wir mit unseren vier Söhnen an der französischen Atlantikküste sehr viele Sandburgen gebaut. Dabei gehen die Vorstellungen durchaus auseinander: Meine Idee von der perfekten Sandburg ist, zunächst Muscheln und Steine am Strand zu sammeln, mit Förmchen in unterschiedlichen Größen möglichst viele Türme zu bauen, die wir dann mit unseren gesammelten Schätzen verzieren. Ich habe ein Dornröschenschloss wie im kalifornischen Disneyland vor Augen.

Bedauerlicherweise teilt niemand meine Vision: Unsere Söhne, noch mehr aber mein Mann wollen die hereinbrechenden Fluten abwehren. Schon lange bevor die ersten Wellen kommen, errichten wir mit möglichst schwerem Geschütz – Spaten, Schaufeln und großen Eimern –, vor allem aber mit körperlichem Einsatz einen Burggraben. Dabei sehen wir aus wie eine Krebsfamilie: Auf den Händen abgestützt, den Po nach oben, schaufeln wir mit unseren Füßen Sandberge vor uns auf. Wir verschanzen uns hinter unserem Schutzwall, sitzen in der Sandgrube und beobachten im Sonnenuntergang die immer größer werdenden Wellen. Sobald unser Burgwall bricht, schreit unser Jüngster lautstark: «Alarm, Alarm!» Ebenso eifrig wie schnell macht sich die ganze Familie daran, die Mauer zu reparieren. Meine gesammelten Muscheln und Steinchen interessieren unterdessen niemanden.

Aufs Leben gesehen, ist eine Burggrabenstrategie allerdings auch deutlich sinnvoller, als Märchenschlösser aufzubauen, zumindest am Aktienmarkt. Von einem Burggraben spricht man an der Börse, wenn ein Unternehmen einen langfristigen Wettbewerbsvorteil hat, der ihn vor der Konkurrenz schützt. Der Begriff stammt von Warren Buffett, der mit seiner Value-Strategie sehr erfolgreich ist. Je größer der Burggraben ist, desto schwieriger wird es für die Wettbewerber, ihn zu überwinden – und das Unternehmen kann seine Vorteile immer weiter ausspielen. Im Englischen unterscheidet man daher zwischen einem «wide moat», einem großen, weit gefächerten Wettbewerbsvorteil, und einem «narrow moat», einem kleinen Wettbewerbsvorteil, der sich auf Nischen beschränkt.

Klassische Beispiele für Unternehmen mit einem großen Burggraben sind Apple, Microsoft und Google, aber auch Pharmakonzerne und Konsumgüterproduzenten wie Coca-Cola und McDonald's. Diese Konzerne haben entweder Patente oder besitzen andere immaterielle Vermögenswerte, beispielsweise eine Marke oder ein Image, für das die Kunden bereit sind, einen höheren Preis zu zahlen. Apple ist ein Musterbeispiel für einen erfolgreichen Burggraben: Ob iPhone, MacBook, Apple Watch oder iPad, bereitwillig zahlen Hunderte Millionen Nutzerinnen und Nutzer einen höheren Preis für angesagte Apple-Produkte.

Wer ein Apple-Gerät hat, wird vermutlich auch wieder eines kaufen, denn alle Geräte sind miteinander verknüpft. Wollte ich mein iPhone gegen ein Android-Handy austauschen, wäre dies mit großen Wechselkosten verbunden, man denke nur an den Datentransfer auf die einzelnen Endgeräte, die auf unterschiedlichen Betriebssystemen laufen. Der Aufwand ist so hoch, dass die meisten Menschen davon absehen, auf ein günstigeres Android-Handy umzusteigen. Ein anderes Beispiel ist Microsoft: Die Umstellung auf ein neues Betriebssystem ist mit derart hohen Wechselkosten verbunden, dass kaum ein Unternehmen sie in Erwägung zieht.

Ein anderer schwer einholbarer Wettbewerbsvorteil sind Netzwerkeffekte. Amazon oder Meta können beispielsweise eine große Anzahl von Nutzern und Nutzerinnen zusammenbringen. Da sich auf Amazons Marktplatz bereits Tausende Käufer und Verkäuferinnen tummeln, ziehen diese weitere

Käuferinnen und Verkäufer an. Dasselbe gilt für Facebook, Instagram oder WhatsApp, die alle zu Meta gehören.

Andere Unternehmen wie McDonald's oder der Fondsanbieter Blackrock haben ihr Geschäftsmodell kostenmäßig optimiert. Sie können ein austauschbares Produkt, beispielsweise einen ETF auf den MSCI World oder einen durchschnittlichen Hamburger, deutlich günstiger anbieten als die Konkurrenz. Coca-Cola wiederum verfügt über eine so starke Markenmacht, dass die Konsumenten lieber ein paar Cent mehr zahlen, als die Cola vom Discounter zu trinken.

Was auch immer die Gründe für den Burggraben sind – es können auch mehrere gleichzeitig sein –, sie führen dazu, dass die Unternehmen in ihrer Quasi-Monopolstellung höhere Preise verlangen und höhere Gewinne erzielen können. Dann tritt ein sich selbst verstärkender Effekt in Kraft. Dank ihres üppigen Finanzpolsters können die Unternehmen ihre Wettbewerbsvorteile weiter ausbauen, ihre Position stärken und abermals höhere Gewinne einfahren.

Natürlich schützt ein Burggraben nicht vor Rückschlägen. Große Krisen wie die Finanzkrise 2007/08, die Pandemie, der Ukrainekrieg und die folgende Energiekrise treffen auch diese Unternehmen. Allerdings erholen sie sich meist deutlich schneller, denn sie können dank ihrer Marktmacht die Preise selbst in der Krise weiterhin halten bzw. sogar erhöhen.

Warren Buffett sucht seine Investments genau nach diesem Burggrabenkriterium aus. Dabei investiert er vor allem in Unternehmen, die unterbewertet sind, das heißt, deren Marktwert geringer ist als der Unternehmenswert. Buffets Logik: Der Wettbewerbsvorteil solcher Firmen verstetigt sich quasi von selbst. Hohe Gewinne erlauben es ihnen, längerfristig zu handeln, neue Produkte auf den Markt zu bringen oder gar ganz neue Märkte zu erobern – all das wird künftig wieder zu höheren Gewinnen führen. Wer seine Aktien nicht einzeln auswählen möchte, kann diese Strategie auch mithilfe eines ETF verfolgen. VanEck Morningstar hat beispielsweise einen Wide Moat ETF herausgebracht, in dem insgesamt 70 globale Unternehmen abgebildet sind, wobei 60 Prozent der Investments auf die USA entfallen.

Während meine Familie weiter in der Brandung kämpft, packe ich geknickt die Muscheln und Steine ein. Aber immerhin haben die Jungs das Burggrabenprinzip verstanden.

Dividenden bringen Ruhe ins Depot

Viele Unternehmen beteiligen ihre Aktionäre mit Ausschüttungen am Gewinn. Als besonders aufregend gelten Dividenden aber nicht. In unruhigen Zeiten freut man sich umso mehr.

Mein sechsjähriger Sohn Josef hat – ganz altersgemäß – gerade sehr viele Geschenkwünsche. Fröhlich verteilt er diese auf die nächsten Gelegenheiten: Ostern, die Zahnfee, Schulanfang, Geburtstag, wir sind sogar schon bei Weihnachten angelangt. Da wünscht er sich eine Aktie der Schweizer Chocoladefabriken Lindt & Sprüngli AG. Kein Witz. Er hat aufgeschnappt, dass Aktionärinnen und Aktionäre des Schweizer Unternehmens einen vier bis fünf Kilo schweren Schokoladenkoffer bei der Hauptversammlung erhalten. Mit dem will sich das Unternehmen für die aktive Teilnahme an der Hauptversammlung bedanken. Auf jeden Fall mal eine etwas andere Art der Investorenpflege.

Eine sehr viel weiter verbreitete Form, die Aktionäre bei Laune zu halten, ist das Zahlen einer Dividende. Im Frühling startet in Deutschland die Dividendensaison, die Unternehmen schütten ihre Gewinne aus. Da ich als Aktionärin Miteigentümerin des Unternehmens bin, werde ich über die Dividende am Gewinn beteiligt.

Üblicherweise kündigt das Unternehmen einige Monate vor der Hauptversammlung die Höhe der Gewinnausschüttung an. Der Versicherungskonzern Allianz, einer der zuverlässigsten Dividendenzahler im Dax, hat 2023 für das Jahr 2022 11,40 Euro pro Aktie ausgeschüttet. Das haben die Allianz-Aktionäre bei der Hauptversammlung Anfang Mai beschlossen. Drei Tage später wurde der entsprechende Betrag auf ihrem Konto verbucht. Am Tag der Hauptversammlung kostete die Aktie 224 Euro, am Tag der Gewinnausschüttung gab die Aktie dann um die Höhe der Dividende nach, das nennt sich Dividendenabschlag. Das Papier kostete nach Abzug der Dividende also 212,60 Euro.

Allianz, die Telekom oder Münchener Rück – allesamt gute Dividendenzahler – waren vielen Anlegern in Zeiten des wirtschaftlichen Booms zu langweilig, haben sie doch deutlich geringere Kursgewinne verbucht als allseits beliebte Techunternehmen wie Microsoft, Apple oder Google. In unruhigen Börsenjahren wie 2022 freut man sich aber über Dividendentitel. Das Auf und Ab an den Börsen kann man mit Gelassenheit beobachten, es geht nicht um den Kursgewinn, sondern um die regelmäßige Ausschüttung. Ein Kursrückgang wie beispielsweise bei der Allianz auf 180 Euro ist dann eine willkommene Kaufgelegenheit, da sich die Dividendenrendite, also das Verhältnis von Dividende zu Kurs, automatisch erhöht. Zur Veranschaulichung: Bei einem fiktiven Kurs von 224 Euro beträgt die Dividendenrendite rund fünf Prozent, bei einem Kurs von 180 Euro jedoch mehr als sechs Prozent.

Als Privatanleger sollte man sich daher nicht von der Höhe

der Dividende blenden lassen, sondern stets die Dividendenrendite betrachten. Ein weiteres wichtiges Kriterium ist die Dividendenhistorie: Zahlt das Unternehmen seine Dividende zuverlässig und regelmäßig? Manchmal schüttet eine Firma infolge von Anteilsverkäufen einmalig hohe Gewinne aus, das sagt aber wenig über die Solidität der Firma aus. Kontinuierliche und im besten Fall steigende Ausschüttungen sind hingegen ein gutes Zeichen für ein funktionierendes Geschäftsmodell und ein kompetentes Management.

Neben der Kontinuität ist die Wachstumsdynamik nicht zu unterschätzen: Wenn ein Unternehmen fünfmal in Folge die Dividende um je 15 Prozent anhebt, hat sich der ursprüngliche Ausschüttungsbetrag verdoppelt. Ein Paradebeispiel für steigende Dividenden ist Coca-Cola – das Unternehmen hebt die Ausschüttungen seit 60 Jahren an. Es heißt, US-Investor Warren Buffet bekommt heute mehr Dividende für seine Coca-Cola-Aktien, als er seinerzeit für die Aktien bezahlt habe.

Schließlich geht es auch um die Höhe der Ausschüttungsquote. Diese sollte im Dreijahresschnitt zwischen 25 und 75 Prozent des Gewinns liegen, sagt der bekannte Finanzexperte Christian W. Röhl, Privatinvestor und Buchautor («Cool bleiben und Dividende kassieren»). Denn wer zu viel ausschüttet, läuft Gefahr, nicht genug Geld für Investitionen zu haben. Umgekehrt sollten Aktionärinnen und Aktionäre auch angemessen am Gewinn beteiligt sein, schließlich stellen sie dem Unternehmen ihr Eigenkapital zur Verfügung.

In Deutschland gehören die Deutsche Post, SAP, der Schmierstoffhersteller Fuchs Petrolub, der Medizinverpackungshersteller Gerresheimer, Fresenius Medical Care sowie TAG Immobilien zu den zuverlässigsten Dividendenzahlern. Europaweit sind der Kosmetikkonzern L'Oréal, die Pharmakonzerne Sanofi, GlaxoSmithKline und Novo Nordisk, der Luxuskonzern Hermès sowie der Rückversicherer Swiss Re beliebte Titel. Bei allen Vorteilen, die Dividenden bieten, sind diese aber nicht mit Zinszahlungen zu verwechseln. Dividenden sind freiwillige Leistungen, es gibt keine Garantie, in schlechten Jahren können diese auch gekürzt werden.

Bei meinem Sohn steht weiterhin Lindt & Sprüngli hoch im Kurs, inzwischen auch bei seinen älteren Brüdern. Es gibt nur ein klitzekleines Problem: Die Aktie kostet 110000 Euro. «Kann ich mir nicht einfach die Aktie kaufen, zur Hauptversammlung gehen, den Schokokoffer nehmen und die Aktie am nächsten Tag wieder verkaufen?», fragt sein größerer Bruder Paul. «Aber woher nimmst du die 110000 Euro?», frage ich ihn. «Ich kann doch einen Kredit aufnehmen.» – «Wer soll dir denn einen Kredit geben?», stichelt sein älterer Bruder Hans. Darauf hat Paul leider keine Antwort. Die Sache mit der Lindt-&-Sprüngli-Aktie hat sich für ihn erledigt. Aber zu Ostern gibt es ja vielleicht ein paar Lindt-Osterhasen und -eier. Wenn auch sicher nicht im Fünfkilopaket.

Das läppert sich ganz schön – mit Dividenden ein Vermögen aufbauen

Gewinnausschüttungen werden oft unterschätzt: Wer sie in die richtigen Aktien reinvestiert, kann damit ein passives Einkommen aufbauen und erstaunliche Renditen erzielen.

«Die Bank zahlt eine Dividende von 50 Euro», lese ich von der Ereigniskarte des Monopoly-Spiels vor. «Menno», mault mein Sohn Josef. Er hatte auf die Karte «Rücke vor bis auf Los und ziehe 200 Euro ein» spekuliert. Währenddessen streiten sich seine älteren Brüder erbittert um Turm- und Badstraße. Auch wenn die Badstraße bei einem Kaufpreis von 60 Monopoly-Dollar zunächst nur zwei Monopoly-Dollar Miete einbringt, entwickelt sie sich im Spielverlauf stets zu einer der besten Einnahmequellen. Kleinvieh macht eben auch Mist.

Als Kleinvieh tun viele Anlegerinnen und Anleger auch Dividendenzahlungen ab, denn die diese liegen meist im niedrigen einstelligen Eurobereich pro Aktie. Scheinbar wenig, denkt man auf den ersten Blick, doch langfristig lässt sich ein stattliches passives Einkommen oder gar Vermögen damit aufbauen.

Im Mai ist, wie eben bereits erwähnt, Dividendensaison, zumindest in Deutschland, Österreich, der Schweiz und in Skandinavien. In Großbritannien hingegen zahlen die Firmen im Halbjahrestakt, in den USA vierteljährlich, teils sogar monatlich. Das liegt auch daran, dass Amerikaner und Amerikanerinnen ihre Aktieninvestments nicht nur als Spekulation auf höhere Kurse betrachten, sondern als zusätzliches passives Einkommen, ähnlich den Mieteinnahmen aus einer Immobilie. Denn große Aktionäre wie Versicherungen oder Universitäten sind auf regelmäßige monatliche Einnahmen angewiesen, um ihre Ausschüttungen finanzieren zu können.

Auch wer privat anlegt, kann diese Strategie verfolgen und Aktien danach auswählen, wie viel Dividende die Unternehmen in welchem Monat zahlen. «Bargeld statt Buchgewinn» heißt das Buch von Luis Pazos, in dem erklärt wird, wie man mit Hochdividendentiteln ein monatliches passives Einkommen erzielen kann. Dabei sollte man mindestens 30, eher sogar bis zu 100 unterschiedliche Aktienwerte in seinem Depot haben, um sein Risiko zu streuen. Zu den größten Dividendenzahlern gehören amerikanische Unternehmen aus der Immobilien- und Finanzbranche, aus der Konsumgüterindustrie und dem Gesundheitssektor.

Damit man wirklich allein durch Dividenden ein Einkommen erzielt, das zum Leben reicht, braucht man allerdings eine Menge Grundkapital. Gehen wir von einem monatlichen passiven Einkommen in Höhe von 1800 Euro und einer Dividendenrendite von vier Prozent aus, also dem Verhältnis von gezahlter Dividende zum Aktienkurs, muss man gute 500000 Euro in Dividendenaktien anlegen.

Selbst wer nicht sein gesamtes monatliches Einkommen mit Dividenden bestreiten kann, freut sich vermutlich über regelmäßige Ausschüttungen, gerade in unruhigen Zeiten. Statt einzelne Aktien selbst auszuwählen, kann man auch auf ETF setzen. Der ETF Vanguard FTSE All-World High Dividend Yield schüttet zwar nicht monatlich, aber immerhin viermal im Jahr aus. Mit 1700 Titeln ist er breit gestreut und hat zuletzt eine Dividendenrendite von 3,5 Prozent abgeworfen. Zu den größten Positionen gehören Johnson & Johnson, Nestlé, Roche, JPMorgan Chase, Home Depot und Bank of America. Deutlich weniger Aktien, nämlich nur 100, befinden sich im iShares STOXX Global Select Dividend 100. Auch hier werden die Gewinne viermal jährlich ausgeschüttet, die Rendite ist mit zuletzt 3,53 Prozent vergleichbar.

So verlockend regelmäßige Einnahmen aus Aktien sind, persönlich setze ich aber lieber darauf, meine Dividenden zu reinvestieren und so langfristig vom Zinseszins zu profitieren. Auch wenn es sich bei den Gewinnausschüttungen zunächst um kleine Summen handelt, langfristig machen diese Kleckerbeträge einen gewaltigen Unterschied. Der MSCI World verbucht seit seiner Entstehung im Jahr 1970 eine jährliche Rendite von durchschnittlich 5,4 Prozent, ohne Dividenden. Werden die Dividenden jedoch wieder in neue Aktien investiert, kommt der MSCI World auf ein jährliches Plus von 8,4 Prozent, rechnet der Dividendenexperte Christian W. Röhl vor.

In Euro ausgedrückt, sieht die Rechnung so aus: Ohne Wiederanlage der Dividenden wurden in dieser Zeit aus 10000 Euro rund 63000 Euro. Wurden die Gewinnausschüttungen aber reinvestiert, erwuchs daraus eine Summe von 168000 Euro. Das kann sich sehen lassen. Wer von diesem Effekt profitieren will, muss bei der Fondsauswahl darauf achten, dass es sich um einen thesaurierenden Fonds handelt, das heißt, die Dividenden werden wieder angelegt.

Einen ETF kann sich mein Sohn mit seiner Dividendenzahlung nicht kaufen, so etwas gibt es beim Monopoly-Spiel (noch) nicht. Dafür konnte er in der nächsten Runde die Chausseestraße erwerben. Es war die letzte freie Karte auf dem hellblauen Straßenzug. Diese lässt er sich nun von seinem Bruder vergolden, der die Karte für sein Hotelprojekt braucht.

Sachdividenden: Ein Schlafanzug macht noch keine gute Aktie

Firmen halten ihre Aktionäre gerne mit Champagnertrips und Hotelgutscheinen bei Laune. Entscheidender als die Sachdividende sind Geschäftsmodell und Unternehmenszahlen.

Hätte ich doch Sixt-Aktien gekauft! Nicht nur wegen der Kursentwicklung: Die Aktie des Autovermieters hat in den vergangenen fünf Jahren um 40 Prozent zugelegt – der MDAX, in dem Sixt gelistet ist, gerade einmal um sechs Prozent. Nein, ich wäre gerne Sixt-Aktionärin, um vom Shareholder-Tarif zu profitieren. Damit erhalten Aktionärinnen und Aktionäre einen Rabatt von bis zu 20 Prozent auf den Mietwagen, wenn sie mindestens eine Sixt-Aktie im Portfolio haben und zuvor den «Diamond-Tarif» über den Kundenservice freischalten lassen. Mit diesem Diamond-Tarif hätte ich extrem viel Geld gespart, als wir in den USA Langzeit-Automieter waren (was aber immer noch günstiger ist, als zu kaufen und anschließend zu verkaufen, wie meine Recherchen ergaben).

Sixt gibt, wie einige andere Unternehmen auch, neben der eigentlichen Dividende eine Sachdividende aus. Das können Geschenke, Vergünstigungen oder auch besondere Aktionen sein. Sachdividenden sind unter Aktionären und Aktionärinnen sehr beliebt – und Unternehmen lieben sie, weil sie so ihre Anteilseigner emotional an ihr Geschäft und ihre Produkte binden können. Zudem sind sie gute PR-Gags für die Firmen: Jedes Jahr im Frühjahr gibt es zahlreiche Posts von gelieferten Calida-Schlafanzügen auf Social Media. Und die Bilder von Aktionären im dunkelblauen Anzug, die mit ihrem Lindt-&-Sprüngli-Schokoladenkoffer durch die Zürcher Bahnhofstraße spazieren, sind jedes Jahr Ende April in den Zeitungen zu sehen.

Der bereits erwähnte vier bis fünf Kilo schwere Schokoladenkoffer der Firma Lindt & Sprüngli gehört zu den wohl bekanntesten Sachdividenden. Streng genommen ist er keine Sachdividende, sondern ein «Bhaltis», das man nur bekommt, wenn man auch tatsächlich auf der Hauptversammlung war und sein Stimmrecht ausgeübt hat (wer sich vertreten lässt, bekommt den Koffer per Post). Derzeit kostet die Aktie rund 110000 Euro, weswegen ich beim Anblick der schokokoffertragenden Aktionäre schmunzeln muss: Es ist wohl die charmanteste Art, seine Vermögensverhältnisse öffentlich kundzutun.

Ähnlich bekannt sind mittlerweile die erwähnten Schlafanzüge des Schweizer Modeherstellers Calida. Wer 20 Aktien besitzt, bekommt jedes Frühjahr einen Pyjama, vorausgesetzt, man ist im Schweizer Aktionärsregister eingetragen. Das kann sich durchaus rechnen. Derzeit kosten 20 Aktien rund 830 Euro, ein Schlafanzug dagegen schnell 90 Euro oder deutlich mehr. Spätestens nach zehn Jahren hätte sich die Investition in Form von Schlafanzügen amortisiert, solange Calida auch weiterhin Pyjamas verschickt. Eine Sachdividende ist nämlich, wie die eigentliche Dividende auch, eine freiwillige Zahlung.

Gerade in der Schweiz sind Sachdividenden sehr beliebt: Man hat etwas, was andere nicht haben, etwas, was «unbezahlbar» ist. Zum Beispiel das Sondermodell des Uhrenherstellers Swatch, das es einmal jährlich für die Aktionäre gibt. Zum Teil handelt es sich um Traditionen, die lange gewachsen sind. Etwa bei der Bergbahnen Engelberg-Trübsee-Titlis AG. Als Aktionär kann man gratis mit der Bergbahn am Engelberg fahren, sofern man mindestens zehn Aktien im Depot hat. Der Eintrag im schweizerischen Aktionärsregister ist, wie bei Swatch auch, verpflichtend. Mit der klassischen Bank dürfte dies kein Problem sein, auch Direktbanken wie Comdirekt oder die DKB bieten den Service an. Anders sieht es bei Neobrokern wie Trade Republic oder Scalable aus, bei denen man sich nicht ins schweizerische Aktionärsregister eintragen lassen kann, oder bei der Consorsbank, die dies zwar übernimmt, aber zu hohen Preisen.

Wer gerne und viel reist, sollte nicht nur über eine Sixt-Aktie nachdenken, sondern auch über die Papiere der Hotelkette Accor sowie des Kreuzfahrtanbieters Carnival. Wer 50 Accor-Aktien hält, erhält den Status «Accor Live Limitless Gold» für bis zu zwei Jahre. Damit sind verschiedene Annehmlichkeiten verbunden, etwa ein Zimmerupgrade oder ein Late-Check-out. Carnival belohnt seine Aktionäre und Aktionärinnen mit Verzehrgutscheinen an Bord. Je nach Reisedauer in Höhe von 40 Euro bis zu 200 Euro, vorausgesetzt, man hält 100 Aktien, die im Juni 2023 insgesamt 1430 Euro kosten würden. Zu Carnival gehören übrigens auch die Aida-Schiffe.

Glamouröser geht es bei LVMH zu: Wer eine Aktie besitzt, kann sich im Shareholder-Club registrieren lassen und unter anderem die Veuve-Clicquot-Champagnerkellerei besuchen oder die Cognac-Kellerei von Hennessy. Mehr noch als die Sachdividende überzeugt mich aber die Kursentwicklung des Luxusgüterherstellers: In den vergangenen fünf Jahren hat die Aktie um 200 Prozent zugelegt, mit Handtaschen und Champagner. L'Oréal zahlt wiederum zehn Prozent Bonusdividende, wenn man die Aktie mindestens zwei Jahre besitzt und gegen eine nicht börsennotierte Namensaktie getauscht hat.

Die Angebote klingen verlockend. Aber die Aktienauswahl allein von der Sachdividende abhängig zu machen, ist wenig sinnvoll. Viel wichtiger ist es, darauf zu achten, dass Geschäftsmodell und Unternehmenszahlen überzeugen. Da konnten sowohl LVMH als auch Sixt in der Vergangenheit punkten.

Auf die Sachdividende des Berliner Zoos kann ich übrigens verzichten: Wer eine Aktie zum Kurs von 8000 Euro besitzt und zudem bereit ist, eine einmalige Gebühr von 675 Euro zu zahlen, der darf lebenslang umsonst in den Zoo gehen und noch ein bis zwei Familienmitglieder mitbringen. Ähnliches habe ich auch mit deutlich weniger Kapital erreicht: Als meine Söhne geboren wurden, bekam ich seinerzeit beim Vorzeigen ihrer Geburtsurkunden einmalig eine Jahreskarte. Mit vier Kindern habe ich so sehr viel Zeit im Berliner Zoo verbracht.

Eisinflation

Wie schütze ich mich gegen die hohe Inflation? Man kann sein Geld in Anleihen parken oder in Aktien investieren. Oder aber man isst Eiscreme.

Ich gehöre zu den wenigen Menschen, die kein Eis mögen. Daher ist es auch an mir vorbeigegangen, dass die Eispreisspirale sich seit Jahren weitergedreht hat. An einem heißen Sommertag aber zerrt mich mein siebenjähriger Sohn in die nächstgelegene Eisdiele. «Waffel oder Becher?», fragt die Verkäuferin. «Becher», sagt er. Unschlüssig steht mein Sohn an der Vitrine. «Wat nu, junger Mann? Mango oder Schoko?», raunt sie ihn an – Berlin halt. «Mango», flüstert der Kleine eingeschüchtert. «Streusel?» Ich nicke. «Macht 1,80 Euro», sagt sie. «Was?», rufe ich entsetzt.

In meiner Kindheit hat die Kugel Eis 30 Pfennig gekostet, also rund 15 Cent. Gut, das war kein Mangosorbet, sondern schnödes Erdbeereis. Dennoch: Das muss eine Preissteigerung von über 1000 Prozent sein, überschlage ich im Kopf. Ich zücke mein Handy, will es genau wissen. Da steht es schwarz auf weiß: plus 1100 Prozent Preissteigerung in knapp 40 Jahren, ich tippe weiter auf meinem Telefon herum: Das macht 6,4 Prozent Inflation pro Jahr! Schluck. Mein Sohn schleckt glücklich sein Eis.

6,4 Prozent pro Jahr – das muss man sich auf der Zunge zergehen lassen wie die Schokosplitter im Stracciatella-Eis. Nach der Pandemie haben wir vorübergehend Raten von 10 Prozent und mehr gesehen. In der historischen Betrachtung ist dies jedoch ein Ausreißer. Mit Ausnahme des Wiedervereinigungsbooms in den 1990er-Jahren lag die Inflation um das Ziel der Notenbank von 2 Prozent – oder sogar darunter.

Vermutlich werden wir noch eine Weile mit der hohen Inflation leben müssen. Die schlechteste aller Möglichkeiten ist es, das Geld einfach auf dem Girokonto liegen zu lassen. Dort verliert es von Jahr zu Jahr an Wert. Von 1000 Euro sind bei einer Inflation von 4 Prozent nach zehn Jahren nur noch 675 Euro übrig.

In Zeiten, in denen das Geld wegschmilzt wie Pistazieneis, spielen manche mit dem Gedanken, inflationsgeschützte Anleihen zu kaufen. Das sind Staatsanleihen, deren Zinszahlung an die Inflation gekoppelt ist, auch Linker genannt. Was im ersten Moment attraktiv klingt, ist in der Realität ein ziemlich komplexes Finanzprodukt. Denn entscheidend für Zins- und Rückzahlung ist die «Index-Verhältniszahl», die die Bundesfinanzagentur täglich berechnet und veröffentlicht. Das dürfte die meisten Privatanleger und -anlegerinnen überfordern. Nicht weiter schlimm, historisch gesehen lohnt sich der Aufwand nicht, da Linker auf lange Sicht schlechter abschneiden als konventionelle Anleihen. Das liegt daran, dass sich Linker nur dann bezahlt machen, wenn die tatsächliche Inflation höher ist als die erwartete Inflation, also wenn es zu einem unerwarteten Preisschock kommt. Bis auf seltene Ausnahmen sind die Inflationserwartungen jedoch schon eingepreist. Wer sich mit Anleihen gegen den Preisanstieg schützen will, wird leider enttäuscht.

Langfristig sind Aktien der beste Inflationsschutz, und breit gestreut und über lange Zeit investiert, ist das Risiko gering. Denn Aktien sind Unternehmensanteile und somit Sachwerte. Steigt die Inflation, steigen auch die Sachwerte – am deutlichsten ist dies an der Entwicklung der Immobilienpreise zu sehen.

Wer auf einzelne Aktien als Beimischung im Depot setzt, sollte in Unternehmen mit starken Marken und einer großen Marktmacht investieren – den Burggraben hatte ich ja bereits erklärt. Die wenigsten Coca-Cola-Fans werden ihren Softdrink gegen eine No-Name-Cola eintauschen, nur weil die Dose ein paar Cent teurer geworden ist. So gehören Aktien von Coca-Cola, Procter & Gamble, Unilever, aber auch Danone zu den Titeln, die in Inflationszeiten gerne gekauft werden. Diese Firmen vertreiben Marken wie Pampers und Ariel (Procter & Gamble), Knorr und Pfanni (Unilever) und Danone (neben dem gleichnamigen Joghurt auch Actimel und Fruchtzwerge).

Mein Favorit wäre übrigens Unilever. Einerseits ist der britische Konzern sehr aktiv in den schnell wachsenden Schwellenländern, andererseits gehören den Briten diverse Eismarken: Ben & Jerry's, Magnum, Langnese – und das mit den Preiserhöhungen beim Eis klappt ja ganz gut, wie wir jetzt wissen. Als Technologieaktien kommen die bereits vorgestellten Unternehmen Apple und Microsoft infrage.

Wer sein Risiko breiter streuen möchte, der kann das beispielsweise mit dem Xtrackers MSCI World Consumer Discretionary UCITS ETF tun. Der Fonds setzt auf Konsumgüter, die nicht zum täglichen Bedarf gehören, deren Unternehmen aber eine starke Preismacht haben wie Nike, Toyota, LVMH oder McDonald's.

Mich gegen die Inflation an der Eisdiele abzusichern, scheint aber aussichtslos zu sein. Schokoladeneis ist an sich unter den meisten Siebenjährigen eine starke Marke, da ist wenig zu machen. Gut, wenn ich schon nichts gegen den horrenden Preisanstieg an der Eisdiele machen kann, dann muss ich mir eben etwas einfallen lassen. Beim nächsten Mal kaufe ich Pistazieneis. Hier, so wurde mir einmal gesagt, seien nämlich Zutaten und Herstellung sehr viel teurer als der Preis für die Eiskugel. So bekomme ich wenigstens etwas mehr für mein Geld. Das ist mein stiller Widerstand gegen die Inflation an der Eistheke.

Wenn die Kurse rasant fallen: Die Bären sind los

Wenn die Kurse an den Börsen abstürzen, spricht man vom Bärenmarkt. Der kann finanziell wie emotional sehr wehtun. Wer aus den Schmerzen lernt, investiert beim nächsten Mal klüger.

Selbst unerfahrene Anlegerinnen und Anleger haben wohl schon einmal vom Bullen- und Bärenmarkt gehört: Vom Bullenmarkt spricht man, wenn die Aktienkurse steigen, und vom Bärenmarkt, wenn die Kurse seit ihrem Höchststand um mehr als 20 Prozent gefallen sind. Dass der Bullenmarkt so heißt, liegt auf der Hand, seine Hörner zeigen schließlich nach oben. Nicht ganz so offensichtlich ist der Bärenvergleich. Der Kraftprotz schlägt mit seiner Tatze von oben nach unten, so schnell, wie sich auch die Kurse am Aktienmarkt bewegen.

Den richtigen Umgang mit den Bären zu finden, ist nicht einfach. «Es braucht drei Bärenmärkte, um zu wissen, was zu tun ist. Der erste löscht dich fast aus, im zweiten lernst du zu überleben, und den dritten packst du am Genick und genießt es», las ich neulich in einem Beitrag des Bloggers und langjährigen Aktieninvestors Stefan Waldhäuser. Das würde ich nach rund 25 Jahren als Investorin so unterschreiben. Vier Bärenmärkte habe ich mittlerweile erlebt. Und jeder einzelne davon hat Spuren hinterlassen, finanziell wie emotional.

Den ersten Bärenmarkt erlebte ich nach dem Platzen der

Dotcom-Blase 2001. Als die Kurse im Frühjahr 2001 erstmals fielen, griff ich beherzt zu. «Buy the Dip», lautete meine Strategie, die Idee dahinter: zum tiefstmöglichen Stand kaufen und den Kursen dann beim Steigen zusehen. Bedauerlicherweise fielen die Aktien bis zum Beginn des Irakkriegs im März immer weiter. Zunächst schaute ich stoisch zu, bis ich irgendwann kapitulierte. Ein typischer Anfängerfehler! Aktien von Amazon etwa hatte ich für 112 Euro pro Stück gekauft und schließlich entnervt bei rund acht Euro verkauft. Ausgelöscht hat mich dieser Bärenmarkt zwar nicht, die Verluste aber waren schmerzhaft.

Fataler als die finanziellen Folgen waren die emotionalen. Ich mied den Aktienmarkt einige Jahre komplett, vor Wertpapieren von Technologiefirmen scheute ich mich besonders. Ein Muster, dem viele enttäuschte Investoren und Investorinnen folgen. Dabei erweisen sich die größten Verlierer oft als künftige Gewinner – manche abgestürzten Aktien erholen sich allerdings auch nicht mehr. Dann spricht man vom Griff ins fallende Messer.

Aus meinem ersten Bärenmarkt habe ich gelernt, schlechte Erfahrungen abzuhaken und weiter zu investieren, wenn ich an meine Beteiligungen glaube. In der Finanzkrise 2008 und 2009, meinem zweiten Bärenmarkt, wurde dieses neu entdeckte Durchhaltevermögen gleich auf die Probe gestellt. So lernte ich zu überleben. Ich gab nicht sofort auf wie beim ersten großen Crash, sondern hielt durch. Da Aktien im Bärenmarkt stark schwanken, wurden meine Nerven arg strapaziert. Ich lag manche Nacht wach, blieb aber investiert. Noch traute ich mich nicht, noch mehr Geld in mein Portfolio zu stecken, zum Beispiel in Aktien von Banken. So mutig wurde ich erst beim dritten Bärenmarkt, als zum Beginn der Coronakrise im März 2020 die Kurse wieder einbrachen. Er dauerte nur wenige Wochen, fast hätte ich ihn verpasst. Dann aber kaufte ich Aktien von mutmaßlichen Coronagewinnern wie Technologie- und Biotechunternehmen. Damals kostete mich das einige Überwindung, im Rückblick hätte ich den Bären gerne noch fester am Genick gepackt.

Um aber in Krisenzeiten handlungsfähig zu sein, braucht man jedoch Cash. Üblicherweise empfiehlt es sich, Barreserven in Höhe von zehn Prozent des Anlagevermögens zu haben, um in schlechten Zeiten zugreifen zu können (wohlgemerkt, das hat nichts mit dem Notgroschen von drei Monatsgehältern zu tun, den man auf jeden Fall haben sollte). In Krisenzeiten sind zehn bis 20 Prozent besser, manche Investorinnen und Investoren rühmen sich jetzt sogar damit, 50 Prozent Barreserven zu haben, um Aktien günstig nachzukaufen. Das klingt plausibel, ist in der Praxis jedoch sehr viel schwieriger. Denn in guten Zeiten sind übertriebene Barreserven verpönt, schließlich entgeht mir Rendite. Den optimalen Zeitpunkt zu finden, rechtzeitig aus den Aktien auszusteigen, um dann für die nächste Krise gewappnet zu sein, gelingt vermutlich den wenigsten.

Aus diesen Erfahrungen habe ich einige Lehren gezogen: Trotz heftiger Schwankungen bleiben Aktien mittel- und langfristig alternativlos, insbesondere angesichts der hohen Inflation. Bargeld in Reserve zu haben, ist wichtig, um nicht aus der Not heraus Aktien verkaufen zu müssen. Die Frage, wann der Tiefpunkt erreicht ist, kann niemand ernsthaft beantworten, daher sollte man gar nicht erst versuchen, den perfekten Zeitpunkt zu treffen. Viel sinnvoller ist es, scheibchenweise zu investieren. Wenn die Kurse weiter fallen, kann man sich damit trösten, jeweils günstiger nachgekauft zu haben. Behalten Sie dabei die Aktien besonders im Blick, die am stärksten gelitten haben. Hier könnte sich der Einstieg lohnen. Und wenn all das auf Anhieb nicht gelingt? Dann wird dieser Bärenmarkt sicher nicht der letzte bleiben. Und beim nächsten Mal ist man besser gerüstet.

Erst kaufen, wenn der Rest kapituliert

Bärenmarktrally und Bullenfalle – davon sollte man schon einmal gehört haben, wenn man in Zeiten fallender Aktienkurse günstig wieder einsteigen möchte.

«Mir reicht's!», fluche ich vor mich hin. «Ich habe einfach wirklich keine Lust mehr! Aus! Schluss! Vorbei!» «Die Mami führt mal wieder Selbstgespräche», sagt mein Zweitältester. Ich habe tatsächlich die wunderliche Eigenschaft, meine Gedanken vor mich herzunuscheln, wenn mich etwas stark beschäftigt oder aufregt. Und in diesem Fall beschäftigte mich die Börse, nein, sie regte mich auf! Seit Wochen ging es bergab, und jedes Mal, wenn ich Aktien oder einen Fonds gekauft hatte, hatte ich danach weniger Geld.

Theoretisch sollte ich mich darüber freuen, dass ich jedes Mal günstiger gekauft habe, aber ernsthaft: Es nervt! Und zwar so etwas von! Anfangs nicht, aber irgendwann geht auch erfahrenen Anlegern die Puste aus – so wie mir in diesem Moment. Der Unterschied zu meinen Anfangsjahren ist, dass ich meine Emotionen besser einordnen kann und auch weiß, wie sehr ich mich freuen werde, wenn es wieder bergauf geht. Eigentlich.

In solchen Momenten spricht man an den Finanzmärkten von der «totalen Kapitulation» (ziemlich martialische Ausdrucksweise, finde ich). Tatsächlich ist dieser Moment ein guter Kaufmoment, wenn man ihn nur erkennen würde. In den darauffolgenden Tagen steigen die Kurse wieder. Ist der Bärenmarkt schon wieder vorbei? Habe ich den Moment der allgemeinen Kapitulation verpasst? Schwer zu sagen, denn kurze Erholungen sind in Bärenmärkten immer wieder üblich und bedeuten keineswegs die ersehnte Trendwende. Man spricht von einer Bärenmarktrally, wenn die Märkte den Abwärtstrend durchbrechen und die Kurse wieder steigen. Für dieses Phänomen gibt es keine technische Marke, aber üblicherweise spricht man davon, wenn die Kurse zwischenzeitlich um mehr als fünf Prozent steigen – und dann wieder fallen.

Auslöser ist die sogenannte Bottom-Fishing-Strategie: Nach einem längeren Abwärtstrend versuchen Investorinnen und Investoren, sich mit Aktien zu Tiefstkursen einzudecken. Sie hoffen auf einen Bullenmarkt, also einen längeren Aufschwung. Mit dieser Annahme im Kopf «fischen» sie am vermeintlichen Boden der Märkte. Oft tappen sie dabei aber in die sogenannte Bullenfalle: Sie deuten die Marktsignale falsch und kaufen Aktien, um kurz darauf abermals von fallenden Kursen überrascht zu werden und erneut Verluste zu erleiden.

Der Trend am Aktienmarkt dreht sich in der Regel erst dann, wenn die große Mehrheit der Marktteilnehmerinnen und Marktteilnehmer sich im Zustand der totalen Kapitulation befindet, also so wie ich vor einigen Tagen. Dann, wenn wirklich niemand mehr Aktien kaufen will, ist erst der Boden erreicht, dann lohnt es sich, wieder einzusteigen.

Nur wann ist dieser Moment? Bedauerlicherweise läutet niemand eine Glocke und sagt: «Es ist so weit!» In der Vergangenheit gab es einige Zeichen, die darauf hindeuteten: etwa wenn unerwartet ein bis dahin als solide geltendes Unternehmen pleiteging wie einst das Energieunternehmen Enron (wobei es auch danach noch bergab ging). Typische Wendepunkte waren auch dadurch gekennzeichnet, dass Investmentfonds keine Zuflüsse mehr verbuchen oder die Notenbank die Zügel wieder lockert, woraufhin der Dollar dann oftmals stark an Wert verliert. All das sind Zeichen der totalen Kapitulation. Wenn sich die aufgezählten Hinweise verdichten und man dann Geld und Nerven hat, kann man sehr gut daran verdienen.

Rückblickend sind sowohl die Bullenfalle als auch der Moment der Kapitulation leicht zu erkennen, etwa die Wochen vor dem Ausbruch des Irakkriegs 2003. Im täglichen Auf und Ab der Börse ist das sehr viel schwieriger. Ich traue mir das jedenfalls nicht zu, weswegen ich stoisch weiter investiere, auch wenn es Momente gibt, in denen es mir keinen Spaß macht. Auf Zehn-Jahres-Sicht wird auch der nächste Bärenmarkt nur eine Delle in einem Kursverlauf sein, der nur eine Richtung kennt: aufwärts. Denn solange die Wirtschaft wächst, steigen auch die Aktienkurse.

Nicht ins Depot gucken ist auch nicht die Lösung

Ob Generation Aktie oder Generation Telekom – irgendwann erlebt jeder seine erste Krise an der Börse. Da sich Fehler wiederholen, können wir voneinander lernen.

«Wenn Meta wieder im Plus ist, verkaufe ich meine Aktien», sagt mein 20 Jahre jüngerer Cousin Jakob. «Dieses ganze Metaversum ist doch ein großer Quatsch», flucht er vor sich hin. Seine Einschätzung zum Metaversum teile ich, die zur Meta-Aktie hingegen nicht. Aber egal, sein eigentlicher Denkfehler ist, dass er seine Entscheidung an der Vergangenheit festmacht: «Dein Einstiegskurs sagt wirklich nichts, absolut gar nichts darüber aus, ob die Aktie heute noch ein gutes Investment ist oder nicht, du solltest ihn einfach vergessen», belehre ich ihn ungefragt als Stellvertreterin der Generation Telekom, also all derjenigen, die um die 2000er-Jahre ihre erste Aktie (meist die T-Aktie) gekauft haben.

Irgendwann erlebt jeder seine erste Krise an der Börse. Gerade trifft es die Generation «Aktie», Investorinnen und Investoren unter 30, die während der Coronakrise ihren Weg an die Börse gefunden haben. Dieser Generation haben wir es zu verdanken, dass in Deutschland nach vielen Jahren über eine neue Aktienkultur gesprochen wird und dass man nicht gleich als verrückte Spekulantin gilt, wenn man das Geld für seine Altersvorsorge in einem Indexfonds anlegt, statt es auf einem sicheren Festgeldkonto zu beerdigen.

Gut informiert und aufgeklärt, unterscheidet die Generation Aktie zwischen dem Geld, das sie langfristig für die Rente – meist in ETF-Sparplänen – anlegt, und ihrem Spieldepot, bei dem es vordergründig ums Zocken geht. Wenn ich mich recht erinnere, hat unsere Generation vor allem gezockt, aber damals haben wir ja auch noch an die Rente geglaubt. Nichtsdestotrotz kann die Generation Aktie ein paar Dinge von der Generation Telekom lernen – und umgekehrt.

Einer der häufigsten Anlegerfehler ist es, den Aktienverkauf an der Kursentwicklung seit dem Kauf festzumachen, so wie es Jakob gerade tut. Dieser Kursverlauf bezieht sich auf die Vergangenheit und sagt nichts über die Zukunft aus. Die Verhaltenspsychologie erklärt unseren Hang, Aktien so lange zu halten, bis sie wieder im Plus sind, mit dem Ankereffekt. Demzufolge treffen wir schlechte Entscheidungen, weil wir völlig unbedeutende Informationen, hier: den Einstiegskurs, als feste Referenz für die Zukunft nehmen. Jakob hängt an der Vergangenheit, obwohl an der Börse die Zukunft gehandelt wird! «Du solltest dir lieber Kennzahlen und Unternehmensberichte ansehen und entscheiden, ob du heute noch investieren würdest oder nicht», sage ich. Ich muss gestehen, auch mir fällt es nicht leicht, mir meine Fehler einzugestehen und mich von Aktien zu trennen, die im Minus sind, aber es hilft nichts.

Während Jakob auf bessere Zeiten hofft, verfolgt meine Freundin Hannah die «Vogel-Strauß-Strategie». Auch sie gehört der Generation Aktie an. «Bloß nicht hinschauen», sagt sie mit Blick auf die Verluste bei ihren Einzelaktien. Das kann fatal sein, wie das bereits erwähnte Beispiel von AOL aus dem Jahr 2000 zeigt. Zu der Zeit, als Hannah gerade gelernt hat, ihr erstes Taschengeld zu sparen, konnte noch niemand den Untergang des Providers AOL voraussehen. Der einst weltweit größte Internetdienstanbieter ist ebenso abgestürzt wie die Ex-Tennislegende Boris Becker, der seinerzeit für den Konzern mit dem Satz «Ich bin drin!» geworben hat.

Jede Krise bringt neue Gewinner und Verlierer hervor, und man muss sich fragen, ob unter geänderten Umständen noch alle Investitionen sinnvoll sind. Das ist schmerzhaft, aber hilfreich. Man kann nicht immer richtigliegen, schon gar nicht am Aktienmarkt. Ich lag etwa mit meiner Einschätzung über den Fitnessradhersteller Peloton daneben, vielleicht war ich auch einfach nur zu spät, jedenfalls habe ich meine Position mit Verlust verkauft. Denn Aussitzen ist keine Lösung. Wer einem Unternehmen langfristig kein oder nur geringes Wachstum zutraut, sollte sein Geld anderweitig anlegen. Den Schlussstrich zu ziehen, kann dabei unheimlich befreiend sein: Statt sich beim Blick ins Depot über seine Niederlagen zu ärgern, bekommt man neue Ideen, freut sich an neuen Investments.

An anderer Stelle gehen Hannah und Jakob sehr viel gelassener mit der Krise um als etwa die Generation Telekom. Sie wollen die «Füße stillhalten», zumindest, was ihre ETFs angeht, die sie für mindestens 15 Jahre gekauft haben, denn langfristig steigen die Aktienkurse. Seit 1980 gab es zwar zahlreiche Krisen an den Finanzmärkten, allerdings hat es in nur sechs Fällen länger als ein Jahr gedauert, bis das alte Allzeithoch wieder erreicht war. Wer jedoch wie viele der Generation Telekom im März 2000, auf dem Höhepunkt des Aktienbooms, einstieg, musste sechs Jahre warten, bis die Kurse wieder auf einen neuen Höchststand kletterten. Kaum hatten sich die Kurse erholt, folgte die Finanzkrise, nach 15 Monaten Talfahrt dauerte es abermals mehr als sechs Jahre, bis sich die Börsen wieder fingen. Vielleicht liegt es auch daran, dass meine Generation (Telekom) so viel schlechter mit Schwankungen am Aktienmarkt umgehen kann.

Allerdings hätten Hannah und Jakob bessere Optionen als einfach nur Stillhalten. Eigentlich müssten sie dann nachkaufen, wenn es bergab geht, sei es mit einem ETF- oder mit einem Einzelaktien-Sparplan. Denn auch wenn es schmerzhaft ist, in diesen Zeiten ins Depot zu schauen und zuzusehen, wie nach jedem Zukauf die Kurse weiter purzeln, langfristig erhöhen günstige Einstiegskurse die Gesamtrendite.

Vielleicht kann die Generation Aktie von den Fehlern der Telekom-Generation lernen. Und umgekehrt kann diese sich die Gelassenheit abgucken, aber auch die Art der Jüngeren, sich zu informieren. Es wäre doch schade, wenn es nach der jüngsten Euphorie wieder zu einem jahrzehntelangen Stillstand der deutschen Aktionärskultur käme.

Wann ist die Zeit für Rohstoffe?

Die Preise für Öl, Gas und Weizen stiegen im Zuge der Ukrainekrise. Viele Anleger überlegten einzusteigen. Dafür muss man den Unterschied zwischen Investieren und Spekulieren kennen.

Im letzten Jahr fragte mich mein elfjähriger Sohn Paul, als wir vom Skateplatz nach Hause fahrend an der Tankstelle hielten, um zu tanken, ob er nicht Benzin kaufen und dieses später zu höheren Preisen wieder verkaufen könnte. Schließlich werde das Tanken doch jede Woche teurer, sagte er mit Blick auf die Preistafeln (wer sich jetzt wundert, warum wir tanken, obwohl wir doch eigentlich Elektrobus fahren, gut aufgepasst: Wir haben noch einen alten Zweitwagen, einen Benziner). An sich keine schlechte Idee, sage ich zu Paul, billig einkaufen, teuer verkaufen, nur mit Rohstoffen sei das für normale Anleger wie uns eher schwierig.

Vielleicht fragen sich außer Paul noch andere Menschen, ob und wie sie von steigenden Preisen für Öl und Benzin, aber auch Weizen profitieren können. Dazu sollte man aber wissen, dass Rohstoffpreise vergleichsweise volatil sind, d.h. schwankungsanfällig. Einigen sich die ölexportierenden Länder (OPEC) darauf, die Fördermengen zu reduzieren, steigt der Ölpreis. Streiken die Arbeiter in der weltgrößten Kupfermine in Chile, steigt der Kupferpreis, da das Angebot knapp wird. Ist der Streik beigelegt, fällt der Preis wieder. Und kündigt China ein milliardenschweres Infrastrukturpaket an, ziehen die Rohstoffpreise an, da die Nachfrage steigt. Oft ist die Entwicklung der Rohstoffpreise an politische Ereignisse gekoppelt, die Angebot und Nachfrage beeinflussen.

2022 hat der Krieg in der Ukraine einen Angebotsschock ausgelöst, der die Preise für Gas, Öl und Weizen in die Höhe trieb. Russland und die Ukraine sind für ein Drittel des weltweiten Weizenexports verantwortlich. Aus Sorge um einen Lieferausfall stieg der Weizenpreis seit Kriegsbeginn Ende Februar um 35 Prozent, in der Spitze sogar um 50 Prozent. Ähnlich verhielt es sich mit Öl und Gas, deren Preise teilweise um 20 beziehungsweise 45 Prozent über Vorkriegsniveau lagen.

Benzinkanister zu lagern, so wie es meinem Sohn vorschwebt, und diese anschließend teuer weiterzuverkaufen, wird schwierig, es sei denn, man hat zufällig größere Lagerflächen. Mit ETF kann man hingegen auch ohne eine geeignete Lagermöglichkeit auf Rohstoffe wie Öl, Gas, Gold, Kupfer oder auch Weizen spekulieren. Ich spreche bewusst von einer Spekulation. Denn während ich mir von einer Investition ein regelmäßiges Einkommen verspreche, etwa Mieteinnahmen oder Dividendenzahlungen, setze ich bei einer Spekulation auf Gewinne. Mein Gewinn ist die Differenz zwischen niedrigem Einkaufs- und höherem Verkaufspreis. Während Investitionen langfristig angelegt sind, setzen Spekulanten auf kurzfristige Gewinne. Je volatiler die Märkte, desto besser für Spekulanten, sie profitieren von den kurzfristigen Schwankungen.

Rohstoff-ETF funktionieren ähnlich wie Aktien-ETF: Als Anlegerin kaufe ich ein Zertifikat, und der Fonds kauft im entsprechenden Umfang den Rohstoff, etwa Öl oder Gas. Da ETFs auf einzelne Rohstoffe in der EU jedoch gesetzlich verboten sind, liegt diesen Zertifikaten meist ein ganzer Rohstoffkorb zugrunde, etwa der Bloomberg Commodity Index, der Energie, Edel- und Industriemetalle, Tiere und Agrarrohstoffe umfasst.

Gold kann man indes über Exchange-traded Commodities (ETC) kaufen, eine Art ETF, die sich rechtlich aber von den passiv gemanagten Fonds unterscheiden. Anders als ETF, deren Fondszuflüsse als Sondervermögen gelten, handelt es sich bei ETC um unbefristete Schuldverschreibungen. Das klingt kompliziert, ist aber ein wichtiger Unterschied: Sollte der ETC-Emittent, etwa die Deutsche Bank, insolvent sein, kommt das Vermögen in die Insolvenzmasse, die Anleger gehen meistens leer aus. Als Sondervermögen ist das Geld der ETF-Anleger hingegen geschützt.

Abgesehen von Gold eignen sich Rohstoffe für Privatanlegerinnen aber nicht, auch wenn es vielleicht verlockend wirkt, auf steigende Gas- und Ölpreise zu spekulieren, um schnelles Geld zu verdienen. Das liegt an den sogenannten Roll-over-Kosten: Da Weizensäcke und Ölfässer nicht wie Gold im Tresor gelagert werden können, kaufen die Fonds diese Rohstoffe nicht physisch, sondern am Future-Markt. Ein Future ist ein Termingeschäft an der Börse, bei dem man heute etwas kauft, die Ware aber erst in der Zukunft erhält und bezahlt. Dafür, dass der Verkäufer die Ware – sei es Weizen oder Öl – bis zu diesem Tag lagern muss und auch erst später bezahlt wird, verlangt er einen höheren Preis als den Tagespreis.

Da die Fondsgesellschaften die Rohstoffe gar nicht nutzen wollen, müssen sie diese kurz vor Ablauf des Future-Vertrags verkaufen und ein neues Termingeschäft eingehen. Der künftige Preis liegt aber eben wieder über dem aktuellen Tageskurs. Die Kosten, die beim Umschichten entstehen, nennt man Roll-over-Kosten. Sie sind nicht unerheblich und können dazu führen, dass der ETF Verluste macht, obwohl die Rohstoffpreise steigen.

Das bekam ich vor vielen Jahren mit einem Kaffee-ETF zu spüren. Die Kaffeepreise stiegen und stiegen, das bekam ich selbst morgens bei Starbucks zu spüren. Mein Depot war jedoch im Minus. Als ich verstand, dass das an den Roll-over-Kosten lag, verkaufte ich schnell meinen Kaffee-ETF und überließ das übrige Rohstoffgeschäft den Profis.

Wenn ein starker Dollar das Depot beflügelt

Für Touristen ist ein ungünstiger Wechselkurs ein großes Ärgernis – Anlegerinnen und Anleger profitieren hingegen, wenn es zu einer Aufwertung des Greenbacks kommt.

Unser ältester Sohn ging in der 11. Klasse für einige Monate in Kanada zur Schule. Außer einem täglichen, wenig aussagekräftigen Snap sahen wir wenig von ihm. Mit etwas Glück schickte er uns immerhin eine Sprachnachricht über WhatsApp. Ich sah das als Zeichen, dass es ihm sehr gut ginge – no news is good news. Und das sollte es auch besser, denn das ohnehin nicht günstige Vergnügen eines Auslandsjahres war immer teurer geworden: Anfang 2022 musste ich für einen kanadischen Dollar noch etwa 70 Eurocent eintauschen, später waren es um die 77 Cent. Technischer formuliert: Der Euro hatte gegenüber dem kanadischen Dollar um etwa zehn Prozent abgewertet. Und bedauerlicherweise mussten wir die Schulgebühren in kanadischen Dollar bezahlen.

Rückblickend hätte ich mich gegen einen solchen Währungsverlust absichern müssen, die Profis nennen das «hedgen». Aber ich muss gestehen, während ich bei meinem Aktienportfolio das Wechselkursrisiko ganz gut im Blick habe, habe ich bei dieser Position nicht daran gedacht. Anders als der Euro-Dollar-Kurs ist der Wechselkurs des kanadischen Dollars auch nicht täglich in den Finanznachrichten. Immerhin bleibt mir ein kleiner Trost: Wäre unser Ältester in die USA gegangen, wäre die Misere noch größer ausgefallen. Denn gegenüber dem US-Dollar hat der Euro im selben Zeitraum rund 15 Prozent verloren.

Wechselkurse haben einen erheblichen Einfluss, nicht nur auf unsere Urlaubskasse, auch auf unsere Vermögensbildung. Wenn ich in ausländische Wertpapiere investiere, in den meisten Fällen werden das wohl US-Aktien sein, hängen die Kursentwicklung und der Dividendenertrag vom Wechselkurs ab. Dieses Zusammenspiel sollte man verstehen, wenngleich es für Privatanleger schwierig ist, die künftige Dollarentwicklung vorherzusagen. Das gelingt selbst Profis selten.

Ein Grund für die Euro-Schwäche im Jahr 2022 – wobei es eigentlich eine Dollar-Stärke war, denn auch das britische Pfund und der japanische Yen erreichten immer neue Tiefststände – war der Zinsunterschied zwischen Europa und den USA. Wenn die Zinsen in einem Land höher sind als in einem anderen, führt dies üblicherweise dazu, dass ausländische Investoren heimische Anleihen aufkaufen, um von der höheren Verzinsung zu profitieren. Durch die gestiegene Nachfrage steigt auch der Wechselkurs. Die US-Notenbank Fed hatte nach der Pandemie die Zinsen deutlich früher gestrafft als die Europäische Zentralbank EZB und andere Notenbanken, um die Inflation zu bekämpfen. Folglich legte der US-Dollar gegenüber dem Euro zu.

So ärgerlich die Dollar-Stärke für die Reiseplanung ist, für Anlegerinnen und Anleger kann sie sich lohnen. Denn wer mit seinem Sparplan beispielsweise in den MSCI World Index investiert, profitiert von der Dollaraufwertung, dieser besteht nämlich zu 70 Prozent aus US-Aktien. Ein kurzes Rechenbeispiel: Kostet die Amazon-Aktie fiktiv 125 Dollar, ist sie bei einem Wechselkurs von eins zu eins rund 125 Euro wert. Stünde der Euro aber bei 1,25 Dollar, bekäme ich für meine Amazon-Aktie lediglich 100 Euro.

Besonders deutlich werden die Währungseffekte, wenn man sich den MSCI World Local Currencies Index ansieht. Dieser statistische Index – man kann darauf keinen ETF kaufen – bildet die Aktien in ihrer jeweiligen Heimatwährung ab. Auf dem jüngsten Höhepunkt der Dollarstärke im Herbst 2022 lag der Index auf Jahressicht mit rund zehn Prozent im Minus. In Euro jedoch, also so, wie er bei den meisten von uns im Depot liegt, lag der Index mit 0,3 Prozent hauchdünn im Plus.

Der Währungseffekt wirkt sich auf die Dividendenzahlungen ebenfalls vorteilhaft aus: Eine Dividende von einem Dollar pro Aktie ist bei einem paritätischen Wechselkurs einen Euro wert, bei einem Kurs, bei dem ein Euro für 1,25 Dollar getauscht wird, wäre die Dividende nur 80 Eurocent wert. Kritisch wird es dann, wenn man seine kassierten Dividenden in US-Aktien reinvestieren will, denn diese sind recht teuer, wenn der Dollar stark ist.

Unter diesen Umständen habe ich meine Dividenden lieber in die Urlaubskasse investiert. Die konnte noch etwas Futter vertragen, schließlich wollten wir unseren Ältesten in Kanada im nächsten Sommer abholen und danach mit ihm nach New York fahren.

Im nächsten Jahr will übrigens unser Zweitgeborener ins Ausland gehen. Wenn es nach mir ginge, sollte er zum Schüleraustausch nach Großbritannien gehen, da würde uns das günstige Pfund in die Hände spielen.

Sparen ist wieder was wert

Im Jahr 2023 locken Banken mit steigenden Zinsen. Die besten Konditionen zu finden, ist leicht – den richtigen Anlagehorizont festzulegen, hingegen schwerer.

Ich kann es nicht glauben: 2023 gibt es tatsächlich wieder Banken, die um mein Geld buhlen. Diesen Moment muss ich auskosten. Denn es ist noch kein Jahr her, da war es mir fast unmöglich, meine Bank davon zu überzeugen, mein Geld für mich aufzubewahren. Und ich weiß, dass es vielen Sparerinnen und Sparern ähnlich ging. Als ich ein zusätzliches Konto eröffnen wollte, rief meine Kundenberaterin alarmiert an: «Tun Sie das lieber nicht, Frau von Hardenberg. Parken Sie das Geld auf Ihrem alten Konto, sonst müssen Sie Strafzinsen zahlen.» Heute dagegen locken immer mehr Banken mit deutlich positiven Tages- und Festgeldangeboten.

Seit die Europäische Zentralbank begonnen hat, die Zinsen anzuheben, werden auch die Angebote für Tages- und Festgeld wieder attraktiver. Ich bin zwar immer noch ein bisschen beleidigt – warum sollte ich den Instituten jetzt mein Geld geben, wenn sie es vor ein paar Monaten nur mit viel Gegenwehr wollten? Ich spüre aber auch eine gewisse Genugtuung, dass ich als Kundin wieder gefragt bin. Also mache ich mir die Mühe und schaue die Angebote genauer an. Denn bei der derzeit hohen Inflation verliert mein Geld bei den heutigen Zinssätzen zwar immer noch an Kaufkraft. Aber die schmerzlichsten Verluste lassen sich dämpfen.

Bei Spareinlagen muss ich zunächst zwischen Tages- und Festgeldkonten unterscheiden: Auf das Tagesgeld habe ich täglich Zugriff. Anders als bei meinem Girokonto kann ich aber keine Überweisungen tätigen oder Lastschriften abbuchen lassen. Die Bank hat dadurch weniger Arbeit und Kosten, deshalb bekomme ich auf mein Guthaben – anders als beim Girokonto – Zinsen. Diese können sich im Lauf der Zeit ändern, abhängig vom allgemeinen Zinsniveau. Anders beim Festgeld: Hier lege ich mein Geld für drei oder sechs Monate, ein oder zwei Jahre an. Dafür bekomme ich einen festen Zinssatz, der üblicherweise höher ist, je länger ich der Bank mein Geld zur Verfügung stelle.

Ein Tagesgeldkonto sollte jede und jeder haben, unabhängig von der Höhe der Zinsen. Auf diesem Konto sollte der Notgroschen liegen, sei es eine größere Reparatur oder eine Krankheit. Um für den Notfall gerüstet zu sein, sind dafür am besten drei Nettogehälter vorzuhalten, bei Selbstständigen besser sechs. Diesen Notgroschen sollte man schon aus psychologischen Gründen nicht auf dem Girokonto lassen: Die Versuchung, die Reserve anzukratzen, ist dort sehr viel größer als auf dem Tagesgeldkonto, für das ich nicht einmal eine EC-Karte bekomme.

Ein Tagesgeldkonto besitze ich übrigens auch für mein Investitionskonto. Alles, was über den Notgroschen hinausgeht, lege ich auf dem Investitionskonto an, von dem aus ich Wertpapiere für mein Depot kaufe. Realisiere ich Kursgewinne, parke ich mein Geld auf diesem Konto zwischen, bis ich es wieder in neue Aktien investiere, die günstiger bewertet sind – eine Strategie, die man auch «buy low, sell high» nennt.

Ob ich ein Festgeldkonto brauche oder nicht, hängt in erster Linie davon ab, ob ich innerhalb der nächsten fünf Jahre höhere Ausgaben oder Investitionen plane. Wenn ja, sollte ich das Geld keinesfalls in Aktien anlegen, sondern besser auf einem Festgeldkonto. Bei uns steht beispielsweise in den nächsten 18 Monaten ein größerer Wohnungsumbau an. Investiere ich das dafür vorgesehene Geld an der Börse, ist unklar, ob ich am Ende goldene Wasserhähne einbauen oder meine Rechnungen nicht bezahlen kann. Nur Geld, das ich erst in fünf Jahren oder später brauche, würde ich in Aktien anlegen, bei denen ich langfristig höhere Renditen bekomme.

Nun stellt sich die Frage, bei welcher Bank ich mein Geld anlege und wie lange. Die Plattform Weltsparen hat Angebote von über 400 Banken aus 30 Ländern auf ihrer Website gesammelt. Oft bieten kleine oder mittelgroße Banken aus dem europäischen Ausland bessere Zinsen als die großen Geschäftsbanken hierzulande. Großer Vorteil der Übersicht: Ich muss nur einmal ein Konto eröffnen und kann dann die unterschiedlichen Angebote wahrnehmen, anstatt bei jeder Bank selbst ein Konto einzurichten.

Über die Website finde ich verschiedene Angebote, abhängig von Anlagebetrag und -dauer. Doch Vorsicht, Rendite kommt von Risiko. Wenn eine Bank einen höheren Zinssatz anbietet, kann es an der schlechteren Bonität liegen. Die Einlagensicherung gilt in Europa bis 100000 Euro, bei gemeinsamen Konten erhöht sie sich auf 200000 Euro. Wer mehr Geld anlegen will, sollte es besser auf mehrere Banken aufteilen. Zudem gelten die Angebote oft nur für Neukunden oder nur für einen bestimmten Betrag oder Zeitraum, daher unbedingt das Kleingedruckte lesen.

Bleibt die Frage, für wie lange ich mein Geld anlegen sollte. Am flexibelsten bin ich mit dem Tagesgeld, aber auch beim Festgeld gilt in Zeiten steigender Zinsen: Kürzer ist besser. Denn alles deutet darauf hin, dass die Zentralbanken die Zinsen im Laufe des Jahres 2023 weiter anheben werden. Es schadet also kaum, eher kurzfristig anzulegen, um flexibler auf die Zinsanstiege reagieren zu können. Einige Berater raten bei größeren Beträgen und längeren Zeiträumen auch zur sogenannten Zinstreppe. Die funktioniert so: Bei einem Ausgangsbetrag von 15000 Euro legt man jeweils 5000 Euro für ein Jahr, zwei Jahre und drei Jahre an. So wird jedes Jahr eine Tranche fällig, die zu den dann geltenden, hoffentlich höheren Zinsen neu angelegt wird. Angesichts der erwähnten geringen Zinsunterschiede und der Aussicht auf steigende Zinsen, würde ich persönlich aber alles nur für ein Jahr anlegen und auf höhere Zinsen im Jahr 2024 spekulieren.

Dabei nicht vergessen: den Freistellungsauftrag erteilen, zumindest, wenn dieser noch nicht ausgeschöpft ist. Sonst fällt auf die Zinsen Kapitalertragssteuer an. Angesichts der hohen Inflation sind die Zinsen allerdings nur ein kleiner Trost. Und trotzdem wäre es fahrlässig, die Zinserträge nicht mitzunehmen. Mein Geld ist zwar am Jahresende in jedem Fall weniger wert, aber immerhin kann ich die Inflation etwas abfedern. Und inzwischen bin ich schon dankbar, wenn ich nicht noch obendrein fürs Sparen bestraft werde.

Endlich müssen wir an die Börse

Die Aktienrente wird sicher nicht reichen, um die Rente zu sanieren, dafür sind die angelegten Beträge viel zu mickrig. Aber sie zwingt Menschen zum Umdenken – zum Glück.

Wir ziehen demnächst um. Ich habe bereits angefangen, Schränke aufzuräumen und die Wohnung unserer sechsköpfigen Familie auszumisten. Während ich meine alten Ordner durchgehe, stoße ich auf meinen Rentenbescheid aus dem Jahr 2011. Ich erinnere mich noch genau an den Moment: Mein dritter Sohn war gerade ein Jahr alt, ich arbeitete Teilzeit in einer Wirtschaftszeitung. Als ich den überschaubaren dreistelligen Betrag sah, der später meine gesetzliche Rente sein sollte, war mir klar: Jetzt muss ich etwas ändern! Die Rente wird einfach nicht reichen.

Unsere Regierung hatte dieselbe Einsicht. Angesichts der schrumpfenden Bevölkerung wird es immer schwieriger, die Beiträge stabil zu halten. Daher hat Bundesfinanzminister Christian Lindner die Aktienrente auf den Weg gebracht: Der größere Betrag der gesetzlichen Rentenbeiträge soll weiterhin in das umlagefinanzierte System fließen, ein kleinerer Betrag von zwei Prozent des Bruttoeinkommens langfristig in Aktien investiert werden. Insgesamt bleibt der Rentenbeitrag bei 18,5 Prozent. Dank höherer Aktienrenditen bleiben die Beitragssätze langfristig stabil, so lautet das Kalkül der FDP. Zum Verständnis: Wenn man über 30 Jahre monatlich 50 Euro anlegt, werden daraus bei einer durchschnittlichen Verzinsung von 7 Prozent am Aktienmarkt am Ende rund 61000 Euro. Die gesetzliche Rente wirft hingegen nur 3 Prozent ab, nach 30 Jahren stehen rund 29000 Euro zu Buche. Weniger als die Hälfte.

Lindner will nun zehn Milliarden Euro Anschubfinanzierung für die Aktienrente bereitstellen, finanziert aus neuen Schulden. (Kurzer Exkurs: Anders als Privatleute kann der Staat sehr wohl Schulden aufnehmen, um damit in Aktien zu investieren. Denn während Privatleute einen Kredit nicht mehr tilgen können, wenn die Aktienkurse zur Fälligkeit im Keller sind, kann der Staat beliebig oft umschulden.) Dass diese zehn Milliarden aber nicht reichen werden, um die Beiträge zu stabilisieren, ist auch der FDP bewusst. Selbst bei einer langfristig durchschnittlichen Rendite von acht Prozent am Aktienmarkt kämen auf diesem Weg gerade einmal 800 Millionen Euro in die Rentenkasse. Schon heute beträgt der jährliche Bundeszuschuss zur Rente 100 Milliarden Euro.

Und doch ist es ein Schritt in die richtige Richtung. Denn meiner Meinung nach investieren wir nicht nur in unser Rentensystem, sondern auch in unsere finanzielle Bildung. Zwangsläufig legen wir einen Teil unseres Bruttoeinkommens künftig in einen Aktienfonds an, und das könnte den ein oder anderen dazu bringen, sich mit dem Thema Aktie zu beschäftigen. Vielleicht führt auch die derzeitige Diskussion um die Aktienrente dazu.

Nötig wäre es, denn viele Deutsche sind immer noch Aktienmuffel. Laut Deutschem Aktieninstitut sind die Aktionärszahlen zwar jüngst gestiegen, dennoch investiert nur jeder sechste Bundesbürger an der Börse. Sorge bereitet mir besonders, dass auf zwei Aktionäre nur eine Aktionärin kommt, dabei sind gerade Frauen von Altersarmut stärker betroffen als Männer. Nur die Österreicher sind ähnlich risikoavers wie die Deutschen.

Woran es liegt, dass Menschen ihr Geld lieber auf dem Sparbuch entwerten lassen, als es am Aktienmarkt zu vermehren, habe ich immer noch nicht verstanden. Oft wird die Geschichte Deutschlands in diesem Zusammenhang zitiert. Die Hyperinflation und zwei Währungsreformen 1923 und 1948 hätten die Deutschen zu sehr risikoaversen und konservativen Anlegern gemacht. Sind diese Ereignisse aber nicht die besten Argumente, sein Geld eben nicht auf dem Sparbuch liegen zu lassen?

Der Absturz der Telekom-Aktie muss ebenfalls als Grund herhalten. Diese – keineswegs ruhmreiche – Episode hat sich offenbar in das kollektive Gedächtnis eingebrannt. Völlig unbeachtet bleibt dabei, dass der DAX seit seiner Einführung 1980 um mehr als 3000 Prozent gestiegen ist. Aus 10000 Euro wären in dieser Zeit weit mehr als 300000 Euro geworden.

Allein das spricht doch eigentlich für Aktien. Vielleicht, so meine Hoffnung, führt die Diskussion über die Aktienrente dazu, dass sich mehr Menschen in Deutschland mit der Börse auseinandersetzen und ihre diesbezüglichen Ängste verlieren. Nur verrückt, dass es hierzulande der Staat sein muss, der diesen Prozess anstößt.

Zum Investieren gezwungen? Wie praktisch

In den USA wird es ohne Aktien eng im Alter. Deshalb sorgen Menschen mit geförderten Depots für die Rente vor. Das wäre auch in Deutschland sinnvoll.

Als ich den USA lebte, war ich mit meiner dortigen Freundin Julia in Venice Beach zum Abendessen verabredet. Julia lebt seit 25 Jahren in den USA, zuerst an der Ostküste, mittlerweile in Kalifornien. Trotzdem sei sie «typisch deutsch» geblieben, wie sie sagt. Sie könne sehr viel und sehr hart arbeiten, sie sei sparsam, und eigentlich habe sie es nicht so mit dem Investieren an der Börse. Umso überraschter war ich, als sie mir dann dennoch ganz beiläufig von ihrem Aktiendepot erzählte: «Im Moment steht es schlecht, aber das habe ich jetzt auch schon zwei Mal erlebt», sagt die Frau, die mit der Börse angeblich nichts am Hut haben will. «Es geht auch wieder bergauf.»

Julia wurde quasi gezwungen, in Aktien zu investieren. Sie investiert wie rund 60 Millionen Amerikaner und Amerikanerinnen in einen «401K Retirement Plan», eine vom Arbeitgeber mitfinanzierte Altersvorsorge. Arbeitnehmer können einen Teil ihres monatlichen Einkommens in einen Sparplan stecken, für das Jahr 2023 sind es insgesamt 22500 US-Dollar pro Person. Üblicherweise schließt der Arbeitnehmer direkt einen Vertrag mit einem privaten Investmentfonds ab, beispielsweise mit Vanguard oder Black Rock. Das Geld erscheint dann erst direkt im Sparplan.

Praktischerweise richtet der Arbeitgeber Depot und Sparplan ein und wickelt überdies bürokratische Dinge ab, etwa steuerliche Angaben für das Finanzamt. Als Arbeitnehmerin kann ich je nach persönlicher Risikoneigung zwischen Aktien-, Misch- oder Rentenfonds auswählen. Auch kann ich je nach Lebensphase umschichten, beispielsweise in jungen Jahren höhere und in späteren Jahren geringere Risiken eingehen. Manche Fonds sind so gestaltet, dass sie je nach Lebensalter automatisch umschichten.

Um den Einstieg zu erleichtern, bieten vor allem größere Arbeitgeber Seminare an, in denen die Grundlagen des Investierens vermittelt werden: Was macht die US-Notenbank Federal Reserve? Wie wirken sich höhere Leitzinsen auf die Kapitalmärkte aus? Was ist der Zinseszinseffekt? «Die faszinierendste Grafik war für mich zu sehen, welchen Unterschied es macht, ob man mit 25 oder mit 35 Jahren anfängt, in Aktien zu investieren», sagt Julia, die durch ihren 401K vor gut 20 Jahren erstmals mit Aktien in Berührung kam.

In Deutschland mag diese Verquickung aus Arbeitgeberverantwortung und Finanzberatung seltsam erscheinen, in den USA ist man aber – wie in vielen anderen Dingen auch – sehr viel pragmatischer. «Hätte ich ein Depot und einen Sparplan einrichten müssen, wären schnell weitere fünf Jahre vergangen», sagt Julia. Sie spricht mir aus der Seele: Wer kennt das nicht, dass man ausgerechnet finanzielle Dinge vor sich herschiebt, und dann schnell Wochen, Monate, wenn nicht Jahre ins Land ziehen? Julia wurde diese Entscheidung abgenommen. Und über die Jahre sei sie mitgewachsen, habe die Krisen 2001 und 2008 miterlebt, habe gelernt, mit den Verlusten auf dem Papier zu leben – und zu sehen, dass sich die Kurse auch wieder erholen. «Meine Kinder sollen schon früh lernen, nicht aus Panik zu verkaufen», erzählt sie und hat bereits für ihre Teenager Sparpläne eingerichtet.

Grundsätzlich gibt es in Amerika zwei unterschiedliche Arten, in die Aktienrente einzuzahlen. Üblicherweise zahlen Arbeitnehmer ihre Beträge vor der Versteuerung ein, dadurch mindert sich ihre aktuelle Steuerlast. Erst bei Auszahlung im Rentenalter werden Kapital und Kapitalerträge besteuert. Normalerweise ist dann das Gesamteinkommen – und damit die Steuerlast – geringer. Außerdem profitieren Arbeitnehmer und Arbeitnehmerinnen vom Zinseszinseffekt: Sie können vor Steuern größere Beträge anlegen, die über die Zeit mehr Rendite abwerfen.

Eine andere Variante, die Roth-Variante, sieht vor, dass man bereits versteuertes Geld in den Plan einzahlt und es dafür im Alter steuerfrei entnehmen kann. Das bietet sich immer dann an, wenn man in einem Jahr besonders niedrige oder gar keine Steuern zahlt – beispielsweise als Selbstständige nach einem durchwachsenen Jahr –, oder etwa bei Kindern, für die man ebenfalls einen bestimmten Anteil ansparen kann. Ob traditionelle oder Roth-Variante, in beiden Fällen kann der Arbeitgeber einen Anteil dazugeben. Diese Möglichkeit nutzen immer mehr Firmen, eine Art Bonuszahlung für die Beschäftigten. Üblicherweise überweisen die Arbeitgeber bis zu einem jährlich gedeckelten Betrag ebenso viel Geld wie ihre Angestellten.

In Deutschland sind die Vorbehalte gegen die bereits erwähnte breit angelegte Aktienrente groß. Die Bedenken sind vielfältig, etwa dass die Rente angesichts der an den Börsen üblichen Kursschwankungen nicht sicher sei. «Wenn ich jetzt in Rente ginge, sähe es natürlich schlechter aus als vor eineinhalb Jahren», sagt Julia. Doch selbst wenn es so wäre, bräuchte Julia ja nicht all ihre Ersparnisse auf einen Schlag. Sie würde jeden Monat nur einen vergleichsweise kleinen Betrag entnehmen, der allergrößte Anteil bliebe im Depot, und sie könnte in zwei, drei oder fünf Jahren, oder wann immer sich die Börse erholt haben, wieder zu höheren Kursen entnehmen.

Ein weiteres Argument gegen die Aktienrente ist, dass ein großer Teil des liquiden Vermögens gebunden ist. Persönlich sehe ich das eher als Vor- denn als Nachteil. Es kommt leider nur zu oft vor, dass Anlegerinnen und Anleger die Nerven verlieren und panikartig verkaufen. Oder aber ihren Sparplan antasten, um ein größeres Auto zu kaufen oder in den Urlaub zu fahren. Das geht in den USA nicht so einfach: Wer den 401K vor dem 59. Lebensjahr antastet, muss eine Strafsteuer von zehn Prozent zahlen. Will man allerdings eine Immobilie kaufen, eine andere beliebte Investitionsform in Amerika, kann man seinen 401K-Plan zumindest teilweise beleihen und hat so die Liquidität, die ansonsten fehlt.

Ich hörte Julia an jenem Abend gespannt zu. Obwohl sie von sich selbst sagt, von Natur aus risikoavers zu sein, hat sie doch gelernt, in Aktien zu investieren und mit dem daraus resultierenden Risiko umzugehen. In Amerika sei zumindest der Mittelschicht klar, dass es ohne Aktien im Alter eng werde, den Lebensstandard zu halten. Wenn nicht sogar unmöglich. Es gibt dort kein soziales Netz, das mit dem deutschen vergleichbar wäre. Wenn man nicht selbst vorsorgt, kann man ganz schnell in Altersheimen landen, die man unter normalen Umständen nicht betreten möchte. Oder im schlimmsten Fall sogar auf der Straße, wie wir jeden Morgen mehrfach auf dem Weg zur Schule sahen. Selbst wenn der Worst Case nicht eintritt, reicht die staatliche Rente in den USA für die Grundversorgung, nicht aber zum Leben. Vielleicht schaffen wir das in Deutschland auch noch, mutmaße ich. «Vielleicht haben wir in Deutschland aber auch noch nicht genug gelitten», sagte Julia mit Blick auf die Obdachlosigkeit und das große Einkommensgefälle in den USA.

Post von Warren Buffett

Jedes Jahr verschickt der amerikanische Starinvestor einen Brief an seine Aktionäre und teilt sein Erfolgsrezept: Nie gegen die USA wetten, brav Steuern zahlen und ein paar herausragende Investments finden.

Dass ich einmal so begeistert über Post sein würde, hatte ich nicht angenommen. Aber in den USA ging es mir so. Denn schnelle Lieferungen sind nicht selbstverständlich, auch wenn man das in dem Land, in dem der Onlineversandhändler Amazon und Lieferdienste wie Uber Eats und DoorDash groß geworden sind, vielleicht erwartet hätte. Auf meine Büchersendung wartete ich in Kalifornien mitunter fünf Tage, trotz Amazon-Prime-Mitgliedschaft. Bestellte ich Essen, dauerte es gerne mal eine gute Stunde, was das ganze Vorhaben eigentlich hinfällig macht, schließlich bestelle ich ja gerade Essen, weil der Kühlschrank leer ist und alle Hunger haben. Auch meine neue Kreditkarte aus Deutschland, ein ganz normaler Brief also, war schlappe dreieinhalb Wochen unterwegs.

Umso mehr hatte ich mich über Post von Warren Buffett gefreut, dem legendären Investor aus Omaha in Nebraska. Einmal im Jahr schreibt er einen Brief an alle Anteilseigner seiner Investmentfirma Berkshire Hathaway. Darin erklärt er mir und den anderen Aktionärinnen und Aktionären seines Unternehmens, wie sich sein Portfolio entwickelt hat. Was mich an seinen Briefen aber noch mehr interessiert, ist sein Blick auf die amerikanische Wirtschaft und die Börsen- und Lebensweisheiten, die der mittlerweile 92-Jährige darin teilt.

Berkshire Hathaway beteiligt sich zum einen direkt an Unternehmen, wenn sie nicht an der Börse sind, wie etwa die Eisenbahngesellschaft BNSF. Zum anderen kauft die Beteiligungsgesellschaft große Aktienpakete von an der Börse gelisteten Firmen. So war Buffetts Unternehmen 2022 größter Einzelaktionär bei acht im amerikanischen Aktienindex S&P 500 vertretenen Unternehmen: American Express, Bank of America, Chevron, Coca-Cola, HP Inc., Moody's, Occidental Petroleum und Paramount Global. Insgesamt hielt Berkshire im Jahr 2022 Aktien von 53 Unternehmen im Wert von rund 300 Milliarden US-Dollar.

Interessant finde ich dabei schon die Tatsache, dass das Portfolio des Starinvestors nicht annähernd so diversifiziert ist, wie man es erwarten würde: Die größte Position ist Apple mit einem Anteil von rund 39 Prozent. Fast die Hälfte seines Erfolgs macht Buffett also von dem des iPhone-Herstellers abhängig. Dann folgen die Bank of America und der Ölkonzern Chevron. Unter den zehn größten Beteiligungen sind 2022 außerdem noch American Express, Coca-Cola und Kraft-Heinz. Das Renditerezept von Berkshire Hathaway lautet also Äpfel mit Ketchup und Cola. Das entspricht in etwa dem Konsumverhalten meines 14-jährigen Sohnes – und wohl auch einem großen Teil der amerikanischen Bevölkerung.

Gerade deswegen ist ein Blick in Buffetts Beteiligungen auch ein guter Gradmesser für die Entwicklung der amerikanischen Wirtschaft. Von der ist der Mann, den sie das Orakel von Omaha nennen, bei allen derzeitigen Herausforderungen nach wie vor überzeugt: «Ich investiere seit 80 Jahren – mehr als ein Drittel des Bestehens unseres Landes», schreibt er in seinem Investorenbrief. «Ich habe noch keine Zeit erlebt, in der es sinnvoll war, eine langfristige Wette gegen Amerika einzugehen. Und ich bezweifle sehr, dass irgendein Leser dieses Briefes in Zukunft eine andere Erfahrung machen wird.»

Dank üppiger Gewinne gehört Berkshire Hathaway zu den größten Steuerzahlern in den Vereinigten Staaten. Rund 32 Milliarden Dollar hat das Unternehmen im vergangenen Jahrzehnt an den Staat überwiesen, immerhin ein Prozent der gesamten US-Steuereinnahmen. Oder wie Buffett vorrechnet: Würde man die gesamten Steuerzahlungen in 100-Dollar-Scheinen aufeinanderlegen, wäre der Stapel 33 Kilometer hoch, etwa die dreifache Höhe, in der üblicherweise Flugzeuge fliegen. «Wir hoffen und gehen davon aus, im nächsten Jahrzehnt noch mehr Steuern zu zahlen.» Ein starkes Signal in einer Zeit, in der hochprofitable Unternehmen wie Amazon oder Google ihre Steuerpflicht mindern, indem sie sich in Steuerparadiese flüchten. «Wir schulden unserem Land nichts weniger», schreibt Buffett weiter. Amerikas Wirtschaftsdynamik habe maßgeblich zu Berkshire Hathaways Erfolg beigetragen. Auf die hofft er auch in Zukunft, auch wenn sie von Zeit zu Zeit nachgelassen habe.

Nach dem in jeder Hinsicht turbulenten Börsenjahr 2022 hat Buffett auch ein paar Worte des Trosts für Aktionärinnen wie mich. «In den 58 Jahren, in denen ich Berkshire manage, waren die meisten Kapitalentscheidungen nur so lala», schreibt er. In manchen Fällen seien sie sogar richtig schlecht gewesen, und nur eine große Portion Glück habe ihn gerettet. Der Erfolg, oder wie Buffett es nennt, die secret sauce, sei auf ein Dutzend wirklich guter Entscheidungen zurückzuführen. Im Schnitt treffe er die aber auch nur alle fünf Jahre. Das reiche aber aus, denn: «Langfristig braucht man nur ein paar Gewinner, um Wunder zu bewirken.»

Dass diese Investmentidee funktioniert, zeigen beispielhaft Buffetts Beteiligungen an Coca-Cola und American Express. Bis zum Jahr 1994 kaufte er nach und nach 400 Millionen Coca-Cola-Aktien im Wert von damals 1,3 Milliarden Dollar. Während er 1994 dafür eine Dividende in Höhe von 75 Millionen erhielt, ist diese im vergangenen Jahr auf 704 Millionen geklettert – etwa die Hälfte des einstigen Kaufpreises. Zudem ist sein Investment heute 25 Milliarden Dollar wert. Ähnlich gut hat sich sein American-Express-Aktienpaket entwickelt. Das erwarb er 1995, ebenfalls für 1,3 Milliarden Dollar. Die Dividenden sind von einst 41 Millionen auf 302 Millionen gestiegen, der Wert der Anteile auf 22 Milliarden. Sein Erfolg hänge von drei Faktoren ab: dem Zinseszins, dem Vermeiden großer Fehler und dem Rückenwind der amerikanischen Wirtschaft.

Manchmal hilft Buffett seinem Erfolg auch selbst auf die Sprünge: Auf der vergangenen Hauptversammlung aßen er und sein Geschäftspartner Charlie Munger Schoko- und Erdnussriegel der Berkshire-Tochter See's Candies. Diese, so scherzte Buffett damals, seien der Grund, warum er mit 92 und Munger mit 99 Jahren immer noch so fit seien. Die Werbung wirkte: An diesem einen Wochenende habe See's Candies rund 10000 Kilogramm der besagten Süßigkeitenriegel verkauft und 400000 Dollar umgesetzt, freut sich Buffett in seinem aktuellen Schreiben. Als Anlegerin freut mich das natürlich. Als Ernährungsberater würde ich Buffett aber nicht unbedingt vertrauen.

Unternehmertum und Beteiligungen

Wie man echtes Geld in der virtuellen Welt verliert

Einst gehörte mir eine Firma namens Metaversum. Als Investition war das ein Flop. Aber die Lehren daraus sind heute noch wertvoll.

Vor etwa zehn Jahren kam ich unverhofft in den Besitz einer Firma namens Metaversum. Die Geschichte dahinter geht so: Metaversums Ziel war es, die Hauptstadt und später andere Städte in der virtuellen Realität wirklichkeitsgetreu nachzubauen. Mein Mann hatte damals schon für das Berliner Unternehmen gearbeitet. Wann immer wir einen Spaziergang vom Hackeschen Markt zur Museumsinsel machten, guckte er sich die Fassaden und Ladenzeilen genau an und machte Fotos, um das Gesehene später im Metaversum nachzubauen. Nach und nach entstand so ein digitaler Hackescher Markt.

Zur Eröffnung der virtuellen Welt kam sogar der damalige Bürgermeister Klaus Wowereit. Sein Avatar schnitt das rote Band durch, das Metaversum war nun für alle zugänglich. Leider kam kaum jemand. Der erhoffte Ansturm blieb aus, einige Zeit später drehten die Investoren den Geldhahn zu. Als die Finanzierungsrunde platzte, rief mein Mann an und fragte: «Wollen wir die Firma kaufen?» Ich zögerte kurz, unser dritter Sohn war gerade geboren, ich wollte eigentlich Sicherheit. Andererseits bietet Unternehmertum viele Chancen und Freiheiten. Spontan sagte ich Ja. Metaversum gehörte uns.

Fairerweise muss ich an dieser Stelle sagen, dass die Firma vor allem meinem Mann gehörte, er die Arbeit machte und ich eher stille Beteiligte war. Wir waren aber beide überzeugt von der Idee: Vom Sofa im Wohnzimmer aus, egal ob in New York oder Peking oder Paris, konnte man sich mit seinem Avatar und denen von Freunden in einer Rooftopbar in Berlin-Mitte treffen, konnte in den Modeboutiquen am Hackeschen Markt die neuesten Kollektionen anprobieren oder einfach nur durch die Straßen schlendern. Man konnte außerdem Grundstücke kaufen, die man sich in der realen Welt nie hätte leisten können, etwa Unter den Linden 1, wo heute die Repräsentanz eines großen Verlagshauses ist.

Da war nur ein Problem: Wann immer ich Freunden und Freundinnen, Kolleginnen und Kollegen begeistert vom Metaversum erzählte, blickte ich in fragende Gesichter: «Und wozu braucht man das?» Ich hätte hellhörig werden sollen. Aber es dauerte noch ein gutes Jahr, bis mein Mann und ich selbst merkten, dass wir hier nichts zu gewinnen hatten. Wir verkauften die Firma. Ein finanzieller Erfolg war das nicht, aber immerhin waren wir reicher an Erfahrungen. Das hilft mir heute noch dabei, bessere Investitionsentscheidungen zu treffen.

Die wichtigste Lektion: Über den Erfolg eines jungen Unternehmens entscheiden die drei großen T: Timing, Thema, Team. An dem Team gab es nichts auszusetzen, wir sind auch heute noch glücklich verheiratet. Aber wir hatten offensichtlich ein Problem mit dem Thema. Wenn wirklich niemand versteht, was das eigene Unternehmen da eigentlich tut, sollte man vielleicht doch mal darüber nachdenken, ob es überhaupt einen Markt dafür gibt. Als sich dann Facebook im vergangenen Herbst in Meta umbenannte, fragte ich mich kurz, ob das Thema damals zwar gut war, wir vielleicht aber doch am Timing gescheitert waren. Waren wir unserer Zeit einfach voraus?

Zunächst sah es jedenfalls so aus. Die Begeisterung für Zuckerbergs Metaverse an der Wallstreet war groß: Eine Welt, in der unsere Realität mit der virtuellen und erweiterten Realität verschmilzt, bietet viel Raum, sowohl für Fantasie als auch für reale Geschäftsmöglichkeiten: Ein Unternehmen, das eine ganze virtuelle Welt besitzt, kann so ziemlich alles, was darin passiert, monetarisieren, vom sozialen Austausch, über Fortbildungen für Firmen und Labors für Innovationen bis hin zum Marketing. Der Verkauf und Handel mit virtuellen Gütern, etwa Grundstücken und Kunst, kommt noch dazu.

Nachdem Meta-Gründer Mark Zuckerberg die ersten Zahlen geliefert hatte, waren Investorinnen und Investoren aber ernüchtert. Zwischenzeitlich hatte der Konzern massiv an Börsenwert verloren. Hatte Zuckerberg also so wie wir ein Problem mit dem Thema? Ich glaube, die Antwort steht noch nicht fest. Nur zur Erinnerung: Als Amazon-Gründer Jeff Bezos 2006 mit seinem Cloud-Anbieter AWS (Amazon Web Services) startete, war das Unverständnis ebenfalls groß. Heute verdient Amazon mit AWS weit mehr Geld als mit seinem Onlinehandel. Die Tragweite von Innovationen wird oft unterschätzt. Ein Glaube, der mich seinerzeit übrigens auch bei unserem Investment in Metaversum leitete.

Was die Meta-Aktie betrifft, bin ich deshalb verhalten optimistisch. Nachdem der erste Schock verdaut ist, zeigt sich doch, dass Metas Kerngeschäft intakt ist. Die Nutzerzahlen bei Instagram, Facebook und WhatsApp steigen weiter. Meta gelingt es offenbar auch, neue Werbeformate auszubauen, etwa über Reels, wenn auch bisher noch auf niedrigem Niveau.

Meine persönliche Begeisterung für das Metaversum hält sich indes in Grenzen, wie ich gerade feststellen musste: Als Besucherin einer Kunstausstellung durfte ich ein Exponat ausprobieren, das nur in der virtuellen Realität funktioniert. Mit einer entsprechenden VR-Brille legte ich mich in eine Badewanne voller Plastikbälle, die Brille zeigte mir stattdessen ein Schaumbad. Für einen Moment fand ich es sogar lustig, darin zu planschen – bis ich die Brille wieder absetzte. Meine Augen flimmerten noch lange, ich fühlte mich unwohl. Die Lust, bald wieder in die virtuelle Realität einzutauchen, hielt sich in Grenzen. Für unsere eigene Metaversum-Firma wäre ich eine denkbar schlechte Markenbotschafterin geworden.

Business Angels: Wer nicht wagt, der nicht gewinnt

Wer früh in Start-ups investiert, kann seinen Einsatz vervielfachen. Oder alles verlieren. Um gute Deals zu erkennen, sollten Anleger ein paar einfache Regeln beachten.

In meinem Postfach landen immer häufiger Nachrichten von Menschen, die ich nicht persönlich kenne, die aber viel Geld von mir wollen. In der einen oder anderen Form fragen sie mich, ob ich in ihr Start-up investieren will. Sie stellen Wein her, revolutionieren das Pausenbrot, investieren in Holz oder entwickeln besonderes Tierfutter – die Auswahl ist vielfältig bis bizarr. Ich finde das erstaunlich. Mir wurden in den vergangenen Jahren die Investitionsmöglichkeiten nicht in dieser Form hinterhergeworfen. Im Gegenteil, es gab so viel Geld im Markt, dass man sich bemühen musste, überhaupt zum Zug zu kommen. Offenbar hat sich das mit steigenden Zinsen geändert. Bei den Angeboten, die ich derzeit bekomme, sehe ich mich auch nicht als die hilfreichste Geldgeberin. In einer so frühen Phase wollen Start-ups nicht nur Kapital, sondern auch Rat und Wissen von Investoren. Und was habe ich bitte zum Thema Tierfutter zu sagen?

Aber: Wenn das Thema passt, würde ich durchaus investieren. Denn als Business Angel, so nennt man Investoren, die Start-ups in ihren Anfangstagen finanzieren, kann ich mich an einem noch jungen, meist schnell wachsenden Unternehmen beteiligen und bekomme dafür im Gegenzug Anteile, die ich zu einem späteren Zeitpunkt mit einer hoffentlich ordentlichen Rendite verkaufen kann, wenn das Unternehmen sich etabliert hat. Mein Geld wäre dann Venture-Capital (VC), zu Deutsch: Risikokapital oder Wagniskapital.

In der Frühphase ist es für Start-ups oft schwer, an Geld zu kommen. Zu den Investoren gehören oft die drei F: Friends, Family and Fools. Freunde, Familie und Narren. In dieser Phase kann man mit relativ kleinen Beträgen investieren und entsprechend günstig Anteile erwerben, wobei man meist mindestens 25000 Euro braucht, um als Business Angel einzusteigen. Das ist viel Geld, aber man kann sich auch mit anderen zusammentun und gemeinsam investieren. Im Vergleich zu den sonst üblichen Summen bei Risikokapitalinvestments sind Angel-Investments sogar noch überschaubar. Bei einem Venture-Capital-Fonds beträgt die gesetzliche Mindesteinlage 200000 Euro, was für Privatanlegerinnen dann doch eine Nummer zu groß ist. So will der Gesetzgeber sicherstellen, dass nur solche Menschen das hohe Risiko eingehen, die es finanziell auch verkraften können.

Damit sich Engel nicht schon kurz nach ihrem Investment als Narren fühlen, sollten sie ein paar Regeln befolgen. Klar ist, dass in derart frühen Phasen eines Unternehmens auch viel schiefgehen kann. Je früher man investiert, desto höher ist das Risiko. Weil man aber verhältnismäßig günstig an Anteile kommt, ist auch der mögliche Gewinn hoch. Ein positives Beispiel wäre die Messaging-Software WhatsApp, die heute zu Meta gehört: Die Beteiligungsgesellschaft Sequoia Capital hatte 2011 50 Millionen Dollar investiert und verkaufte drei Jahre später ihre Anteile für drei Milliarden Dollar, bekam also das 60fache ihres Einsatzes zurück.

Allerdings ist das eher die Ausnahme. Wenn Forscher untersuchen, wie häufig aus Start-ups Firmen werden, die sich lange am Markt bewähren, sind die Ergebnisse eher ernüchternd. Studien zufolge scheitern 80 Prozent aller Neugründungen in den ersten drei Jahren, manche Untersuchungen gehen sogar von 90 Prozent aus. Als Business Angel setze ich darauf, dass ein oder zwei von zehn Investments gut laufen, die dann die Verluste der anderen wieder ausgleichen.

Wer in ein Start-up investiert, sollte die bereits vorgestellten drei T prüfen: Team, Thema, Timing. Man muss sich für das Thema begeistern, denn es ist durchaus Arbeit, sich in das Geschäftsmodell einzuarbeiten. Das Team muss überzeugen. Traue ich es den Gründern oder Gründerinnen zu, das Thema umzusetzen? Hat das Team die unternehmerische Tatkraft, Erfahrung, sprüht es vor Energie? Schließlich ist das Timing wichtig: Die beste Idee ist zum falschen Zeitpunkt wenig wert. Wobei Timing nicht gleich Trend ist. Bei Trends wäre ich eher vorsichtig, denn Trends können sich sehr schnell ändern, und meistens ist das, was gerade sehr angesagt ist, auch sehr teuer.

Wenn man in ein Unternehmen investiert, sollte man dies nicht als Privatperson tun, sondern zuvor eine Unternehmergesellschaft (UG) gründen, etwa Money-Matters-Ventures UG, oder auch eine GmbH. Das hat den entscheidenden Vorteil, dass man nicht mit dem Privatvermögen haftet, sondern nur mit dem Vermögen der UG oder GmbH. Zudem zahlt man innerhalb der Gesellschaft weniger Steuern auf anfallende Gewinne – so steht deutlich mehr Kapital zur Verfügung, um in weitere Unternehmen zu investieren. Allerdings sind mit der Gründung einer UG oder GmbH Kosten verbunden, auch für den Jahresabschluss. Schnell können 2000 Euro jährlich anfallen – und mehr.

Mit guten Deals ist es so wie mit den Ferienhäusern: Die guten Häuser erkennt man daran, dass sie ausgebucht sind und man gar nicht an sie rankommt. Ebenso kann man auch nicht immer das gewünschte Investment tätigen. Um reinzukommen, braucht man daher ein gutes Netzwerk. Man muss Leute ansprechen, ihnen sagen, dass man investieren will, aber sich auch umhören, wer Business Angels sucht. Man muss außerdem auch mehr als nur Geld mitbringen. Welches Wissen, welche Superpower bringe ich mit? Möglicherweise habe ich ein besonderes Branchenwissen oder fachliche Kompetenzen, oder aber auch Reichweite, kann also dem Unternehmen helfen, bekannter zu werden.

Neben dem finanziellen Reiz motiviert mich bei Angel-Investments auch mein Wissensdrang: Es macht großen Spaß, sich mit neuen Geschäftsideen auseinanderzusetzen, ich bleibe am Puls der Zeit, kann inspirierende Gründer und Gründerinnen kennenlernen. «Es ist ein Hobby, zugegeben ein recht teures Hobby», sagte ein Business Angel neulich treffend zu mir. Selbst wenn das Start-up nicht überlebt, hat man mit seinem Investment vielleicht die gesellschaftliche Entwicklung vorangebracht. Insbesondere wenn man auf Themen setzt, die einem am Herzen liegen, etwa die nachhaltige Entwicklung der Wirtschaft.

Und natürlich geht es beim Angel-Investieren auch ums

Gewinnen: Ähnlich wie beim Pferderennen freut man sich, wenn man auf das richtige Unternehmen gesetzt und dessen Chancen schon frühzeitig erkannt hat. Was Tierfutter oder Holz anbetrifft, bin ich jedoch skeptisch. Aber vielleicht liege ich auch falsch.

Von Zwölfjährigen lernen

Ein Freund meines Sohnes hat in ein Start-up investiert. Solche Investments können entweder nichts oder sehr viel wert sein. In jedem Fall aber kann man sehr viel dabei lernen.

Heute Nachmittag habe ich meinen 13-jährigen Sohn zum Kindergeburtstag gefahren. Besser gesagt, zu einem kleinen Geburtstagstreffen. In dem Alter feiert man ja nicht mehr Kindergeburtstag, dafür ist man schon zu cool, aber eben auch noch nicht cool genug, um die große Party zu schmeißen. Mittlerweile reiße ich mich fast um solche Fahrdienste. Sie sind eine gute Gelegenheit, mit den ansonsten eher wortkargen Teenagern ins Gespräch zu kommen. Unsere Unterhaltung nahm dann jedoch eine unvermutete Wendung: Ehe ich mich versah, fachsimpelte ich mit dem zwölfjährigen Freund meines Sohnes über die Chancen und Risiken von Venture-Capital-Investments. Carl hatte nämlich in einen Lieferdienst investiert und saß gerade auf einem sechsstelligen Beteiligungspaket (und nein, unser Sohn geht nicht auf eine schnöselige Privatschule, sondern auf ein ganz normales Gymnasium, aber das ist eben Berlin-Mitte).

Von Venture-Capital (VC) spricht man, wenn Investorinnen und Investoren jungen, schnell wachsenden Unternehmen Kapital geben und im Gegenzug Unternehmensanteile erhalten, die sie zu einem späteren Zeitpunkt gewinnbringend verkaufen wollen. Das können entweder Privatpersonen sein, die eben erwähnten Business Angels, oder institutionelle Investoren, etwa VC-Fonds. Private Equity unterscheidet sich insofern, als es auf die Beteiligung an etablierten Unternehmen abzielt.

Bis zu jenem Nachmittag war ich eigentlich ganz stolz auf meine Söhne. Sie wissen immerhin, dass Aktien Unternehmensbeteiligungen sind, der Aktienkurs das Ergebnis von Angebot und Nachfrage an der Börse ist und sie als Aktionäre langfristig von der Entwicklung des Unternehmens profitieren können. Aber das war wirklich das nächste Level: Carl ist bereits im größeren Stil an einem Unternehmen beteiligt und kennt sich mit Wagniskapital mindestens so gut aus wie ich, wenn nicht sogar besser.

Ähnlich wie meine Söhne hatte auch Carl elterlichen Rückenwind, aber damit das nicht so bleiben muss und möglichst viele Menschen diese Investmentmöglichkeit kennenlernen, schreibe ich diese Geschichte auf. Carls Vater hat einen Venture-Capital-Fonds gegründet, seinem Sohn möchte er seine Faszination für innovative Start-ups möglichst früh vermitteln. Wenn es irgendwie möglich ist und die Jungs in Carls Familie wollen, helfen sie in den Ferien bei den Start-ups mit. Carl verbrachte einen Teil seiner Sommerferien damit, bei einem Lieferdienst Bestellungen entgegenzunehmen, Waren auszupacken, Pakete einzupacken und vieles mehr – und war begeistert von der Energie, von der Freude und dem Spaß, etwas Neues zu machen und etwas zu bewegen. Am Ende seiner Zeit wollte er seinen Verdienst in das Unternehmen investieren, was allerdings nur mithilfe seiner Eltern ging, denn nachvollziehbarerweise dürfen Zwölfjährige nicht in Start-ups investieren (sie dürfen ihr Geld ja auch nicht in Einzelaktien anlegen). Insgesamt investierte Carl einen kleinen vierstelligen Betrag bei einer Unternehmensbewertung von fünf Millionen Euro.

Carl war zur richtigen Zeit am richtigen Ort, denn während der Pandemie waren Lieferdienste von heute auf morgen sehr gefragt. Zudem hatten die Notenbanken weltweit ihre Geldpolitik gelockert, es war sehr viel Geld im Markt, die Bewertungen für vielversprechende Unternehmen stiegen rapide. Innerhalb kurzer Zeit erreichte der Lieferdienst eine Milliardenbewertung, Carls Beteiligung hatte sich entsprechend vervielfältigt. «Solche Gewinne kann man mit Aktien niemals erzielen», erklärt er meinem Sohn, der sichtlich interessiert zuhört.

In der VC-Welt unterscheidet man üblicherweise zwischen Pre-Seed-, Früh- und Spätphase. In jeder dieser Phasen gibt es Finanzierungsrunden, in der Investoren Kapital geben, aber auch bisherige Geldgeber die Möglichkeit haben, ihre Anteile wieder zu verkaufen. In jeder Runde wird das Unternehmen neu bewertet. Mit der Zeit sinkt das Risiko, während die Bewertung steigt. Ich bekomme anfänglich mehr Anteile für mein Geld, weil ein Totalverlust droht.

Grob gesagt, geht es in der Pre-Seed-Phase darum, das Produkt oder den Service zu entwickeln. Sobald Nutzerzahlen und Umsatz anspringen, will das Unternehmen mit dem in der Frühphase gesammelten Kapital sein Angebot verbessern bzw. optimieren. In der Spätphase geht es darum, im großen Stil zu expandieren. Von einem Exit spricht man, wenn das Unternehmen an ein anderes verkauft wird (ein sogenannter M&A-Deal, Mergers and Acquisitions) oder an die Börse geht, was meistens für deutlich mehr Aufmerksamkeit sorgt.

Carl hat früh investiert, seine Beteiligung hat sich prächtig entwickelt. «Auf dem Papier», seufzt er. «Aber ich muss erst einmal jemanden finden, der mir meine Anteile abkauft.» Das sei mit Aktien einfacher, die könne man an der Börse handeln. Wer als Business Angel investiert, muss auf sein Kapital längere Zeit verzichten können. Mindestens bis zur nächsten Finanzierungsrunde, wenn dann jemand die Anteile abkauft. Unternehmensbeteiligungen sind im Vergleich zu Aktien sehr viel weniger liquide und viel riskanter. Dafür kann meine Rendite auch sehr viel höher ausfallen, Rendite kommt schließlich von Risiko.

Dass eine Beteiligung so rapide an Wert gewinnt wie der besagte Lieferdienst, ist eher ungewöhnlich, was auch Carls Vater überrascht hat. «Ich finde es wichtig, dass Kinder schon früh verstehen, was Venture-Capital ist und wie es funktioniert», sagt er. Ihm sei es auch darum gegangen, die «schöpferische Kraft von Wagniskapital» zu vermitteln. «Solche Investitionen bringen Innovationen hervor, die wir brauchen, um die Wirtschaft voranzutreiben und zu erneuern», sagt er mit Blick auf Amerika: Der Erfolg der amerikanischen Wirtschaft beruht zum großen Teil auf der Finanzierung über Venture-Capital, wie das renommierte US-Forschungsinstitut Brookings in einer Studie schreibt. Zwar machen VC-Investments in den USA nur 0,2 Prozent des Bruttoinlandsproduktes (BIP) aus. Die Gewinne der VC-finanzierten Unternehmen haben aber einen Anteil von 21 Prozent am amerikanischen BIP. Keine andere Industrie hat so viele Jobs geschaffen wie Venture-Capital über die Finanzierung von Start-ups.

Zudem können Venture-Investments erheblich zur eigenen Vermögensbildung beisteuern. Neben Immobilien und Aktien sind sie ein weiteres Instrument im Portfolio. In den USA ist VC viel verbreiteter, namhafte Universitäten investieren ihr Stiftungskapital nicht nur in Aktien und Immobilien, sondern auch in Start-ups. Die Yale-Universität hat nach eigenen Angaben zwischen 2010 und 2020 mit Start-up-Beteiligungen eine jährliche Rendite von 22,6 Prozent erwirtschaftet. Mittlerweile investiert der Yale-Fonds rund ein Viertel seiner Mittel in Start-ups.

«Carl sollte den Wert von Unternehmensbeteiligungen verstehen», sagt sein Vater. Denn sie können mitunter sehr wertvoll sein. So wertvoll, dass es Carls Vater unheimlich wurde. Er hat seinem Sohn in der nächsten Finanzierungsrunde nicht erlaubt zu verkaufen. «Vielleicht war das ein Fehler», sagt er heute, denn die Firma hat seit dem Hype massiv an Wert verloren. Aber obwohl es Carls Vater wichtig ist, dass junge Menschen schon früh das Konzept von Venture-Capital verstehen und kennenlernen – so viel Geld in so jungen Jahren hält er dann doch für gefährlich.

Geldverdienen in der Freizeit

In den USA gehört das eigene Unternehmen ganz selbstverständlich zum Vermögensaufbau. Das muss nicht gleich das nächste Amazon sein, auch mit freiberuflichen Nebenjobs lässt sich das Einkommen steigern.

Am Ende unserer Zeit in Amerika habe ich mich schon gefragt, ob es den ganzen Aufwand wert war. Einmal als Familie gemeinsam ins Ausland zu gehen: Das klingt so einfach, und viele träumen womöglich davon. Dahinter steckt aber doch sehr viel mehr Aufwand, als man im Vorfeld denkt (glücklicherweise, sonst hätte ich es vielleicht nicht gemacht). Von der Schul- und Unterkunftssuche, über Visumsangelegenheiten bis hin zum Einleben, insbesondere mit Teenagern. Ganz zu schweigen davon, dass man am Ende der Zeit wieder die

Rolle rückwärts machen muss, Haushalt vor Ort auflösen, Verabschiedungen und vieles mehr. Und dennoch hat es sich sehr gelohnt, wir sind mit vielen bereichernden Erfahrungen und Erlebnissen zurückgekommen.

Besonders spannend fand ich die Einstellung der Amerikaner zu Geld und Vermögen, die sich doch sehr von der deutschen unterscheidet. Über ihr entspanntes Verhältnis zum Aktienmarkt habe ich bereits geschrieben, aber nicht weniger inspirierend finde ich ihre Sicht aufs Unternehmertum. Neben der eigenen Immobilie gehört für sie das eigene Business zum Vermögensaufbau dazu – das wurde mir bei jeder Gelegenheit vermittelt. Es muss nicht gleich das nächste Apple oder Amazon sein, jede noch so banale Fähigkeit wird hier in eine Unternehmensidee umgewandelt. Etwa der Schachspieler, der jeden Freitagnachmittag neben unserer Lieblingseisdiele in Venice Beach für ein paar Euro Kindern Schachspielen beibringt. Oder die Fahrradschule auf dem Parkplatz nebenan, in der Kindergartenkinder Fahrradfahren und erste Verkehrsregeln lernen. Beide Ideen hätte ich sofort verworfen, aber beides ist in Amerika ein Business oder zumindest ein «Side Hustle» – ein Nebenjob, der ein zusätzliches Einkommen abwirft.

Oft sind lange Arbeitszeiten, wenig Urlaub, mitunter schlechte Bezahlung, mit der sich kein Vermögen aufbauen lässt, die Motivation, etwas Eigenes zu starten. Gerade die jüngere Generation ist nicht mehr bereit, lange Stunden und schlechte Bezahlung hinzunehmen, und will mehr. Um ein zweites Einkommen zu erzielen, bieten sich im Wesentlichen drei Felder an: Man profitiert in irgendeiner Weise von der «Sharing Economy», sei es als Airbnb-Vermieter oder Uber-Fahrer (wobei mir die Möglichkeiten, hier ein Vermögen aufzubauen, gering erscheinen). Man verkauft sein eigenes Wissen, etwa Marketing- oder Social-Media-Skills oder Finanzwissen. Oder man kauft etwas günstig ein und verkauft es teurer weiter, «buy low, sell high» – das kann so ziemlich alles sein, selbst das Ingwerbonbon (hat tatsächlich eine Freundin von mir gemacht).

Egal ob man sich Vollzeit oder nebenberuflich selbstständig machen will, ob man soloselbstständig sein oder ein Unternehmen gründen möchte, man sollte im Vorfeld die drei T analysieren: Time, Treasure, Talent. Zunächst, wie viel Zeit (Time) kann und will ich in meinen Nebenjob investieren? Wenn ich nur zwei Stunden in der Woche habe, ist der Aufbau eines eigenen Unternehmens unrealistisch, aber vielleicht kann ich mit meinen Fähigkeiten einen Beraterjob oder eine zusätzliche freiberufliche Tätigkeit ausüben. Ob als Steuergehilfin bei der Vorbereitung von Steuererklärungen oder als Deutschlehrerin beim Lektorieren von Texten oder als Assistentin, die Präsentationen und Vorlagen erstellt. Aber Vorsicht, so etwas ist vorab mit dem Arbeitgeber abzuklären.

Treasure, zu Deutsch: Schatz oder auch Vermögen, meint: Wie schnell möchte ich Geld verdienen und wie viel? Wer einen Beratungsjob macht, kann schnell mit einem zusätzlichen Gehalt rechnen. Wer sein eigenes Unternehmen aufbaut, etwa sein Wissen im Rahmen von Kursen und Seminaren verkaufen will, wird realistischerweise in den ersten zwei, drei Jahren mehr investieren als zurückbekommen. Vielleicht zahlt sich die Investition auch gar nicht aus, das ist das unternehmerische Risiko, das man hat. Allerdings kann ich, wenn es gut läuft, deutlich höhere Einnahmen erzielen als mit einem Beratungsjob, da ich mein Produkt oder meine Dienstleistung mehrfach verkaufen kann – skalieren, wie man im Fachjargon sagt.

Das wichtigste T kommt von Talent. Was kann ich besonders gut? Was ist meine «Superpower»? Das können besondere Fähigkeiten sein wie etwa Programmieren, das kann aber auch bedeuten, Dinge voranzutreiben, sie von «null auf eins» zu bringen, eine Fähigkeit, die man gerade als Gründerin haben sollte. Selbstständig zu sein, bedeutet sehr viel Arbeit und Durchhaltevermögen, deshalb muss man etwas machen, was einem liegt und einem Freude macht. So wichtig Talent ist, ich muss damit auch ein Problem lösen. Mein Talent, Rucksackreisen für die sechsköpfige Familie in aller Welt zu organisieren, ist zwar schön für meine Familie und macht mir überdies große Freude, löst aber nicht wirklich ein Problem.

Wer schon einmal mit dem Gedanken der Selbstständigkeit gespielt hat, hat vielleicht auch den Satz gehört: «Das gibt es doch schon!» Mag sein, aber es gibt auch unzählige Arten von Kartoffelchips, Nudeln oder Schokolade. Nur weil es schon jemand gemacht hat, heißt das nicht, dass man es nicht besser oder anders machen kann. Oft ist eine andere Ansprache der Schlüssel zum Erfolg, wie man gerade in der Finanzbranche sehen kann, in der Frauen andere Frauen direkt ansprechen und damit sehr erfolgreich sind.

Unternehmertum, wie auch Investieren, erfordert sehr viel Zeit und Geduld. Die ersten zwei, drei Jahre verbringt man damit, das Produkt oder den Service immer wieder an den Markt anzupassen. Es ist ein Trial-and-Error-Prozess. Allerdings kommt man so schneller ans Ziel, als wenn man jahrelang im Stillen über die perfekte Idee brütet.

Sicher ist Unternehmertum nicht für jeden das Richtige. Das ist auch in Ordnung, man kann auch mit Aktien oder Immobilien langfristig ein Vermögen aufbauen. Aber eine Überlegung ist es wert. In diesem Zusammenhang habe ich noch etwas in Amerika gelernt: mehr die Chancen und weniger die Risiken zu sehen.

Gründerinnen braucht unser Land

Frauen gründen deutlich seltener als Männer. Das liegt auch daran, dass es für sie sehr viel schwieriger ist, an Gründungskapital zu kommen. Für unsere Wirtschaft, aber mehr noch für unsere Gesellschaft ist das fatal.

Mind the Gap – wo ich hinsehe und höre, stoße ich auf Lücken, Gaps. Bedauerlicherweise sind diese Lücken in den seltensten Fällen so positiv besetzt wie das Gap-Year nach der Schule, in dem Abiturientinnen und Abiturienten ihre Freiheit genießen und die Welt entdecken und von dem meine Söhne schon träumen, bevor sie überhaupt die ersten Klausuren geschrieben haben. Nein, meistens handelt es sich um ernst zu nehmende Lücken oder, besser gesagt, Kluften, wie den Gender Pay Gap oder den Gender Investment Gap. Ganz zu schweigen von der Rentenlücke.

Eine nicht weniger gravierende Kluft tut sich bei Unternehmensgründungen auf: Frauen gründen deutlich seltener als Männer, erst recht in innovativen und wachstumsorientierten Branchen. Unternehmensgründungen sind einer Studie der Kreditanstalt für Wiederaufbau (KfW) zufolge seit dem Platzen der Dotcom-Blase im Jahr 2000 deutlich zurückgegangen und haben erst zuletzt wieder geringfügig an Fahrt aufgenommen. Frauen stehen dabei hinter 39 Prozent der

Unternehmensgründungen, was auf den ersten Blick nicht sooo schlecht klingt. Allerdings: Frauen gründen vor allem als Soloselbstständige, also oft ohne Team, wie etwa Journalistinnen, Übersetzerinnen, Anwältinnen oder Psychologinnen.

Mit Blick auf die finanzielle Unabhängigkeit von Frauen ist dies sicherlich ein richtiger Schritt. Aber: Wir Frauen könnten uns ruhig mehr zutrauen, wenn es darum geht, innovative und vor allem wachstumsorientierte Unternehmen zu gründen! Denn solche Start-ups sind nicht nur für die Wirtschaft, sondern vor allem für den gesellschaftlichen Wandel wichtig. Gründerinnen stellen anders ein, fördern anders, sind zudem Vorbilder für andere Frauen. Leider wurden zuletzt nur 19 Prozent aller Start-ups in Deutschland von Frauen auf den Weg gebracht.

Diese Lücke geht, wie beim Gender Pay oder Gender Investment Gap auch schon, teilweise auf unsere Erziehung und Ausbildung zurück, auf die Vorbilder, die wir haben. Unseligerweise haben wir immer noch weniger Vertrauen in unsere eigenen Fähigkeiten, sind risikoaverser, das belegen zahlreiche Studien. Das sind natürlich nicht die besten Voraussetzungen, ein Unternehmen zu gründen. Hinzu kommt, dass wir immer noch den größeren Teil der (unbezahlten) Familienarbeit übernehmen, was schlicht dazu führt, dass wir weniger Zeit haben, ein Unternehmen aufzubauen.

Neben diesen bekannten Phänomenen haben wir Frauen aber auch oft ein Finanzierungsproblem. Studien zufolge ist Finanzwissen für den Unternehmenserfolg entscheidender als etwa berufliches Fachwissen. Eine vernünftige Finanzplanung sowie Controlling gehören eben zum unternehmerischen

Handwerkszeug. Dabei ist es nicht so, dass wir das nicht können, vielmehr *glauben* wir, weniger zu wissen – was uns im Umkehrschluss davon abhält zu gründen. So schätzen nur 55 Prozent aller Gründerinnen ihr Finanzwissen als gut oder sehr gut ein, bei den Männern sind es jedoch 74 Prozent.

Auch deswegen gründen Frauen lieber in Soloselbstständigkeit und zeigen wenig Ambitionen, ein Wachstumsunternehmen zu gründen (ganz anders als Männer, für die Wachstum eine Selbstverständlichkeit ist).

So weit, so gut. Ein anderer Aspekt ist aber, dass Frauen öfter Finanzierungsschwierigkeiten haben. Oft bringen wir weniger Eigenkapital mit als Männer, da wir in der Vergangenheit – oft teilzeitbedingt – weniger verdient haben. Zwar belegen Studien nicht eindeutig, dass wir bei der Kreditvergabe benachteiligt werden, die Daten legen aber nahe, dass wir uns gar nicht erst trauen, einen Kredit anzufragen – und somit auch nicht abgelehnt werden.

Ganz offensichtlich ist die Kluft, wenn es um Wagniskapital geht. Laut KfW-Studie gingen 83 Prozent aller VC-Gelder an rein männliche Teams, 11 Prozent an gemischte Gründungsteams und nur erbärmliche 5 Prozent an rein weiblich geführte Start-ups. Bricht man dies auf einen Euro herunter, ist das Ergebnis noch ernüchternder: Pro investierten Euro gehen 91 Cent an Männerteams, 7 Cent an gemischte Teams und nur – Achtung, tief durchatmen! – 2 Cent an Frauen! Schluck. Wie gesagt, es liegt auch an uns, dass wir uns zu wenig zutrauen (da spreche ich aus eigener Erfahrung), daran müssen wir arbeiten. Aber es liegt auch an den VC-Fonds, die überwiegend von Männern besetzt sind und oft auch unbewusst eher Männer als Frauen fördern. So werden Frauen im Zuge ihres

Investment-Pitches sehr viel öfter nach den Risiken befragt als nach den Chancen, wie es bei Männern der Fall ist. Außerdem werden frauengeführte Start-ups sehr viel schlechter bewertet als männliche, was zur Folge hat, dass der finanzielle Erfolg auch sehr viel mickriger ausfällt. Dementsprechend ist die Motivation für Frauen auch geringer, ein unternehmerisches Risiko einzugehen. Gravierender aber ist noch, dass Frauen infolgedessen viel seltener als Business Angel auftreten und wiederum anderen Frauen ins Unternehmertum helfen.

Es gibt also viel zu tun! Ein Weg wäre, explizite Fonds bzw. Mittel für Frauen einzurichten, das fördert das Umdenken innerhalb der Branche. Zudem brauchen (mehr) Frauen Zugang zu Netzwerken. Glücklicherweise bewegt sich bereits einiges in der Branche. Der Investmentfonds Auxxo, gegründet von Gesa Miczaika und Bettine Schmitz, investiert in von Frauen gegründete Start-ups. Innerhalb des Evangelista-Netzwerkes kommen Frauen zusammen, um sich zu vernetzen, auszutauschen und gegenseitig zu unterstützen.

Zudem gibt es immer mehr Gründerinnen, die ihr Wissen und ihre Erfahrung weitergeben. Eine der wohl bekanntesten ist Lea-Sophie Cramer, Gründerin des Erotik-Onlinehandels Amorelie, die mit ihren «10-more-in»-Akademie explizit Frauen in Führungsrollen und als Gründerinnen fördern will. In ihrem gemeinsamen Podcast mit Verena Pausder «Fast and Curious» geht es ebenfalls regelmäßig ums Gründen und um Start-up-Investments. Dies sind nur einige Inspirationen.

Persönlich würde ich mich sehr freuen, wenn ich in Zukunft das Wort «Gap» vor allem im Zusammenhang mit dem «Gap-Year» meiner Söhne hören würde. Da gibt es sicherlich auch viel Gesprächsbedarf, aber in erfreulicherer Hinsicht.

Nachhaltig Investieren

Mami, kaufst du auch gute Aktien?

Wer Wertpapiere sucht, mit denen man den Klimaschutz fördert, landet schnell in einem Wirrwarr von erstaunlichen Firmen und Kriterien. Besser ist eine einfache Strategie.

Wer mit Teenagern unter einem Dach lebt, weiß, wie gut sie das Leben der Eltern auseinanderpflücken können. Kaum beiße ich genussvoll in mein Steak, klären mich die Jungs ungefragt über die umweltschädlichen Folgen meines Fleischkonsums auf. Fliegt die Familie in die Sommerferien, sollen wir am besten «Ausgleichsbäume» pflanzen. Heute Abend kommt das Thema nachhaltige Geldanlage auf den Tisch: «Kaufst du eigentlich auch Aktien, die gut für die Umwelt sind?», fragt mich mein Ältester.

Ich zucke zusammen. Es ist nicht so, dass ich mir keine Gedanken über dieses Thema gemacht hätte. Im Gegenteil. Während meine Eltern noch mit der größten Selbstverständlichkeit Aktien des deutschen Rüstungskonzerns Rheinmetall besaßen (obwohl sie selbst Kriegskinder waren), hatte ich schon vor Längerem beschlossen, in bestimmte Wirtschaftszweige nicht zu investieren: Rüstungskonzerne, Ölproduzenten, Glücksspiel, Tabakindustrie und Kinderarbeit.

«Volkswagen», entgegne ich. «Die sind bei Elektromobilität ganz vorne dabei.» Ich hatte die Aktien kurz nach dem Coronacrash gekauft. Aber ehrlich, nicht unbedingt, weil VW sich so sehr für die Umwelt engagiert, sondern eher, weil ich mir von der Elektromobilitätsstrategie verspreche, dass die Wolfsburger unter den deutschen Autoherstellern das Rennen machen werden.

Mir wird schnell klar: Mit meiner bisherigen Ausschlussstrategie komme ich bei meinen Söhnen nicht mehr durch. Ich muss gezielt nachhaltig investieren. Ich könnte direkt in Holzplantagen oder Windparks investieren, wie Google bei einer ersten Stichwortsuche «Nachhaltiges Investieren» vorschlägt. Da ich weder Ahnung von Holz noch Wind habe, möchte ich mein Risiko aber lieber breiter streuen, Holz und Windstrom sind mir zu spezielle Investments. Ich setze auf das Thema Klimawandel.

Die Finanzbranche hat gleich etliche ETFs mit so vielversprechenden Namen wie «MSCI World Climate Change» oder «MSCI Low Carbon» im Angebot. Klingt gut, denke ich und schaue mir den Climate-Change-ETF genauer an. Microsoft, Apple, Alphabet (also Google), Facebook und Tesla sind unter den zehn größten Positionen. Wunderbar. Genau diese Aktien habe ich bereits im Depot, bis auf Tesla, die ich gegen VW getauscht habe. Na, so was, ohne es zu wissen, rette ich offenbar schon seit Jahren das Klima!

In einem der besagten ETFs stoße ich auf Amazon. Das macht mich stutzig. Wenn es eine Aktie in meinem Depot gibt, bei der ich regelmäßig ein schlechtes Gewissen habe, dann Amazon. Ich frage mich immer wieder, ob ich diesen riesigen Verpackungs- und Logistikwahnsinn weiterhin unterstützen soll. Konsequenterweise dürfte ich dann aber auch nicht mehr online shoppen, was ich aber doch tue, und so bleibt die Aktie in meinem Depot. Aber jetzt noch unter dem Deckmantel der Nachhaltigkeit aufstocken? Nein! Mir schwant, dass jede Fondsgesellschaft etwas anderes unter Nachhaltigkeit versteht.

Vielleicht sollte ich doch auf konkretere Themen setzen. Ob erneuerbare Energien, grüne Mobilität, Wasserstoff oder Wasser, für all das gibt es ETFs. Die Schwergewichte in diesen ETFs kenne ich, wie etwa den dänischen Energiekonzern Ørsted, Weltmarktführer in der Offshore-Windenergie. Viele kleinere Positionen sagen mir nichts. Was mich an dieser Stelle jedoch irritiert, ist, dass all diese Fonds auch unter der Rubrik «Megathemen» einsortiert sind. Ein «Megathema», das weiß ich aus Erfahrung, ist meistens erst dann ein Megathema, wenn alle, wirklich alle davon sprechen. Dann sind die Kurse jedoch schon so stark gestiegen, sodass man eigentlich für den Einstieg zu spät dran ist. Wasserstoff zum Beispiel war 2020 ein Megathema. Entsprechend drehten in diesem Jahr die ETFs ins Minus. Megathemen haben nämlich die unangenehme Eigenschaft, genauso schnell wieder zu verschwinden, wie sie aufgetaucht sind.

Schließlich stoße ich auf ETFs, die die Unternehmen anhand ihrer ESG-Bewertung auswählen. ESG steht für Environment (Umwelt), Social (Soziales) und Governance (Aufsichtsstrukturen). Diese ESG-Kriterien sind gerade ein – Achtung – Megathema in der Finanzwelt. Unternehmen müssen sich anhand von 17 ESG-Zielen daran messen lassen, wie sehr sie zur nachhaltigen Entwicklung beitragen. Die Ziele reichen vom Erhalt der Artenvielfalt über Diversity, Armutsbekämpfung bis hin zur nachhaltigen Unternehmensführung. Hilfe, ich wollte eigentlich nicht gleich die ganze Welt retten, mir geht es in erster Linie um den Klimaschutz.

Bislang gibt es noch keinen einheitlichen Standard für die Bewertung der Unternehmen. Aber gut, der MSCI World Social Responsibility Index bündelt 400 Unternehmen aus 23 Industrieländern nach ESG-Kriterien. Zu den Top-Positionen gehören Microsoft, Tesla und Nvidia, aber auch Pharmaunternehmen wie Roche oder Konsumgüterproduzenten wie Procter & Gamble oder Coca-Cola. Immerhin schließt der Index aber einige Industrien aus wie Waffen, Glücksspiel, Atomkraft oder Pornografie. Jetzt bin ich eigentlich wieder dort, wo ich angefangen habe, beim Ausschlussprinzip.

Dennoch werde ich in den MSCI World SRI investieren. Zwar rette ich damit nicht die Welt, aber ich mache auch keinen großen Fehler. «Also, ich habe jetzt in einen nachhaltigen Aktienfonds investiert», erkläre ich meinem 14-Jährigen bei nächster Gelegenheit. «Und?», fragt er. «Na ja, wenn du aufs Fliegen und Fleischessen verzichtest, tust du meiner Ansicht nach derzeit noch mehr für die Umwelt, aber es ist ein Anfang.» So wie vielleicht auch ein Elektroauto ein Anfang ist. Denn wenn es immer mehr kritische Anleger gibt, die nicht nur nach Renditekriterien investieren, wird sich die Branche vielleicht in die richtige Richtung bewegen.

Nachhaltige Geldanlage? Geht auch grüner

Manche Aktien wirken grüner, als sie sind. Greenwashing ist auch an der Börse ein Problem. Wer sein Geld wirklich nachhaltig anlegen will, muss auf drei Kriterien achten.

Als unsere sechsköpfige Familie nach einem langen Pfingstwochenende abends völlig übermüdet zurück in Berlin ankam, musste ich einmal mehr über die Mobilitätswende fluchen: Eine geschlagene Dreiviertelstunde war ich mit unserem elektrisch betriebenen Van um die Blöcke gekurvt, auf der Suche nach einer funktionierenden Ladestation. Dabei kam ich gleich mehrmals an einer Säule vorbei, auf der schon seit neun Monaten ein Schild mit der Aufschrift «Außer Betrieb» klebt. Während ich laut vor mich hin schimpfend weiterfuhr, war mir dennoch klar: Ich tue das Richtige. Auch wenn ich angesichts fehlender Lademöglichkeiten gerade maximal genervt bin, ist unser Eco-Van doch ein Schritt in die richtige Richtung. Mein kleiner Beitrag für eine nachhaltigere Welt.

Ähnlich verhält es sich mit der nachhaltigen Geldanlage. Vieles von dem, was auf dem Markt ist, ist unbefriedigend. Während bei den E-Autos die Ladeinfrastruktur das Problem ist, sind viele grüne Investments bei genauerem Hinsehen gar nicht mehr so grün.

Damit man nicht in die Greenwashing-Falle tappt, muss man etwas mehr Zeit und Arbeit investieren, um die eigene Geldanlage mit sozialen oder ökologischen Zielen zu verknüpfen. Dabei geht es, wie bei allen seriösen Anlagestrategien, darum, die richtige Balance aus Risikostreuung, Liquidität und Rendite zu finden.

Im ersten Schritt hin zum nachhaltigen Investieren sollte man seine eigene Motivation auf den Prüfstand stellen. Was will ich damit bezwecken? Will ich mich für die Reduzierung der CO_2-Emissionen einsetzen oder für die verantwortliche Aufbereitung und Verteilung von Wasser? Ist mir die Energiewende wichtig, die Zukunft der Nahrungsmittelindustrie oder doch eher die Artenvielfalt? Oder ist mir die Armutsbekämpfung in der Dritten Welt ein Anliegen? Je nach Antwort heißt das, dass ich mich auf die entsprechenden Branchen oder Themen fokussiere, ohne jedoch ein Klumpenrisiko im Portfolio aufzubauen.

Im nächsten Schritt geht es dann darum, ob ich mein Geld in Form von Fremdkapital oder Eigenkapital anlege. Wenn ich mein Geld als einen Kredit an einen Windparkbetreiber vergebe, ist das für ihn Fremdkapital. Damit kann er direkt arbeiten und beispielsweise neue Windräder bauen. Dafür, dass ich mein Kapital zur Verfügung stelle, bekomme ich Zinsen. Meine Investition hat also einen direkten Einfluss auf die Realwirtschaft. Doch Vorsicht: Oftmals müssen Anlegerinnen bei solchen direkten Investments höhere Summen aufbringen, um einsteigen zu dürfen. Dieses Klumpenrisiko ist umso gravierender, als bei einer Insolvenz des Unternehmens der Totalverlust im Depot droht.

Eine andere Möglichkeit, sein Geld für nachhaltige Projekte zu verleihen, sind sogenannte Mikrofinanzfonds. Sie eignen sich besonders für Anleger, deren Ziel die Armutsbekämpfung ist. Hier bekommen Kleinstunternehmer und Kleinstunternehmerinnen in Entwicklungsländern Kredite für ihre Vorhaben, was erwiesenermaßen zu langfristig höheren Einnahmen und zu besseren Lebensumständen führt. Allerdings muss man als Anlegerin wissen, dass diese Fonds oft mit höheren Kosten verbunden und zudem schlechter handelbar sind.

Kaufe ich Aktien, erwerbe ich Unternehmensanteile. Der direkte Einfluss von bereits ausgegebenen Aktien auf die Realwirtschaft ist aber gering: Wenn ich beispielsweise eine Aktie des dänischen Windparkherstellers Vestas kaufe, fließt mein Geld nicht an das Unternehmen, sondern an den Vorbesitzer meiner Aktie. Natürlich kann man argumentieren, dass der Aktienkurs steigt, wenn viele Anleger in das nachhaltige Unternehmen investieren, und dass ein hoher Aktienkurs der Firma im Fall einer Kapitalerhöhung zugutekommt, aber ansonsten sind die Auswirkungen meines Aktienkaufs gering. Zudem werde ich als Einzelaktionärin wenig mit meinem Stimmrecht bewirken. Wenn man mit seinem Geld etwas bewirken will, sollte man in Fonds investieren, die ihr Stimmrecht auf Hauptversammlungen ausüben.

Möchte ich dennoch in Aktienfonds investieren, sollte ich

verstehen, nach welchen Kriterien die Fonds ihre Papiere aussuchen. Bei der Ausschlussstrategie investiere ich in bestimmte Branchen nicht, die meinen Zielen explizit widersprechen, etwa in die Rüstungsindustrie oder in Kohlekraftwerksbetreiber. Ein anderer Ansatz ist die Positivliste, das heißt, ich unterstütze mit meinem Geld explizit Firmen, die für bestimmte Themen stehen, etwa in Elektromobilität oder erneuerbare Energien. Und dann gibt es noch den Best-in-Class-Ansatz, bei dem zunächst keine Branche ausgeschlossen, sondern jeweils in den Nachhaltigkeitsprimus eines Wirtschaftszweigs investiert wird. Der Vergleichsansatz beruht auf den bereits vorgestellten ESG-Kriterien, die bislang noch keinen einheitlichen Standard bieten und daher umstritten sind. Noch mal anders ist der Gedanke hinter dem sogenannten Impact Investing. Hier geht es nicht darum, Unternehmen auszuwählen, die die Welt messbar nachhaltiger machen. Gemessen wird der Erfolg etwa anhand der Reduktion von Treibhausgasen. Oft üben Impact-Fonds ihr Stimmrecht bei den Hauptversammlungen aktiv aus und nehmen damit Einfluss auf die Unternehmenspolitik.

Eine gute Übersicht, welche Fonds eine besonders nachhaltige Wirkung haben und zudem eine gute Wertentwicklung, hat das Magazin Ecoreporter erarbeitet. Zu den besten Fonds gehören demnach der Erste WWF Stock Environment, der Murphy & Spitz Umweltfonds Deutschland sowie der Aktienfonds der GLS Bank. Wie bei jedem aktiv gemanagten Fonds sind die Verwaltungs- und Ausgabekosten ungleich höher als bei ETFs, sodass man mindestens fünf, besser sieben Jahre investiert sein sollte. Auch sind die Fondsvolumina relativ klein, was die Fonds schwerer handelbar macht. Da die Anzahl der im Fonds vertretenen Unternehmen gering ist, ist die Risikostreuung entsprechend geringer.

Mittlerweile bin ich zu dem Schluss gekommen, dass es sich mit dem grünen Investieren ähnlich wie mit unserem Elektroauto verhält: Auch das elektrische Fahrvergnügen ist weit davon entfernt, perfekt zu sein. Und trotzdem fühlt es sich gut an, trotzdem ist es ein Schritt in die richtige Richtung. So wie ich ein Spielgelddepot habe, in dem ich einen kleinen Betrag in hochspekulative Wertpapiere anlege, überlege ich daher, in Zukunft ein kleines grünes Depot anzulegen, in dem es in erster Linie darum geht, eben das Richtige zu tun – und nicht zu sehr auf jede Nachkommastelle bei der Rendite zu achten. So fange ich vorerst langsam an, grün zu investieren. Wohl wissend: Es ist noch Luft nach oben.

Ein besserer Mensch werden, schon ab 1000 Euro

Rendite ist cool, aber wie toll wäre ein sozialer und ökologischer Profit? Man kann in Start-ups investieren, muss aber auf das Verhältnis aus Rendite und Risiko achten.

Ich will ein besserer Mensch werden. So wie jedes Jahr im Januar. Auf Mindmaps habe ich meine gesundheitlichen, beruflichen, persönlichen und finanziellen Ziele festgehalten, Dry January, täglich Sport, neuerdings Intervallfasten. Wenn ich morgens in den Spiegel gucke, erkenne ich mich kaum wieder. Insgeheim frage ich mich aber, ob mein Leben mit Drinks und Zucker nicht doch lustiger war.

So viel zum biologischen Teil meiner Selbstoptimierung, kommen wir zum monetären. Auf meiner Mindmap stehen unter der Überschrift «finanzielle Ziele» gleich zwei Punkte:

«in Start-ups investieren» und «nachhaltig investieren». Es hat mir schon immer Spaß gemacht, mich mit Unternehmen und ihren Geschäftsideen zu beschäftigen, daher investiere ich in Aktien. Es ist für mich ein Weg zu verstehen, was in unserer Welt wichtig wird. Der Schritt, auch Geld in Start-ups zu stecken, ist für mich also nur konsequent. Ich glaube außerdem, dass die unternehmerische Innovationskraft mitunter ähnlich viel, wenn nicht sogar mehr für das Erreichen unserer Nachhaltigkeitsziele bewirken kann als die Politik.

Am liebsten würde ich meine beiden Vorhaben miteinander verbinden, also: direkt in junge, aufstrebende Unternehmen investieren, die neben einer finanziellen auch eine soziale oder ökologische Rendite erzielen. Mein Geld soll einem Unternehmen dabei helfen, einen positiven Einfluss auf die Welt zu haben. In der Finanzwelt spricht man diesbezüglich von Impact Investing. Natürlich stellt sich da gleich die Frage, wie man diese guten Taten misst, und ich erhebe an dieser Stelle keinen Anspruch darauf, diese vollständig zu beantworten. Ich versuche es erst einmal mit den Grundlagen.

Überlegen wir also zunächst, wie man Geld direkt in Start-ups investiert. Vorweg: Wir reden von jungen Firmen, deren Geschäftsmodell noch nicht etabliert ist oder die vielleicht nur eine Idee, aber noch kein fertiges Produkt haben. Wer die Idee eines solchen Investments charmant findet, sollte sich des hohen Risikos bewusst sein. Floppt die Geschäftsidee, ist das Geld meist weg. Wer stattdessen in einen breit diversifizierten Fonds voll etablierter Aktiengesellschaften investiert, wird deutlich sicherer fahren. Die Lehre daraus sollte sein, nur einen kleinen Teil seines Geldes in diese riskanten Wetten zu legen – maximal fünf Prozent, würde ich sagen, eine Summe, auf die man im schlimmsten Fall verzichten kann. Die eigene Rente ist also ungeeignet.

Ein weiteres Problem stellt die Höhe des Investments dar. Wer in ein Start-up investieren will, kauft der Firma direkt Anteile ab und beteiligt sich so am Eigenkapital. Man muss dabei meistens mit einem Mindestinvestment von 25000 Euro, aber eher mehr rechnen, was vermutlich für die wenigsten Privatanleger infrage kommt. Eine Lösung dafür bieten Crowdinvesting-Plattformen wie Rockets Investment an. Dort können Interessierte auch deutlich kleinere Summen investieren, bei manchen Firmen geht das schon ab 250 Euro. Üblicherweise bekommt man dafür aber keine Anteile, das investierte Geld wird nicht als Eigenkapital der Firma gewertet, sondern gilt als Fremdkapital. Ich gebe den Unternehmen de facto einen Kredit und bekomme für eine bestimmte Zeit einen festgelegten Zins. Dadurch ist mein maximaler Gewinn gedeckelt, obwohl mir auch hier der Totalverlust droht, wenn die Firma keinen Erfolg hat. Ein schlechter Deal also. Wenn ich schon so sehr ins Risiko gehe, will ich auch voll am möglichen wirtschaftlichen Erfolg teilhaben.

Deshalb ist es sinnvoller, Eigenkapital zur Verfügung stellen, als einen Kredit zu geben. Und auch für dieses Bedürfnis gibt es mittlerweile ein passendes Angebot. Das noch junge Unternehmen capacura ermöglicht es, mit kleinen Summen direkt in nachhaltige Unternehmen zu investieren. Capacura investiert in der Frühphase, im sogenannten Valley of Death. Das Startkapital stammt oft – Sie erinnern sich? – von den drei F, also Family, Friends, Fools. Die erste größere Finanzierungsrunde, die Series A, kommt dann, wenn die Unternehmensbewertung bei etwa 10 bis 20 Millionen Euro liegt. Dann ist das Start-up auch schon für größere Fonds interessant. Dazwischen liegt das Tal des Todes, in dem ich mich mit meinem Geld als Retterin zur Verfügung stellen kann. Das Risiko ist entsprechend hoch. Die Rendite bei einem erfolgreichen Exit aber auch.

Derzeit kann ich in 17 Unternehmen aus den Bereichen Gesundheit, Bildung und Umweltschutz im Portfolio investieren. Manche der Gründerinnen und Gründer entwickeln Müllsammelboote, andere züchten besonders nachhaltige Speisepilze oder entwickeln eine Plattform, auf der sich Patientinnen und Patienten über Gesundheitsangebote austauschen können. Nicht jede Unternehmensidee leuchtet mir ein, bei einigen scheint mir der Begriff der Nachhaltigkeit arg gedehnt, aber immerhin kann ich selbst entscheiden, in welche Firma ich zu welchem Anteil investieren möchte. Ab 1000 Euro kann ich wahlweise in ein Unternehmen oder in vorgefertigte Portfolios investieren, etwa das Umweltportfolio, das Gesundheits- oder das Female-Founders-Portfolio. Die Gewichtung kann ich dabei nach meinen Vorstellungen anpassen.

Auch dieser Deal ist nicht optimal. Es fallen Kosten an, in der Regel 20 Prozent der Investition. Capacura plant, die Beteiligung an den Start-ups zwischen fünf und 15 Jahre lang zu halten. So lange stehen mögliche Gewinne oder Verluste nur auf dem Papier. Erst bei einem Verkauf zeigt sich, welche Rendite meine Investition tatsächlich abwirft. Und ich bin auch in diesem Fall keine «richtige» Start-up-Investorin. Rein rechtlich bekomme ich für mein Geld keine Unternehmensanteile, diese hält capacura. Capacura gibt dafür Genussscheine aus, mit denen ich am wirtschaftlichen Erfolg des jeweiligen Unternehmens oder Fonds beteiligt bin. Ein Stimmrecht bei großen Entscheidungen des Unternehmens habe ich allerdings nicht. Ich bleibe stille Teilhaberin.

Damit kann ich gut leben, das größere Problem ist im Moment vielmehr, dass ich meine Anteile, anders als Aktien, nicht einfach so wieder verkaufen kann. Möchte ich mit den Genussscheinen handeln, brauche ich die Zustimmung des

Anbieters, außerdem gibt es derzeit noch keinen richtigen Sekundärmarkt, was bedeutet, dass ich eigentlich selbst eine Käuferin oder einen Käufer finden müsste, der mir meine Anteile abkauft. Einmal mehr bekomme ich den Eindruck, dass es deutlich einfacher ist, ein besserer Mensch zu werden, indem ich auf Zucker und Alkohol verzichte, als durch nachhaltiges Investieren. Vor allem, wenn man ein ausgewogenes Verhältnis von Rendite und Risiko erwartet. Davon habe ich mich mittlerweile komplett verabschiedet. Ich akzeptiere den potenziellen Totalverlust und werde nur so viel Geld investieren, dass ich im Zweifel auch lange Zeit oder für immer ohne Gewinn leben kann. Weniger ein Investment also, eher eine Spende für nachhaltige unternehmerische Ideen. Und für mich immer noch sinnvoller, als bloß einen Indexfonds mit nicht nachvollziehbarem Nachhaltigkeitsstempel zu kaufen.

Die Energiekrise ist eine Chance

Höhere Gas- und Strompreise treffen jeden. Womöglich kann man die Kosten durch kluges Investieren in die Vorreiter der Energiewende kompensieren.

Wer mir folgt, weiß, wie gerne ich in Immobilien investiere, aber auch wie nervenaufreibend Wohnungseigentümergemeinschaften (WEGs) sein können. Mittlerweile sehe ich die jährlichen WEG-Versammlungen als gute Gelegenheit, mich in innerer Gelassenheit zu üben und Meditationstechniken auszuprobieren. Jahr um Jahr geht es um die gleichen Themen, etwa um die Entrümpelung des Gemeinschaftskellers: Die Eigentümer versichern sich gegenseitig, dass ihnen weder kaputte Fahrräder, Kinderwagen noch alte Matratzen gehören. Zähneknirschend verabreden wir uns jährlich aufs Neue zur gemeinsamen Aufräumaktion, zu der stets nur die Hälfte – wenn überhaupt – der Eigentümer erscheint. Der Rest liefert fadenscheinige Ausreden, und im nächsten Jahr steht auf der Tagesordnung unter TOP 7 wieder: Kellerentrümpelung.

Als Folge der Coronapandemie finden unsere Eigentümerversammlungen inzwischen an der frischen Luft statt. Auch zur letzten WEG-Versammlung hatten wir uns wieder im Garten versammelt und konnten zu späterer Stunde, als die Kälte an den Beinen hochkroch, schon einmal einen Vorgeschmack auf den Winter bekommen, in dem wir aller Voraussicht nach ebenfalls in kälteren Wohnungen sitzen würden. Passenderweise stand in diesem Moment die Verabschiedung des Wirtschaftsplans auf dem Programm: Die Position Heiz-, Warm- und Kaltwasserkosten sollte um 35 Prozent gegenüber dem Vorjahr aufgestockt werden. Dabei handelte es sich wohlgemerkt lediglich um die Vorauszahlung, was tatsächlich auf uns zukäme, würde sich erst zwei Jahre später zeigen.

Mein erster Impuls in solchen Momenten: Wenn ich an einer Stelle mehr zahlen muss, muss ich an anderer Stelle mehr verdienen. Dass Krisen auch Chancen bergen, sah man zuletzt ja in der Pandemie: Bei allen Herausforderungen hat sie doch sehr viel mehr Flexibilität ins Arbeitsleben gebracht, was zumindest meine Familie und ich als Fortschritt sehen. So ärgerlich höhere Energiepreise also sind, so sorgte die Krise doch dafür, dass die längst überfällige Energiewende an Fahrt gewinnt.

Ich fragte mich also: Welche Unternehmen mischen jetzt mit? Und wo könnte sich ein Investment langfristig lohnen? Während die Eigentümergemeinschaft weiter Punkt für Punkt auf der Tagesordnung abarbeitete, recherchierte ich unbemerkt auf meinem Handy. Mein erster Impuls: Wenn Öl-,

Strom- und Gaspreise steigen, könnten die Anbieter alternativer Energien davon profitieren: Solar, Windkraft, Biokraftstoffe, Geothermie oder auch Wasserstoff. Natürlich war ich nicht die Erste, die diesen Gedanken hatte, und die Aktienkurse solcher Unternehmen waren zum Teil kräftig gestiegen, teilweise hatten sie sich auch schon wieder korrigiert. Ein paar Firmen fielen mir dennoch auf.

Energie aus Sonne und Wind zu gewinnen, ist die große Hoffnung, um unabhängiger von fossilen Rohstoffen zu werden. In diesem Sektor gefielen mir der Windturbinenhersteller Vestas, aber auch der Offshore-Betreiber Ørsted und der norwegische Greentechinvestor Magnora. Magnora entwickelt und verkauft Solar- und Windkraftprojekte, die sich dank des boomenden Marktes gut verkaufen lassen. Allerdings muss man wissen: Es handelt sich um eine Beteiligungsgesellschaft, und diese werden oft mit einem Konglomeratsabschlag an der Börse gehandelt, das heißt: Oft ist die Summe aller Beteiligungen mehr wert, als der Aktienkurs es wiedergibt.

Blockheizkraftwerke (BHKW) liefern Strom und Wärme zugleich und sind deutlich effizienter als normale Kraftwerke, da sie die Energie direkt am Ort des Verbrauchs liefern. Wir hatten in unserem Haus auch einmal ein BHKW. Bedauerlicherweise haben wir es vor ein paar Jahren gegen eine Gasetagenheizung getauscht, was ich heute bitter bereue, aber das BHKW war einfach zu störungsanfällig – den Heizungstechniker habe ich in jener Zeit gefühlt öfter gesehen als meinen Mann. Trotzdem kann die Technologie sinnvoll sein, die Firma 2G Energy aus dem Münsterland gehört zu den etablierten Unternehmen auf dem deutschen Markt und ist der drittgrößte Anbieter weltweit.

Interessant klang für mich auch der Biokrafthersteller Verbio. Biokraftstoffe gelten als wichtige Brückentechnologie, auch wenn sie hierzulande durchaus kritisch gesehen werden. In den USA jedoch sieht man das anders: Die Regierung von Joe Biden hat ein 500 Millionen Dollar schweres Programm aufgelegt, um ihren Einsatz voranzutreiben. In den USA setzt man bereits auf E15, also Benzin mit 15 Prozent Ethanolanteil. Langfristig könnte das Leipziger Unternehmen vom Amerikageschäft profitieren.

Ich nenne diese drei Firmen als Beispiele, weil sie potenziell zukunftsträchtige Geschäftsmodelle haben und um zu zeigen: Es gibt sie, die Vorreiter der Energiewende. In der Vergangenheit waren solche Titel jedoch sehr volatil, man muss sie genau beobachten und sollte nur einen kleinen Anteil seines Kapitals in diese Einzelaktien investieren.

Weniger riskant sind die Aktien der breit aufgestellten Industriegashersteller Linde und Air Liquide, die unter anderem auch Wasserstoff und Sauerstoff verkaufen. Viele Industrieunternehmen setzen inzwischen auf Erdgas-Alternativen, und da es weltweit insgesamt nur vier Industriegashersteller gibt, fallen die Gewinne entsprechend üppig aus. Interessant könnte es mit Linde oder Air Liquide aber vor allem werden, wenn grüne Wasserstoffe stärker nachgefragt werden, da beide Unternehmen die entsprechende Technologie und das Know-how besitzen.

Mir ist natürlich klar, dass ich steigende Nebenkosten mit einem Investment in die Energiewende kaum werde abfedern können. Dazu ist allein schon mein Anlagehorizont zu kurz. Aber langfristig könnte es sich durchaus lohnen. Und einen kurzfristigen Vorteil meiner Ad-hoc-Recherche gab es dann auch: Ich musste während der Eigentümerversammlung nicht meditieren – sondern konnte die Zeit sinnvoll nutzen.

Danke, Mr President!

Die USA stecken viel Geld in die Energiewende. Wer davon etwas abhaben will, muss verstehen, welche Firmen von der US-Industriepolitik profitieren – und welche nicht.

In meiner Zeit in den USA wurde ich auch mit dem Phänomen «Springbreak» konfrontiert. Mir war das nationale Ausmaß dieses Ereignisses nicht annähernd bewusst. Partyfreudige College-Kids fliegen in den Süden, vorzugsweise nach Florida, und lassen es an den Stränden krachen. Eltern reisen kreuz und quer über den Kontinent, um ihren Kindern Land und Leute näherzubringen. Dabei spielt es keine Rolle, dass viele Schulen nur eine Woche Osterferien und die Eltern mit wenigen Ausnahmen weder Karfreitag noch Ostermontag freihaben. Hauptsache weg.

Deshalb standen wir eines Morgens um halb zehn in einem Stau von mehreren Hundert Autos am Eingangstor zum Grand Canyon, einem der schönsten nationalen Naturparks. Und weil uns das zu voll wurde, packten wir unser Zelt und fuhren in die Wüste. Im Sand angekommen, konnten wir etwas beobachten, was man je nach Blickwinkel auch als Naturwunder, zumindest aber als Investmentgelegenheit begreifen kann: Solarparks, die zwar noch spärlich verteilt sind, aber in Zukunft einen guten Teil der amerikanischen Energieversorgung übernehmen sollen.

Wenn es nach US-Präsident Joe Biden geht, sollen in den nächsten zehn Jahren rund 950 Millionen Solarpanels und 120000 Windräder aufgestellt werden. Sie sind Teil des umfangreichen Inflation Reduction Act (IRA), den der US-Kongress im Sommer 2022 verabschiedet hat und mit dem die amerikanische Energiewende vorangetrieben werden soll. 430 Milliarden Dollar wollen die USA in den nächsten zehn Jahren in das Gesundheitssystem und den Klimaschutz investieren, wobei rund 370 Milliarden in den Klima- und Umweltschutz fließen.

Der Name Inflation Reduction Act ist irreführend: Langfristig will die Biden-Administration mit dem Programm zwar die steigenden Energiekosten für die Bevölkerung drosseln. In erster Linie ist es aber ein gigantisches Investitionsprogramm, um die amerikanische Wirtschaft anzukurbeln und neu auszurichten. So will Biden die Vormachtstellung der USA als größter globaler Energieproduzent sichern. Dazu greifen die Amerikaner zu protektionistischen Mitteln, denn die Subventionen sind an die Produktion im Land gebunden. In Brüssel wächst daher die Sorge, bei der Energiewende ins Hintertreffen zu geraten. Nicht ganz unbegründet: Tesla will einen Teil der geplanten Batteriefabrik in Berlin wieder in die USA verlegen, bei Volkswagen gibt es ähnliche Überlegungen.

Als gute Geldanlegerin sollte man solche Ankündigungen der größten Volkswirtschaft der Welt ernst nehmen. Wenn man sich die Geschichte der USA ansieht, gab es in der Vergangenheit bereits einige erfolgreiche Großprojekte. Man denke an John F. Kennedys Rede, man wolle bis zum Ende der Sechzigerjahre auf dem Mond gelandet sein. Gesagt, getan. Oder an das Eisenbahnnetz, das mit 225000 Kilometern das längste weltweit ist. Mit Größenwahn haben die Amerikaner Erfahrung, und die Dekarbonisierung der US-Wirtschaft ist vielleicht so etwas wie die nächste Mondlandung.

In den ersten sechs Monaten nach Bekanntwerden des IRA kündigten allein private Unternehmen Investitionen im Wert von 75 Milliarden Dollar an, schrieb der private kalifornische

Thinktank E2. Die Projekte verteilen sich auf 33 Bundesstaaten und sollen 58000 neue Jobs schaffen. Climate Tech ist das neue Schlagwort unter Investoren.

Wie also können Anleger von der amerikanischen Industriepolitik profitieren? Die Analysten der Investmentbank Goldman Sachs nehmen zum Beispiel die Solarbranche in den Blick. Sie trauen den Aktien des Solarzellenherstellers und Fotovoltaikanlagenbauers First Solar eine Wertsteigerung zu. Die Marktbeobachter von Morningstar sehen dagegen beim Konkurrenten Sun Power Potenzial. Auch Wertpapiere des Brennstoffzellenherstellers Plug Power könnten demnach zulegen. Eine weitere grüne Goldgrube machen die Analysten in den Vorprodukten der Batterien für Elektroautos aus, denn: Den Kauf der E-Mobile will die Biden-Regierung mit Steuerguthaben in Höhe von 7500 Dollar bei einem Kauf eines Neuwagens fördern, solange dieser weniger als 80000 Dollar kostet. Davon könnten Lithiumhersteller wie Albemarle und Lithium Americas profitieren.

Weniger naheliegend, aber dennoch lukrativ könnte der Blick auf breit aufgestellte etablierte Unternehmen wie Linde sein. Viele Großkonzerne haben Geschäftsbereiche, die von Bidens Klimapaket profitieren könnten. Im Zuge des IRA spricht Linde-Firmenchef Sanjiv Lamba von Investitionsmöglichkeiten in Höhe von 30 Milliarden Dollar in den kommenden zehn Jahren. Der Mischkonzern General Electric dürfte ebenfalls von der Energiewende profitieren. Die Sparte Renewable Energy vertreibt On- und Offshore-Windkraftanlagen, aber auch Solar- und Netzlösungen. Die Kurse dieser großen Unternehmen sind deutlich weniger schwankungsanfällig, zudem schütten die Firmen Dividenden aus.

Statt auf einzelne Aktien zu setzen, kann man auch in einen breit gestreuten ETF investieren. Allerdings enthalten diese nicht ausschließlich amerikanische Unternehmen, sondern spiegeln die Branche weltweit wider. Der größte ETF ist der iShares Global Clean Energy, dessen stärkste Position das US-Unternehmen First Solar ist. Unter den Top-Ten-Positionen sind aber auch der dänische Anlagenbauer Ørsted oder der spanische Energieversorger Iberdrola, die, wenn überhaupt, nur indirekt vom IRA profitieren. Insgesamt beträgt der Anteil amerikanischer Aktien rund 44 Prozent, der europäischer Unternehmen gut 25 Prozent und der asiatischer Firmen 14 Prozent. Der erst 2021 aufgelegte Invesco Solar ETF konzentriert sich, wie der Name vermuten lässt, allein auf Solarenergie. Auch hier ist First Solar die größte Position, insgesamt machen amerikanische Aktien 48 Prozent des Portfolios aus, chinesische immerhin knapp 20 Prozent.

Allerdings geben die Analysten von Morningstar zu bedenken, dass die guten Nachrichten zumindest teilweise schon eingepreist sind. Das heißt: Die Kurse der Profiteure sind bereits geklettert. Zudem haben die sogenannten Climate-Tech-Aktien etwas mit ihren Verwandten aus der Tech-Branche des Silicon Valley gemeinsam: Sie sind sehr schwankungsanfällig. Das gilt für die erwähnten Lithiumhersteller ebenso wie für die Sonnenenergieindustrie.

Wie auch immer die Energiewende im Depot läuft – wir haben unsere eigenen Erfahrungen damit gemacht, wie wackelig das Ganze im Kleinen sein kann. Wir hatten eigens für unseren Campingausflug eine mobile Solarzelle angeschafft, mit der wir unsere Handys aufladen wollten. Dass wir sie dann im Auto vergaßen, war nicht weiter schlimm, Empfang hatten wir in der Wüste ohnehin keinen. Und geweckt hatte uns die Sonne selbst.

Familie und Finanzen

Könnt ihr easy, liebe Frauen!

Frauen investieren seltener in Aktien als Männer, dabei sind sie prädestinierte Anlegerinnen. Gerade in Krisenzeiten zahlt sich ihr größeres Risikobewusstsein aus.

Berlin hat einen Grund zum Freimachen gefunden. Als einziges Bundesland hat die Hauptstadt den Weltfrauentag am 8. März zum offiziellen Feiertag erklärt. Als ausgleichende Gerechtigkeit sozusagen, denn während meine Freundin in Bayern auf ganze zwölf Feiertage im Jahr kommt (die freizeitfreundlich über den Frühling und Sommer verteilt sind und nicht wie der Weltfrauentag in die kalte, karge Jahreszeit fallen), kommen wir im protestantischen Berlin gerade auf zehn Tage.

Da der Weltfrauentag seinerzeit auf einen Dienstag fiel, hatten wir am Montag auch gleich frei – Brückentag. Passenderweise war der 7. März auch der Equal Pay Day. Dieser Tag soll an die immer noch bestehende Lohnlücke zwischen Männern und Frauen erinnern. Frauen verdienen im Schnitt rund 20 Prozent weniger als Männer; während Männer also ab dem 1. Januar bezahlt werden, arbeiten deutsche Frauen bis zum 7. März quasi unbezahlt. Jedes Jahr verschiebt sich der symbolische Tag ein bisschen: 2020 war der Equal Pay Day am 17. März, im vergangenen Jahr am 10. März. Ich freue mich schon, wenn der Tag auf Neujahr fällt, aber in diesem Tempo wird das noch 18 Jahre dauern – und dann bin ich schon kurz vor dem Ruhestand.

Im Ruhestand, oder auch schon kurz davor, zeigt sich bei vielen Frauen eine ganz andere, viel schwerwiegendere Lücke: der Gender Investment Gap (für den es selbst hier in Berlin noch keinen Feiertag gibt). Frauen verdienen nicht nur weniger, sie investieren auch deutlich weniger als Männer. Nach jüngsten Zahlen des Deutschen Aktieninstituts kommt auf zwei Männer nur eine Frau am Aktienmarkt.

Woran liegt es, dass sich Frauen immer noch so schwertun, ihr Geld in Aktien anzulegen? Zunächst verdienen viele Frauen weniger und können damit insgesamt weniger investieren. Eine Studie der Investmentbank Fidelity zeigt außerdem, dass Frauen lieber tägliche Finanzentscheidungen im Haushalt treffen (68 Prozent der Befragten), als sich langfristige finanzielle Ziele zu setzen (19 Prozent). Frauen sind offenbar sehr gut darin, das (Haushalts-)Geld zusammenzuhalten, zu gucken, wo der Liter Milch günstiger ist, haben aber Probleme, größere Investitionsentscheidungen zu treffen, angefangen vom monatlichen Sparplan bis hin zum Kauf einer Immobilie.

Oft muss unsere angebliche Risikoscheu als Erklärung herhalten. Ein gesunder Respekt vor Risiko ist aber kein Nachteil, im Gegenteil. Frauen streuen ihr Risiko stärker, setzen auf Fonds und ETFs, während Männer stärker in Einzelaktien investieren. Mit ihrer breit gestreuten Strategie schneiden Frauen auch langfristig mindestens genauso gut ab wie Männer, teils sogar besser als risikofreudige männliche Anleger, zeigt eine Studie der ING Bank.

Frauen investieren auch seltener, weil sie weniger über Aktien und Börsen wissen als Männer. Und selbst wenn Männer und Frauen gleich viel wissen, denken Frauen, sie wüssten weniger, fand das Leibniz-Zentrum für Europäische Wirtschaftsforschung in Mannheim heraus. Oftmals rührt das mangelnde

Selbstbewusstsein schon aus der Kindheit her. In einer Studie fand die Mannheimer Professorin Alexandra Niessen-Ruenzi heraus, dass in drei von vier Fällen der Vater der Befragten die Familienfinanzen geregelt und somit – bewusst oder unbewusst – das Klischee «Finanzen sind Männersache» weitervererbt hat. (An dieser Stelle frage ich mich, wie es meinen vier Söhnen später ergehen wird. Bei uns bin überwiegend ich die Portfoliomanagerin.)

Mangelndes Wissen kann heute keine Ausflucht mehr sein. Nie gab es mehr Bücher, Podcasts wie etwa What-the-Finance oder YouTube-Kanäle von Finanztip und Finanzfluss. Einige Angebote richten sich direkt von Frauen an Frauen, weibliche Vorbilder gibt es heute genug, das kann den Einstieg erleichtern.

Vielleicht scheitern wir Frauen eher daran, alles zu verstehen und richtig machen zu wollen. Viel zu verstehen gibt es eigentlich nicht: finanzielle Ziele setzen, früh anfangen, kontinuierlich investieren und das Risiko streuen, das heißt, gerade bei kleinen Beträgen nicht auf Einzelwerte setzen, sondern lieber auf einen ETF. Der Schlüssel ist, rechtzeitig anzufangen. Wer mit 20 Jahren monatlich 25 Euro investiert, hat mit 65 Jahren bei einer durchschnittlichen Rendite von acht Prozent 121000 Euro auf dem Konto, wer hingegen erst mit 40 Jahren beginnt, nur 22000 Euro. Und ja, vielleicht werden wir mit 65 Jahren feststellen, wir hätten unser Geld anders, vielleicht sogar besser anlegen können. Aus Sorge vor Fehlern aber nichts zu tun, ist der noch viel größere Fehler.

Geld in der Beziehung - gemeinsam reich

Es gibt viele Möglichkeiten, als Paar seine Finanzen zu organisieren. Doch egal wie: Wer beruflich kürzertritt, um für die Familie zu sorgen, muss einen Ausgleich dafür bekommen.

An das erste Date mit meinem Mann erinnere ich mich noch sehr gut, obwohl es mittlerweile einige Jahre her ist. Er fragte mich, ob wir anlässlich seines bestandenen Examens essen gehen wollten, ich hielt es für eine Einladung, obwohl das Wort «Einladung» gar nicht fiel, für ihn war es eher eine lose Verabredung. Wir gingen in ein für Studierende recht teures Restaurant, ich brachte ein kleines Geschenk zum Examen mit, was er für völlig überflüssig hielt. Als die Rechnung kam, ging ich wie selbstverständlich davon aus, dass er sie übernähme. Wir hatten das im Vorfeld aber nie geklärt, und erst Monate später kam heraus, dass wir uns beide über den jeweils anderen gewundert hatten. Nach dem verpatzten Start haben wir es besser geregelt.

Ich erwähnte es bereits am Anfang des Buches: Wie wir mit Geld umgehen, welche Glaubenssätze wir haben, ist geprägt von dem, was uns zu Hause vorgelebt wurde. Mit großer Wahrscheinlichkeit unterscheidet sich das von den Erfahrungen unserer Partnerin oder unseres Partners. Will man gemeinsam leben, womöglich eine Familie gründen, muss man über Geld reden, gerade als Frau. Bekommen wir Kinder, werden wir im Lebensverlauf deutlich weniger verdienen als unsere Männer.

Wenn ich mittlerweile etwas gelernt habe (in anderen Bereichen meiner Ehe übrigens auch), dann Folgendes: Es ist wenig zielführend, dem anderen sein System aufzudrücken.

Jeder ist so, wie er ist. Und hinter jeder vermeintlichen Macke steckt auch etwas Positives, wie meine kluge Patentante Lotti immer sagt. Von meinem bescheidenen Mann habe ich auf jeden Fall gelernt, besser zu budgetieren.

Geht man nur gelegentlich miteinander aus, ist das Thema Geld schnell erledigt: Beide zahlen ihren Teil, außer man spricht vorher explizit von einer Einladung. Je länger man ein Paar ist, desto mehr gemeinsame Ausgaben fallen an, vom Essenseinkauf für das gemeinsame Samstagabenddinner mit Freunden bis hin zum Urlaub. Womit sich Paare wohlfühlen, ist oft ganz unterschiedlich, manche rechnen genau aus, wer was bezahlt hat, andere nutzen Apps wie Splitwise, oder wieder andere handhaben das Ganze nach Augenmaß.

Das mag ganz gut funktionieren, spätestens aber, wenn man zusammenzieht, muss man sich einmal tief in die Augen sehen und einen Kassensturz machen, also eine gemeinsame Einnahmen- und Ausgabenaufstellung. Nur so weiß man überhaupt, wie viel Wohnung man sich gemeinsam leisten kann, was einem wichtig ist, wo man vielleicht auch sparen kann. Manche Sachen sind auch überflüssig, beispielsweise braucht man nicht zwei Haftpflichtversicherungen. Sind die Finanzen sortiert, kommt das Drei-Konten-Modell ins Spiel: Beide zahlen auf ein Gemeinschaftskonto ein, von dem Miete, Strom, Lebensmittel, Netflix-Abo etc. gemeinsam bezahlt werden. Außerdem kann man noch eine Rücklage einrichten, beispielsweise für den gemeinsamen Sommerurlaub.

Eine faire Lösung kann es sein, wenn beide entsprechend ihrem Anteil am gemeinsamen Einkommen in das Paarkonto einzuzahlen. Wenn ich also 70 Prozent des gemeinsamen Einkommens verdiene, komme ich auch für 70 Prozent des Gemeinschaftsbudgets auf. Dieses Konto muss jedoch auf den Namen beider lauten, da man sonst nicht handlungsfähig ist.

Unverheiratete müssen zudem darauf achten, dass es nicht zu einer Schenkung kommt. Das ist immer dann der Fall, wenn das Geld nicht zweckgebunden ist, beispielsweise als «Anteil Miete». Neben dem gemeinsamen Konto hat jeder sein eigenes Taschengeldkonto für Hobbys, Mode oder eigene Reisen.

Das Drei-Konten-Modell wird immer beliebter. Nach einer Studie der Postbank nutzen mittlerweile 18 Prozent der interviewten Paare dieses Kontomodell, 2011 waren es noch 13 Prozent. Immer seltener hingegen wird das gemeinsame Konto. Heute teilen sich nur noch 33 Prozent ein Konto, vor zwölf Jahren waren es noch 43 Prozent. Nach wie vor sind aber getrennte Konten die gängige Regelung. 45 Prozent aller Befragten führen getrennte Konten, trotz gemeinsamen Haushalts.

Das gemeinsame Konto ist meiner Ansicht nach die schlechteste Lösung: Hier geht der Überblick schnell verloren, wenn von der Miete über Versicherungen und Kinderfahrrad bis hin zu seinem neuen Anzug und ihrem neuen Tennisschläger alles abgebucht wird. Außerdem geben beide sehr viel Unabhängigkeit auf. Ich möchte mich jedenfalls nicht erklären müssen, wenn mein Mann beim Preis meines neuen Abendkleides die Stirn runzelt. Lieber überrasche ich ihn in neuer Robe.

Komplett getrennte Konten halte ich spätestens mit dem ersten Kind für unpraktisch. Die Anzahl der gemeinschaftlichen Ausgaben übersteigt die der persönlichen. Und irgendwie gehört für mich zu Familie dazu, gemeinsam finanziell vorzusorgen, das ist mit dem Drei-Konten-Modell sehr viel einfacher.

Neben dem Einkommen wird auch das Kindergeld auf das gemeinsame Konto überwiesen. Von dort aus werden die Gemeinschaftsausgaben wie Miete, Kinderbetreuung, Anschaffungen wie Möbel oder auch Reisen etc. bezahlt. Darüber hinaus wird von dort aus ein Notgroschen aufgebaut, den man am besten auf einem Tagesgeldkonto parkt. Aus diesem Konto speisen sich auch Sparpläne für die Kinder, gemeinsame Investitionen und nicht zuletzt die private Altersvorsorge.

Spätestens hier gibt es Gesprächsbedarf: Wie wird der Einkommensausfall, aber auch die künftige Rentenlücke desjenigen ausgeglichen, der den Großteil der Familienarbeit übernimmt? Denn oft geht ein Elternteil länger in Elternzeit, meistens die Mutter, und arbeitet anschließend in Teilzeit. Für diesen Einkommensverlust, aber auch den künftigen Rentenverlust muss man als Paar eine Lösung finden.

Es gibt einige Möglichkeiten: Man kann beispielsweise die private Altersvorsorge aufstocken (nicht unbedingt meine liebste Lösung, da nicht jeder Riester-Vertrag sinnvoll ist), oder – die schon bessere Lösung – man richtet einen entsprechenden ETF-Sparplan ein. Oder aber das Paar erwirbt eine Immobilie, um später das Leben mit den Mieteinnahmen zu finanzieren. Allerdings sollte die Immobilie unbedingt auf den Namen der Frau laufen (oder wer auch immer weniger arbeitet), sodass ihr diese im Trennungsfall gehört. Neben der finanziellen Absicherung haben diese «Ausgleichszahlungen» noch einen ganz anderen wichtigen Aspekt: Sie sind auch eine Form der Wertschätzung und Anerkennung.

So weit, so gut. Das Leben ändert sich, die finanziellen Verhältnisse auch. Wie viel man auf das Gemeinschaftskonto einzahlt, wie hoch der finanzielle Ausgleich ist, wie viel man investiert, über all das sollte man in regelmäßigen Abständen reden. Mein Mann und ich verbinden dies gerne mit einem gemeinsamen Restaurantbesuch – immerhin ist mittlerweile geklärt, wer die Rechnung übernimmt.

Vier Augen sehen mehr als zwei

Sie überlegen, als Paar gemeinsam eine Wohnung oder Aktien zu kaufen? Super Idee, allerdings sollten Sie sich vorher auf einige klare Regeln verständigen.

Nach dem verpatzten Restaurantbesuch haben mein Mann und ich in den folgenden Jahren sehr viel Zeit damit verbracht, unsere Finanzen zu sortieren, zu organisieren und neu aufzustellen. Neben der Frage, wie man überhaupt seine Finanzen als Paar organisiert, hat uns vor allem beschäftigt, ob und wie wir gemeinsam investieren sollten. Anfangs war eher ich fürs Investieren verantwortlich – und muss sagen, dass ich es ein Stück weit genossen habe, die Deutungshoheit über dieses Feld zu haben. Verständlicherweise hat sich mein Mann irgendwann nicht mehr mit der Rolle des stillen Gesellschafters zufriedengegeben. Insbesondere Frauen müssen aufpassen, nicht in diese Rolle zu rutschen, denn der gemeinsame Vermögensaufbau, die gemeinsame Zukunft, ist ein zu wichtiges Thema, als dass ein Partner die Entscheidungen allein treffen sollte.

Der Start ist meistens sehr mühsam, denn zunächst muss man sich als Paar auf eine gemeinsame Strategie einigen. Oft treffen Welten aufeinander: Die eine ist mutig, der andere risikoscheu, der eine gibt lieber Geld aus, die andere spart lieber, die eine beschäftigt sich lieber mit Finanzen als der andere. Als Erstes sollte man klären, wie viel man überhaupt gemeinsam anlegen will. Üblicherweise gilt, dass man bis zu 30 Prozent des Einkommens zur Seite legen oder investieren sollte. Sobald der Notgroschen zur Seite gelegt ist, kann man mit dem Investieren beginnen.

Ob man nun das gesamte Geld gemeinsam investiert oder jeder noch einen kleinen Teil selbst verwaltet, ist der nächste Diskussionspunkt. Dabei gibt es kein Richtig und kein Falsch, vielmehr ist es ein Herantasten. Ein Paar, das noch nicht so lange zusammen ist, könnte erst einmal mit einem kleinen gemeinsamen Depot anfangen und das Experiment auf ein Jahr begrenzen. Wenn es gut läuft, kann es den Betrag im Folgejahr aufstocken oder nachbessern. Wer schon länger zusammen oder verheiratet ist und erst später mit einer gemeinsamen Finanzplanung startet, wird vermutlich mit einem größeren Gemeinschaftsdepot anfangen.

Ob kleiner oder großer Betrag: Entscheidend ist die gemeinsame Strategie. Die ist sehr viel leichter zu finden, wenn beide Partner im Vorfeld schon selbstständig investiert haben. Welchen Anteil unseres gemeinsamen Kapitals wollen wir sicher, aber renditearm investieren, etwa in Festgelder oder Anleihen, um später eine Immobilie zu kaufen? Mit welchem Anteil wollen wir eine höhere Rendite erzielen, und welche Risiken sind wir dafür einzugehen bereit? Und welche Vermögensklasse ist die richtige für uns: ETF oder aktiv gemanagte Fonds, Einzelaktien wie Dividenden- oder Wachstumsaktien, eine Immobilie als Kapitalanlage oder vielleicht auch Krypto? Vermutlich einigen Sie sich zunächst auf den kleinsten gemeinsamen Nenner. Wenn die Partnerin höhere Risiken eingehen möchte als der Partner, kann sie dies ja immer noch in ihrem Privatdepot tun. So oder so sollte man einmal jährlich die Aufteilung in einzelne Anlageklassen überprüfen.

Weiß man, wie viel Kapital in welche Anlageklasse investiert werden soll, braucht es eine gemeinsame Strategie. Kauft ein Paar etwa gemeinsam eine Immobilie, kann es sich für das bereits vorgestellte «Buy and Hold» entscheiden: Man kauft eine Wohnung oder ein Haus und profitiert langfristig von den Mieteinnahmen und der Wertsteigerung. Ebenso erwähnt hatte ich ja schon «Fix and Flip»: Man wertet das Haus durch Sanierungen und Investitionen auf und verkauft es mehr oder weniger schnell. Wer sich Einzelaktien ins Depot legt, sollte vorher festlegen, ob man lieber in Value- oder Growth-Aktien investieren oder aber eine Dividendenstrategie verfolgen will. Das kann sehr zeitintensiv sein, deshalb ist der gemeinsame ETF-Sparplan mit ein paar Einzelaktien zunächst vielleicht ein guter Start. Gerade für Paare ist es wichtig, sich das Thema gemeinsam zu erarbeiten.

Um späteren Streit zu vermeiden, sollten sich Paare klare Regeln für den Kauf und Verkauf aufstellen. Das kann etwa eine bestimmte Bewertungszahl für Aktien sein, bei der gekauft oder verkauft wird – natürlich nur nach Absprache. Wer nicht verheiratet ist, sollte zudem die Transaktionen dokumentieren, damit es nicht zu unnötigen Konflikten kommt.

Das klingt alles sehr aufwendig, und vielleicht stellt sich jetzt die eine oder der andere die Frage, warum man das machen sollte. Es tut, glaube ich, jeder Beziehung gut, wenn beide für die Finanzen verantwortlich sind. Im Gespräch miteinander kommt man auf Ideen, auf die man allein nicht gekommen wäre. Im besten Fall wird das gemeinsame Investieren sogar eine Art Hobby. Man muss ja auch nicht im ersten Anlauf in eine Immobilie, ins Aktiendepot und vielleicht noch in Kryptowährungen investieren. Das alles ist ein Prozess, der über die Jahre immer ausgefeilter wird. Alles kann, nur eines muss: Beide sollten involviert sein.

Zehn Euro im Monat sind ein guter Start fürs Kinder-Depot

Wer für seine Kinder sparen will, startet am besten direkt ab Geburt. Nur: Welche Bank ist die richtige, welcher Fonds ist geeignet, wer führt das Konto, und wie verteilt man Freibeträge?

Im Spätsommer haben wir unseren Jüngsten getauft. «Was ist eigentlich aus meinen Taufpaten geworden?», fragt Hans, unser Zweitgeborener, bei dieser Gelegenheit. Ganz schlechtes Thema: Gleich zwei seiner Paten sind uns abhandengekommen, sie waren vielleicht doch keine so gute Wahl. «Michael hat sich scheiden lassen und ist zurück nach Amerika gegangen», erkläre ich ihm. «Und Stephan hat sich verliebt und ist wegen seiner Frau nach Südafrika gezogen.» «Und mein Sparbuch?», bohrt Hans weiter.

Ich hatte gehofft, das Thema zu umschiffen: Stephan hatte Hans zur Taufe ein Sparbuch geschenkt. Jeden Monat wollte er zehn Euro einzahlen. Zwischen damals noch drei Kleinkindern und meinem Job haben Stephan und ich schlichtweg keine Zeit gefunden, Hans' Konto einzurichten. Ehe ich mich versah, war Stephan nach Kapstadt ausgewandert – und mit ihm das Versprechen des Sparbuchs und der regelmäßigen Sparraten.

«Kein vernünftiger Mensch legt heutzutage noch Geld auf dem Sparbuch an», versuche ich die sich anbahnende Diskussion abzuwürgen. «Wie alt war ich noch mal, als ich getauft wurde? Zwei Jahre?», hakt Hans nach. Ich ahne, was als Nächstes kommt: «Elfeinhalb Jahre, jeden Monat zehn Euro, macht 1380 Euro», rechnet er vor. Hätten wir in Aktien investiert, stünden bei einer durchschnittlichen Verzinsung von acht Prozent jetzt gar 2375 Euro auf dem Konto. Ziemlich ärgerlich, dass ich damals nicht geschafft hatte, mit Stephan zur Bank zu gehen.

Ich hab's vermasselt. Nur, wie komme jetzt ich aus der Misere raus? Bei Stephan anrufen und ihn freundlich an seine Schulden zu erinnern, ist keine Lösung. Gut, dann muss ich jetzt eben selbst einen Sparplan für Hans einrichten. Ein Sparkonto bringt im Jahr 2021 zu wenig. Selbst dann nicht, wenn Sparkassen oder Raiffeisenbanken mit Zinsen von bis zu drei Prozent locken, Aktien haben in den vergangenen 20 Jahren eine durchschnittliche Rendite von rund acht Prozent jährlich erwirtschaftet. Ein ETF-Sparplan ist die einfachste Art, mit geringen Beträgen in Aktien zu investieren, denn die Fondsgebühren sind gering, wir können die Sparraten monatlich anpassen, und unser Investment ist vergleichsweise transparent.

In diesem Moment spielt mir mein Versagen in die Hände: Gab es vor elf Jahren kaum Sparpläne für Kinder, findet man mittlerweile eine Vielzahl von Anbietern. Die erste Frage, die sich stellt: Spare ich in meinem Namen für Hans, oder eröffne ich ein Konto auf seinen Namen? So oder so haben wir Eltern Zugriff auf sein Konto. Läuft das Konto jedoch auf Hans' Namen, darf er mit 18 Jahren machen, was er will, im schlimmsten Fall das Geld verjubeln. Aber gut, so viel Vertrauensvorschuss muss an dieser Stelle sein.

Für ein eigenes Konto spricht auch der Sparerpauschbetrag (Sparerfreibetrag), der bei uns bereits ausgeschöpft ist. Das heißt, Hans könnte jährlich insgesamt 11944 Euro aus Kapitalerträgen einnehmen, ohne darauf Steuern zahlen zu müssen (Stand Sommer 2023 setzt sich dieser aus 10908 Euro Grundfreibetrag, 1000 Euro Sparerfreibetrag sowie 36 Euro Sonderausgabenpauschale zusammen. Für uns Erwachsene ist meist nur der Sparerfreibetrag relevant, da wir mit unserem Lohn oder Gehalt bereits den Grundfreibetrag ausgeschöpft haben). Vorsicht ist bei dieser Variante jedoch geboten, wollen die Kinder später einmal BAföG beantragen. Dann darf ihr eigenes Vermögen maximal 8200 Euro betragen. Ich entscheide mich trotzdem für die Variante eigenes Konto.

Wo aber richte ich nun das Konto ein? Ich recherchiere bei der Stiftung Warentest, die Depots bei Filialbanken und Onlinedepots bei Direktbanken unter die Lupe genommen hat. Da ich nicht abermals am Weg zur Filiale scheitern möchte, wähle ich ein Onlinedepot aus. Allerdings bieten nur vier Banken die Eröffnung mit dem Post-Ident-Verfahren an, die Consorsbank, Finvesto, ING und SBroker von den Sparkassen. Mit null Euro Depotkosten und null Euro Ausführungskosten ist die ING-DiBa unschlagbar günstig, dass die Wahl schnell erledigt ist. Denn bei einer monatlichen Sparrate von zehn Euro sind die Kosten entscheidend. Außerdem kann Hans schon ab einem Euro monatlich sparen, während andere Banken einen Mindestbetrag von bis zu 50 Euro im Monat verlangen. Das Angebot der DWS ist genauso gut, allerdings ist die Kontoeröffnung nur vor Ort bei der Deutschen Bank möglich, also nichts für mich. Die Angebote von Flatex sind ebenfalls kostenlos und mit zehn Euro Mindestsparbetrag auch für kleine Sparerinnen und Sparer geeignet.

Neben den Kosten ist die Auswahl der Fonds natürlich entscheidend. Da wir Hans' Geld breit streuen und mit möglichst wenig Aufwand anlegen wollen, fällt die Wahl schnell auf den MSCI World Socially Responsible sowie auf den MSCI Emerging Markets. So ist die gesamte Weltwirtschaft vertreten. Alle getesteten Banken führen diese ETF, wenn auch nicht immer von allen Fondsanbietern. Bei der ING-DiBa finde ich aber zwei entsprechende Fonds.

Hätten wir seit Hans' Geburt monatlich zehn Euro gespart, hätte er zu seinem 18. Geburtstag bei einer durchschnittlichen Verzinsung von acht Prozent rund 4700 Euro, wie er mir mithilfe des Zinsrechners vorführt. Nun bleiben nicht einmal mehr fünf Jahre bis zu seiner Volljährigkeit. Um das Thema ein für alle Mal vom Tisch zu bekommen, eröffne ich einen Sparplan in Höhe von 65 Euro monatlich, dann kommt er auf denselben Betrag. Sollten die Aktien am Tag seines 18. Geburtstags sehr schlecht stehen, würde ich ihn überreden wollen, sie noch eine Weile zu behalten. Gäbe es ein neues Hoch, könnte Hans einen Teil verkaufen, von dem Geld nach Südafrika fliegen und sich mal mit Stephan treffen.

Unsere Babysitterin: eine Investition fürs Leben

Nachwuchs und Karriere zu vereinen, ist schwer. Professionelle Kinderbetreuung kann dabei helfen. Das ist teuer, macht sich aber langfristig bezahlt.

Neulich kam unser ehemaliges Kindermädchen zum Abendessen. Jessi war Praktikantin in unserem Kindergarten, als unser erster Sohn drei Jahre alt war, der zweite knapp zwei und der dritte noch im Bauch. Wir hatten Jessi sofort als Babysitterin rekrutiert. Sieben Jahre blieb sie bei uns und hat so einiges miterlebt: Gemeinsam haben Jessi und ich an die 20 Kindergeburtstage ausgerichtet, noch vor den Großeltern wusste Jessi von der Geburt unseres vierten Sohnes.

Wenn Jessi heute zu uns kommt, ist es wie ein Familienbesuch, nur noch viel besser, weil sich alle auf sie freuen. «Ich wette, Jessi sagt als Erstes: ‹Seid ihr groß geworden!›», prophezeit mein Jüngster. Es klingelt an der Tür, Jessi kommt herein, ihre ersten Worte lauten: «Seid ihr groß geworden!» Und wir liegen uns in den Armen.

Jessi war eine der besten Investitionen in meinem Leben. Sie hielt mir und meinem Mann den Rücken frei, während wir unseren Berufen nachgingen. Vom Bringen und Abholen der Kinder in den Kindergarten, zum Sport oder Musikunterricht, über die Organisation der Geburtstage und Ferien bis hin zu Arztbesuchen. Immer noch erledigen vor allem Frauen diese unbezahlte Familienarbeit. Laut dem Bundesfamilienministerium fallen im Schnitt täglich sieben Stunden Sorgearbeit an, wovon Frauen aber mit vier Stunden und 13 Minuten gut 50 Prozent mehr übernehmen als Männer (zwei Stunden und 46 Minuten).

Besonders ausgeprägt ist der sogenannte Gender Care Gap Mitte 30. Eine 34-jährige Frau leistet mehr als doppelt so viel (110,6 Prozent) unbezahlte Sorgearbeit wie ein gleichaltriger Mann. Oft arbeiten Frauen daher nach der Geburt des ersten Kindes in Teilzeit. 66 Prozent der erwerbstätigen Mütter sind teilzeitbeschäftigt, aber nur sieben Prozent der Väter. Das hat fatale finanzielle Konsequenzen, vor allem langfristig: Frauen verdienen im Schnitt 20 Prozent weniger als Männer und bekommen im Alter 53 Prozent weniger Rente. Jetzt mag man mir entgegenhalten, dass ich die Care-Arbeit nur an eine weitere Frau auslagere. Das halte ich in einer arbeitsteiligen Welt aber für konsequent, es gibt Menschen, auch Männer, die diesen Job gerne machen wollen und zu deren Lebenssituation er passt.

Kommen wir zur Praxis: Wir hatten mit Jessi meistens feste Betreuungstermine, zum Beispiel drei Nachmittage in der Woche von der Abholung vom Kindergarten bis abends. Zusätzliche Termine haben wir verabredet – gute Planung ist da alles. Nimmt man den heutigen Mindestlohn von zwölf Euro pro Stunde als Untergrenze, lassen sich mit einem Minijob bei einem Gehalt von 520 Euro 43 Stunden pro Monat abdecken. Mehr Aufwand für Arbeitgeber bedeutet der Midijob. Darin dürfte man bis zu 1600 Euro verdienen, also bis zu 133 Stunden im Monat arbeiten, die Kosten für die Sozialversicherung sind aber höher. Die Berechnungen basieren auf dem Mindestlohn, ich schätze, in Berlin wird man heute eher mit 15 Euro oder mehr pro Stunde rechnen müssen. Gute Helferinnen und Helfer sollte man auch gut bezahlen.

Um die Kosten abzufedern, sollte man alle steuerlichen Möglichkeiten nutzen. Das ist nicht ganz trivial, und ich hatte in dieser Zeit quasi eine Standleitung zu meiner Steuerberaterin: Kosten für die Kinderbetreuung, egal ob für den Kindergarten, Hort, ein professionelles Kindermädchen, Babysitterin oder das Au-pair, gelten als Sonderausgaben und können von der Steuer abgesetzt werden. Für jedes Kind können Eltern maximal 6000 Euro ansetzen, wovon aber nur zwei Drittel (also 4000 Euro) berücksichtigt werden. Damit wir uns nicht falsch verstehen: Das ist kein Steuerabzug, das zu versteuernde Einkommen verringert sich lediglich um maximal 4000 Euro.

Wir mussten außerdem ein für Jessi sinnvolles Modell finden. Das änderte sich je nach Lebensabschnitt: Anfangs war sie noch in der Ausbildung, später studierte sie, schließlich hatte sie ihren ersten Job. Sie wollte verständlicherweise über ihre Eltern krankenversichert bleiben. Je nach Ausgangslage mussten wir ihre Arbeit bei uns als Mini- oder Midijob oder als selbstständige Tätigkeit deklarieren (Vorsicht mit der Scheinselbstständigkeit!), damit es für beide Seiten sinnvoll war. Damit man die Betreuungskosten absetzen kann, muss der Geldfluss nachweisbar sein, offizielle Überweisungen sind also wichtig.

Die Steuerfrage hat mich oft frustriert: Warum kann ich als selbstständige Autorin jede Rechnung, etwa für eine Büroassistenz, vollständig einreichen und als Ausgabe absetzen, die Kinderbetreuung aber nur bedingt? Letztendlich sind die Menschen, die uns bei der Betreuung helfen, doch auch eine Art Assistenten, die mir und meinem Mann das Arbeiten erst ermöglichen. Jungen Eltern würde diese Abwägung leichter fallen, wenn die Betreuungskosten umfangreicher und einfacher absetzbar wären. Und es könnte insgesamt zu einer besseren Bezahlung für Kinderbetreuung und Haushaltshilfen führen, was ich nicht nur persönlich, sondern auch gesamtwirtschaftlich für wichtig halte.

Wenn man sich all das leisten kann, muss man sich zum Schluss natürlich auch fragen, ob man so viel externe Kinderbetreuung überhaupt will. Wie viel Zeit man mit seinen Kindern verbringen möchte, sollte jede und jeder für sich selbst entscheiden. Rein ökonomisch halte ich es jedoch für sinnvoll, sich vor allem in der Phase Hilfe zu holen, in der so viel passiert, dass sie mit Recht Rushhour des Lebens genannt wird. Denn sie ist dann doch recht schnell wieder vorbei.

Taschengeld, aber als Investition

Wie bringt man Kindern einen guten Umgang mit Geld bei? Das kommt ganz aufs Alter an. Wenn die Kleinen früh lernen, gut zu investieren, zahlt sich das für alle aus.

Lange Wochenenden tun uns als Familie gut, wir können zur Ruhe kommen und auch mal über ein paar Dinge sprechen, die im Alltag untergehen. An einem dieser Wochenenden kamen wir auf eine Erkenntnis, die mich dann doch überrascht hat: Drei meiner Söhne haben Geldsorgen. Zugegeben, es ist nichts Schlimmes, sie sind weder hoch verschuldet noch haben sie in irgendwelche Pleiteunternehmen investiert. Es sind eher Probleme, die spezifisch für ihr jeweiliges Alter sind: Sie sind sieben, zwölf und 14 Jahre alt. Der Kleine bekommt zum ersten Mal Taschengeld, der Große entwickelt Geschäftssinn. Und dazwischen stehe ich und bin etwas überfordert mit der Frage: Wie bringe ich meinen Kindern einen guten Umgang mit Geld bei?

Während es unzählige YouTube-Videos und Ratgeber zu der fast trivialen Frage gibt, wie ich einen ETF-Sparplan einrichte, gibt es zur eigentlich viel wichtigeren Frage der Finanzerziehung nur wenig Hilfe. Wie bei anderen Alltagsthemen, von der Ernährung bis zum Heimwerken, verlassen wir uns da vor allem auf das, was wir von zu Hause mitbekommen haben. Das war bei mir zwar nicht schlecht, aber keineswegs perfekt. Seit mehr als zehn Jahren versuche ich es deshalb nach dem Trial-and-Error-Prinzip. Manches funktioniert, manches nicht, und was für das eine Kind richtig war, ist für das andere falsch. Ich möchte an dieser Stelle daher weder Anspruch auf Vollständigkeit noch Richtigkeit erheben, im Gegenteil. Falls irgendwer bessere Ideen oder Erfahrungen hat – geben Sie mir Bescheid!

Eine Erkenntnis: Auch wenn sich das Thema «Kinder und Finanzen» in regelmäßigen Abständen wiederholt, ändern sich die konkreten Fragen dazu. Bei meinem Jüngsten steht gerade das Thema Taschengeld auf der Agenda. Wie hoch soll es sein? Und bei mehreren Kindern folgt daraus die nächste: Wie schafft man es, das Taschengeld ohne einen Tresor voller Kleingeld fristgerecht auszahlen?

Zur Frage der Höhe: Bei den älteren Brüdern habe ich mich

an der Taschengeldtabelle vom Jugendamt orientiert. Mittlerweile bin ich der festen Überzeugung, diese Tabelle wird von den Kindern selbst geschrieben! Der empfohlene Richtwert von beispielsweise zwei bis drei Euro pro Woche für Sechs- bis Siebenjährige hat sich als viel zu hoch erwiesen – zumindest bei meinen Kindern wurde damit erst einmal hoffnungslos konsumiert. Auch reicht es meiner Ansicht nach völlig aus, wenn die Kinder erst mit Schulbeginn Taschengeld bekommen. Bei uns heißt es mittlerweile pro Klasse einen Euro in der Woche, also einen Euro in der ersten Klasse, zwei Euro in der zweiten und so weiter.

Bei den wöchentlichen Auszahlungsmodalitäten kam ich seinerzeit mit mehreren Kindern schnell an meine Grenzen: Selten hatte ich am Montagmorgen das entsprechende Kleingeld abgezählt parat. Vor einigen Jahren bin ich daher zur Bank gegangen und habe unter Einsatz all meiner Überredungskünste einen 100-Euro-Schein in einen Sack voller Münzen getauscht. Auf mir bis heute unerklärliche Weise geriet der Beutel in falsche Hände. Das bemerkte ich allerdings erst, als die Jungs zum wiederholten Male mit mehreren Tüten Gummibärchen unter dem Arm nach Hause kamen.

Ab da zahlte ich per Taschengeld-App aus. Davon gibt es mittlerweile einige auf dem Markt: Knax, Finalino, Gimi oder auch Buget+plus. Die Idee dahinter ist meist ähnlich: Die Eltern nehmen die Rolle der Bank ein, die Kinder bekommen jeweils eine Kontoübersicht. Einnahmen wie das Taschengeld und Ausgaben, etwa für das heiß ersehnte Spielzeug, werden in der App verbucht und verrechnet. Zudem kann man Sparziele einrichten. Diese Apps dienen vor allem als Übersicht, denn de facto fließt dabei kein Geld.

Für die Grundschule funktioniert das ganz gut, bei meinem Sechstklässler stehe ich vor anderen Herausforderungen:

24 Euro im Monat sind eigentlich zu viel, um diese in Süßigkeiten und Lego zu investieren. Vor einiger Zeit habe ich ihn überzeugt, ein Wochengehalt, zurzeit also sechs Euro, sofort in einen ETF-Sparplan zu investieren. Diese sechs Euro werden am Monatsanfang direkt investiert, der Sparplan liegt in meinem Depot, um die Dinge einfach zu halten. So richtig überzeugt war er anfangs nicht von der Idee, langsam sieht er das Ergebnis. Das könnte aus Renditesicht im Moment besser sein, aber er lernt auf diese Weise, gleich am Monatsanfang einen festen Betrag zurückzulegen. Immerhin investiert er jetzt ein Viertel seines Einkommens.

In diesem Alter, also mit zehn, zwölf Jahren, haben wir übrigens auch begonnen, unseren Kindern zu Weihnachten oder zum Geburtstag gelegentlich eine Aktie zu schenken. In erster Linie, um ihnen das Thema Börse an sich näherzubringen. Das gelang uns mit ganz unterschiedlichem Erfolg: Der eine wollte seine Aktie gleich am nächsten Tag verkaufen und sich ein Lego-Set kaufen, der andere hat nachgekauft, als die Kurse im Keller waren. Auf jeden Fall gilt seit jenen Tagen die Regel, dass Aktienverkäufe nur reinvestiert werden dürfen.

Die Geldsorgen unseres 14-Jährigen sind nochmals anderer Natur: Er möchte mit seinem Freund in den Herbstferien windsurfen. Im Süden selbstverständlich. Meiner Meinung nach war er in diesem Jahr bereits oft genug verreist. Sollte ich meinem Sohn die Reise also ausreden? Oder soll er sie selbst bezahlen? Ginge es um eine Playstation oder neue Klamotten, würde ich ihm zum Verzicht raten. Nur geht es um ein Erlebnis, mit dem besten Freund noch dazu. Wir haben uns nun darauf geeinigt, dass er einen großen Teil selbst zahlen müsste – woraus gleich das nächste Problem entstand. Da er seine Ersparnisse nicht antasten will, kamen ihm nach unserer Entscheidung allerhand Geschäftsideen, wie er sein Taschengeld im größeren Umfang als bisher aufbessern kann. Besonders gespannt bin ich, ob der Onlinehandel so floriert, wie er es sich vorstellt: Er will angesagte Turnschuhe günstig kaufen und teurer wieder verkaufen. Die Herausforderung ist es dabei, an diese gefragten Turnschuhe überhaupt zu gelangen. Mich erinnert das irgendwie an Spekulationen an der Börse, aber abwarten.

Noch einmal spannend wird es in der Oberstufe. Dann beginnt der Schlussspurt. Ich habe mich bereits unter Kolleginnen und Freundinnen umgehört, wie wir unsere Söhne am besten auf ihre finanzielle Eigenständigkeit vorbereiten können. Die Modelle sind so divers wie die Ziele, die die Eltern verfolgen. Die einen legen den Fokus aufs Verdienen: Sie geben ihren Kindern kein Taschengeld ab 16 Jahren, aber das, was sie in Nebenjobs verdienen, verdoppeln die Eltern am Ende des Monats. Die anderen legen eher Wert aufs Investieren: Sie verschenken zum 18. Geburtstag einen bestimmten Betrag, mit der Auflage, diesen zu investieren. Und wiederum andere wollen die Sparneigung ihrer Söhne und Töchter fördern: Wenn diese einen bestimmten Betrag angespart haben, zahlen sie eine Prämie obendrauf.

Aus meiner Kindheit erinnere ich Sätze wie «Es hat sich noch keiner reich gespart», aber auch «Nicht, was du verdienst, sondern was übrig bleibt, zählt». Widersprüchlicher hätten die Aussagen nicht sein können. Ich vermute, es wird darauf hinauslaufen, dass auch wir von allem ein bisschen fördern. So lernen unsere Kinder, dass es auch beim Vermögensaufbau selten auf eine Fähigkeit allein ankommt, sondern auf die richtige Mischung. Höchstwahrscheinlich werden wir unsere Strategie im Laufe der Zeit immer wieder anpassen müssen, so wie die Taschengeldzahlungen.

Mein erster «Aktienfong»

Geldgeschenke gelten als langweilig und einfallslos. Schlau gemacht, können sie aber wertvolle Impulse für die finanzielle Bildung unserer Kinder liefern.

Mein neuntes Patenkind wird in Kürze getauft. Im Vorfeld tauschen wir Taufpaten uns aus, wer welche Rolle bei der Feier übernimmt, wer eine Fürbitte vorliest, wer eine Rede hält, wer für die musikalische Einlage am Abend zuständig ist. (Ich nicht! Ich kann ganz gut mit Zahlen, aber nicht so gut mit Noten ...) Mittlerweile sind in diesem Chat mehr Nachrichten als im Kindergartenchat – und das will etwas heißen. Schließlich kommen wir zu der Frage des Geschenks: Der Täufling würde sich sehr freuen, wenn wir ein Konto für ihn einrichten würden, auf das wir auch später einmal einzahlen könnten, um beispielsweise etwas für den Führerschein oder das Auslandsjahr dazuzugeben, lese ich im Chat. Der Täufling? Wohl eher die Eltern, denke ich, melde mich aber zu Wort: «Großartige Idee.»

Geldgeschenke gelten als unkreativ: Man muss sich keine großen Gedanken machen, kann sie noch in letzter Sekunde organisieren und sich sicher sein, dass sie immer gut ankommen. Aber statt einfach nur einen Schein in einen Umschlag zu stecken, kann man wichtige Anregungen geben, wie man mit Geld sinnvoll umgeht. Vom Sparen auf eine größere Ausgabe über das monatliche Investieren und die nachhaltige Geldanlage bis hin zum Spenden. Der Fantasie sind keine Grenzen gesetzt.

Als die Patengemeinschaft ein Sparkonto einrichten will, werfe ich in die Runde, ob wir das Geld nicht lieber in Aktien investieren sollten. Das habe ich bereits bei meiner jüngsten Patentochter gemacht. Jeden Monat zahle ich zehn Euro über einen Onlinebroker ein, ich hatte seinerzeit Scalable gewählt. Davon kaufe ich einen ETF, den MSCI All Countries World Index. Genauso gut hätte ich zu drei Vierteln den MSCI World oder MSCI World Socially Responsible und zu einem Viertel den MSCI Emerging Markets kaufen können. Alle Modelle haben das Ziel, das Risiko möglichst breit zu streuen.

Von der Geburt bis zur Konfirmation im Alter von 14 Jahren kämen bei einer durchschnittlichen Verzinsung von acht Prozent rund 3030 Euro zusammen. Dann, so hoffe ich zumindest, werde ich mit meiner Patentochter ins Gespräch kommen und ihr zeigen können, dass sie dank des Zinseszinses schon mit kleinen Summen – 10 Euro monatlich, 120 Euro im Jahr – Großes erreichen kann. Sie muss nur Geduld haben. Gerade bei meinen Patentöchtern ist mir dies ein Anliegen, da immer noch viel weniger Frauen als Männer in Aktien investieren – obwohl ihre Rente deutlich mickriger ausfällt.

Meine Nichte hat zu ihrer Konfirmation von ihrem Patenonkel einen großzügigen Geldbetrag bekommen, allerdings mit der Auflage, diesen über mindestens zehn Jahre «grün» zu investieren. Das hat dazu geführt, dass sich die 14-Jährige zunächst mit der Frage auseinandergesetzt hat, was Nachhaltigkeit für sie bedeutet und was Kriterien wie ESG (Environment, Social, Governance) überhaupt aussagen. Ihr Patenonkel hat ihr wiederum erklärt, was der Unterschied zwischen aktiv gemanagten grünen Investmentfonds und ESG-konformen ETF ist.

Ein Freund schenkt seinem Sohn unterdessen regelmäßig zum Geburtstag eine einzelne Aktie, um ihn schon möglichst früh an die Börse heranzuführen. Das wirft natürlich sofort die Frage nach der praktischen Umsetzung auf, da Kinder unter 18 Jahren keine Einzelaktien halten dürfen. Die pragmatischste Lösung: Aktien ins eigene Depot und Musterdepot online anlegen. Mit Aktien von Walt Disney, Coca-Cola oder McDonald's können auch schon jüngere Kinder etwas anfangen. Spielend lernen sie, dass Aktien Unternehmensanteile sind, ihnen also ein kleiner, wenn auch sehr kleiner Teil der Firma gehört. Sie lernen, dass sie am Gewinn beteiligt sind, in Form der Dividenden. Aber auch, dass es auf und ab geht, was man nicht früh genug lernen kann. Ein amerikanischer Freund hat mich überdies auf folgende Idee gebracht: Er hat seinem Sohn nicht nur die Aktie geschenkt, sondern auch das entsprechende Produkt dazu, beispielsweise eine Coca-Cola-Dose oder das Kuscheltier zu einem Disneyfilm, wie Simba aus «König der Löwen». Dann hat er ein Foto gemacht und am 18. Geburtstag seines Sohnes die Frage gestellt: Was ist aus der Cola geworden? Oder aus Simba? Nichts, die Cola war ausgetrunken, Simba auf dem Dachboden verschwunden. Die Aktien waren hingegen im Wert gestiegen. Plastischer kann man den Unterschied zwischen Konsum und Investition wohl kaum darstellen.

Einer unserer Söhne bekam zur Taufe hingegen eine Patenschaft für einen Pinguin im Berliner Zoo geschenkt. Mit der Patenschaft ging der freie Eintritt einher, und wir haben sehr viel Zeit vor dem Pinguinbecken verbracht, um «unseren» Pinguin zu finden. Überdies gibt es sehr viele Selfies von meinem Sohn, unserem – besser irgendeinem – Pinguin und mir. Als er vier, fünf Jahre alt war, fingen wir schließlich an, über Patenschaften und Spenden zu sprechen. Obwohl er sicherlich nicht alles sofort verstanden hat, konnte sein Patenonkel ihm doch vermitteln, dass man etwas von seinem Vermögen weitergeben und Verantwortung übernehmen sollte, wenn man ansonsten Glück im Leben gehabt hat.

Es gibt viele Möglichkeiten, mit Geldgeschenken Impulse bei Kindern zu setzen. Jede von uns hat andere Fähigkeiten, jeder hat andere Prioritäten. Etwas davon kann man weitergeben. Als Mutter freue ich mich jedenfalls sehr, wenn in Sachen Finanzen auch noch andere Impulse ins Haus kommen als unsere eigenen. Und sei es am Ende nur der Zehn-Euro-Schein, der in Form eines Origami-Vogels auf dem Geburtstagstisch landet. Der hat bei uns immerhin dazu geführt, dass die ganze Familie zusammen bastelte.

Windeln oder Cash: Wie spende ich richtig?

Eigentlich hatte ich mich längst entschieden, wem ich Geld spende. Doch dann kam der Ukrainekrieg - und ich verlor den Überblick. Dabei gibt es eine pragmatische Lösung.

Neulich stand ich im Supermarkt und beobachtete mich selbst verwundert, wie ich in meinen Einkaufswagen Windeln, Feuchttücher und Babymilch packte – obwohl meine Kinder längst aus dem Säuglingsalter raus sind. An jenem Morgen hatte ich in der Zeitung einen Spendenaufruf für genau diese Dinge gelesen, da die Spendenbereitschaft für ukrainische Flüchtlinge zuletzt nachgelassen habe. Während ich meinen Einkauf aufs Kassenband legte, fragte ich mich jedoch, ob meine Ressourcen Zeit – als Mutter von vier Söhnen mein wertvollstes Kapital überhaupt – und Geld an dieser Stelle richtig zum Einsatz kämen.

Eigentlich hatte ich das Thema Spenden für mich geklärt. Bisher hielt ich es so: Schon im Alten Testament steht geschrieben, dass man den zehnten Teil seiner Einnahmen spenden soll. Ob damit tatsächlich Spenden oder doch eher Abgaben im Sinne von Steuern gemeint sind, ist nicht abschließend geklärt, aber viele Finanzbuchautoren und Spendenorganisationen ziehen dieses Zitat heran, um einen validen Punkt zu machen: Wer gut verdient, sollte auch andere daran teilhaben lassen. Zu Recht, wie ich finde, denn wir haben von unserer Gesellschaft sehr viel bekommen, von der Betreuung im Kindergarten über die gesundheitliche Versorgung bis hin zum Studium an der Universität, und es ist unsere Aufgabe, etwas zurückzugeben.

Idealerweise zweigt man gleich am Monatsanfang einen bestimmten Betrag ab und spendet ihn. Wem zehn Prozent zu viel erscheinen, dem sei an dieser Stelle gesagt, dass Spenden von der Einkommensteuer abgesetzt werden können, und zwar jährlich bis zu einem Fünftel des Einkommens. Bei Zuwendungen unter 200 Euro bedarf es nicht einmal einer Spendenbescheinigung, es reicht der Kontoauszug oder der Barbeleg.

Bleibt die Frage: Wie spende ich richtig? Schließlich möchte ich mit meiner Spende möglichst viel erreichen. Organisationen wie das Deutsche Zentralinstitut für soziale Fragen (DZI) und die Prüforganisation Phineo vergeben Spendensiegel. Rankings vergleichen verschiedene Organisationen, von Entwicklungshilfe über Kinder- und Jugendhilfe bis hin zu Umwelt-, Tier- und Naturschutz. Oft geht es darum, ob die Gelder sparsam und wirtschaftlich eingesetzt werden, weniger aber um die tatsächliche Wirkung der Hilfen. Das hat mich gestört, denn ich möchte mit meiner Spende ja auch etwas erreichen.

Bei meinen Recherchen bin ich schließlich auf das Konzept des Effektiven Altruismus nach dem australischen Philosophen Peter Singer gestoßen. Es besagt, dass Menschen ihre begrenzten Ressourcen Zeit und Geld dort einsetzen sollen, wo sie damit am meisten bewirken können. Wenn ich als Autorin und Volkswirtin wie neulich Windeln kaufe, sind meine Fähigkeiten denkbar schlecht eingesetzt. Besser wäre es, eine weitere Kolumne zu schreiben, ein Seminar zu geben oder mein Geld am Aktienmarkt zu investieren und die erzielten Einnahmen zu spenden. So macht es übrigens Liv Boeree, eine der besten Pokerspielerinnen weltweit: Sie pokert, um ihre Preisgelder zu spenden. Nach Singers Logik sind Spenden dann am sinnvollsten, wenn sie besonders viel bewirken können, also effektiv sind. Einen Überblick darüber, welche Organisationen das sind, geben beispielsweise effektiv-spenden.org oder GiveWell.org.

So sind meine Familie und ich vor einigen Jahren auf Give Directly gestoßen, die Menschen in Afrika ein monatliches Grundeinkommen von 500 US-Dollar zahlen. Die Empfänger können das Geld für das ausgeben, was ihnen am wichtigsten erscheint. Die einen kaufen sich eine Kuh, andere eine Nähmaschine, um sich mit Schneiderarbeiten selbstständig zu machen, wiederum andere decken ihr Dach – und sind, seit der Regen nicht mehr regelmäßig durchs Dach tropft, gesünder und können mehr arbeiten. Studien zufolge ist dieses Grundeinkommen ein effizienter Ansatz, um extreme Armut zu bekämpfen. Uns gefiel vor allem der eher unternehmerische Ansatz, dass die Empfänger ihr Schicksal selbst in die Hand nehmen und dieses gestalten können, seit Jahren unterstützen wir diese Organisation. Das Thema Spenden hatten wir also gelöst – bis der Ukrainekrieg kam.

Wider besseres Wissen kaufte ich also plötzlich Windeln und Zahnpasta und brachte sie zu Spendenstellen. Überwältigt von den zahlreichen Spendenaufrufen in Nachrichten und sozialen Netzwerken überkam mich dann jedoch ein Phänomen, von dem ich bisher nur gehört hatte: die sogenannte Spendenlähmung. Vor lauter Angeboten und der Hilflosigkeit, nur wenig ausrichten zu können, kreisten meine Gedanken um die Frage: Kommt das Geld auch da an, wo es am nötigsten ist? Ich verfiel in eine Art Lähmung. Bis mir MacKenzie Scott einfiel, die Ex-Frau von Amazon-Gründer Jeff Bezos: Anders als viele Megareiche, die ihre Wohltätigkeit mit bestimmten Zwecken und oft auch aufwendigen Stiftungen verbinden, spendet Scott einfach, ohne große Ansprüche zu stellen. Sie lässt sich zwar beraten, nimmt aber keinen Einfluss, spendet überdies an verschiedenste Organisationen. Über acht Milliarden Dollar hat sie auf diese Weise gegeben.

Ihr Ansatz leuchtete mir in der jetzigen Situation ein: nicht zu viel nachdenken, akzeptieren, dass meine Spende vermutlich nicht optimal zum Einsatz kommt. Einfach Geld überweisen, etwa an die Aktion Deutschland Hilft, und das regelmäßig, mindestens, solange der Krieg andauert. Und gelegentlich kaufe ich auch wieder Zahnpasta und Windeln – auch wenn es vielleicht nicht das Effizienteste ist.

Da haben wir den Salat – die Auswirkungen steigender Preise

Die Preise steigen, doch nicht alles wird gleichermaßen teurer. Wer sein Geld schützen will, sollte seine persönliche Inflation kennen.

Wer hatte ihn nicht, den Moment, in dem man sich ungläubig die Augen reibt, weil ein geliebtes Produkt unverhältnismäßig teuer geworden ist? «Das kann doch nicht sein», murmele ich zum Beispiel in solchen Situationen vor mich hin.

Erst neulich kam das wieder vor, als ich Krabbensalat in einem Feinkostladen kaufte. Krabbensalat, in Mayonnaise ertränkte Schalentiere, ist eigentlich ein Relikt der Achtzigerjahre, für mich aber seit Kindheitstagen der Inbegriff des Luxus. Denn diese vermeintliche Delikatesse gab es nur zu besonderen Anlässen wie an Weihnachten oder zum Geburtstag. An keinem anderen Produkt kann ich die jahrzehntelange schleichende Geldentwertung besser ablesen: Zu Studienzeiten, als ich mir zum bestandenen Diplom ein Schälchen gönnte, kosteten 100 Gramm 2,99 DM. Im Laufe der Jahre kletterte der Preis auf 4,99 DM, dann kam der Euro, die Portion kostete 2,49 Euro. In 50-Cent-Schritten wurde der Salat teurer, irgendwann kostete er wieder 4,99 – allerdings in Euro. Der Preis hatte sich also verdoppelt. Außerdem kommt es mir so vor, als seien heute weniger Krabben im Salat als noch vor 25 Jahren. Schließlich sollte ich 6,25 Euro für 100 Gramm zahlen – das wären 12,22 DM und somit eine Vervierfachung in 25 Jahren oder eine durchschnittliche Jahresinflation von 3,7 Prozent.

So ärgerlich diese Entwicklung ist – mehr als 1000 Gramm Krabbensalat isst unsere sechsköpfige Familie sicherlich nicht im Jahr, daher fällt die Krabbensalatinflation wenig ins Gewicht. Trotzdem lässt sich einiges daraus ableiten.

Denn wer in diesen Zeiten sein Geld schützen will, sollte wissen, wo das Geld bleibt. Schließlich sind nicht alle Preise gleich gestiegen. Manches ist gegenüber dem Vorjahr sogar günstiger geworden, zum Beispiel Damenbekleidung. Ganz grob kann man seine persönliche Inflationsrate beim Statistischen Bundesamt berechnen. Dort kann man seine Konsumausgaben angeben, etwa für Ernährung, Wohnen, Mobilität, Freizeit und Lifestyle. Gemäß dem jeweiligen Anteil an den Gesamtausgaben berechnet das Statistische Bundesamt die persönliche Inflation.

Diese kann sehr unterschiedlich sein: Meine Inflation liegt unter dem bundesweiten Durchschnitt. Der Grund ist simpel: Ich lebe in einer Großstadt und habe kaum Mobilitätskosten. Aber die meisten Menschen können auf ihre persönliche Inflation nur bedingt reagieren, wenn sie täglich 30 Kilometer mit dem Auto zur Arbeit fahren müssen. Sie können vielleicht Fahrgemeinschaften gründen, aber kaum den Job kündigen.

Bei anderen Kategorien gibt es hingegen Spielraum: So waren Pauschalreisen 2022 um rund 15 Prozent teurer als im Vorjahr, Mietwagen kosteten im Mai sogar fast 50 Prozent mehr als ein Jahr davor. Da es sich anteilsmäßig um relativ hohe Ausgaben handelt, ist es durchaus sinnvoll, das eigene Verhalten zu hinterfragen.

Im Umkehrschluss gilt das leider auch für die günstiger gewordene Damenmode: Die Preise sind zwar um 0,8 Prozent gegenüber Sommer 2021 gefallen. Da es sich anteilsmäßig aber schnell um eine größere Ausgabe handeln kann, ist es sinnvoller, sich hier einzuschränken, als beispielsweise die Butter vom Brot zu streichen, die mit einem Plus von 48 Prozent zwar gewaltig teurer geworden ist, insgesamt aber einen kleinen Anteil am Budget hat.

Wenn man verstanden hat, wo die persönlichen Preistreiber versteckt sind, bleibt dennoch die Frage: Wie schütze ich mein übriges Geld? Die größte Schwierigkeit dürfte hier der Notgroschen sein. Ich wiederhole mich an dieser Stelle: Üblicherweise sollte man drei Monatsgehälter auf dem Tagesgeldkonto parken, um für den Notfall, etwa bei Krankheit oder Jobverlust, gewappnet zu sein. Selbstständige sollten besser sechs Monatsgehälter zur Seite legen. So weit, so gut, nur derzeit ist das fatal: Wer heute 10000 Euro hat, hat bei Teuerungsraten von sechs, sieben Prozent im nächsten Jahr 600, 700 Euro weniger.

Es lohnt sich also, den Umfang des Notgroschens zu hinterfragen. Dabei gibt es kein Richtig oder Falsch, es hängt sehr viel vom persönlichen Sicherheitsbedürfnis ab. Wer die Sicherheit braucht, dem bleibt nichts weiter übrig, als diesen Kaufkraftverlust hinzunehmen. Wer aber neben seinem Arbeitseinkommen noch ein passives Einkommen aufgebaut hat, sei es über Dividenden, Mieteinnahmen, aber auch Urheberrechte oder Onlinegeschäftsmodelle, der kann seinen Notgroschen vielleicht reduzieren.

Ob man sein Vermögen mit Gold schützen soll, ist fraglich. Kurzfristig steigt der Goldpreis zu Beginn einer Krise, so auch zu Beginn des Ukrainekriegs. Langfristig hat sich der Goldpreis aber schlechter entwickelt als der weltweite Aktienmarkt. So hat der MSCI World in den vergangenen fünf Jahren ein Plus von 75 Prozent verbucht, ein vergleichbarer ETC auf Gold allerdings nur einen Zuwachs von 50 Prozent. Ein Argument mehr, sich mit Aktien langfristig gegen den Kaufkraftverlust zu schützen.

Meine vier Söhne haben übrigens ganz bereitwillig erklärt, ihren persönlichen Beitrag zur familiären Inflationsminderung zu leisten: Sie würden auf ihre Schulhefte und Zeichenblöcke verzichten. Diese sind nämlich im Juli um fast 14 Prozent gegenüber dem Vorjahresmonat gestiegen. Die Ersparnisse würden sie in Aktien investieren, versicherten sie mir. Auf den Krabbensalat zu Weihnachten wollen sie hingegen nicht verzichten.

Bildung zum Preis eines Kleinwagens

Wer seinen Kindern ein Schuljahr im Ausland ermöglichen will, braucht eine Menge Geld. Wer aber früh und klug plant, muss später nicht tief in die Tasche greifen.

Herbstzeit ist Elternabendzeit: erste Klasse, sechste Klasse, Gymnasium, dazu noch jeder Sportverein, vom Tennis bis zum Basketball, nicht zu vergessen: die Musikschulen. Ist die erste Runde abgehakt, geht es nahtlos weiter mit Elternbastelabenden für den Laternenumzug und den Weihnachtsbasar. Und wenn ich ausnahmsweise den Abend einmal nicht auf kleinen, harten Holzstühlen verbringe, kann ich nicht mal meine Freundinnen treffen: Sie sitzen ebenfalls auf Elternabenden. Zu meinem ohnehin schon ambitionierten Programm kommt in diesem Jahr ein weiterer Punkt hinzu: der Informationsabend zum Thema «Auslandsaufenthalt in der 10. oder 11. Klasse». Schnell wird mir klar: Wenn alle unsere vier Söhne ein Schuljahr im Ausland verbringen wollen, kostet das in etwa so viel, als würde einer von ihnen ein Master-Studium an einer amerikanischen Eliteuni absolvieren – und die Jungs haben noch nicht einmal Abitur. Wie sollen wir all das bezahlen?

Die Preise für ein Auslandsjahr sind so unterschiedlich wie die Zielorte selbst: Wer ins europäische Ausland möchte, kann beispielsweise ab 6000 Euro in Bulgarien oder Rumänien zur Schule gehen. Sobald man aber seine Kinder ins englischsprachige Ausland schicken möchte – was vermutlich bei vielen Eltern der Fall ist, auch bei uns, schließlich soll der Nachwuchs Englisch lernen –, fängt es bei 12000 Euro aufwärts an, je nach Reiseziel auch mehr. Im Preis inbegriffen sind dann Flug, Versicherungen, Verwaltungskosten sowie – abhängig vom Zielland – ein Betrag für die Gastfamilie. Hinzu kommen noch Kosten vor Ort, etwa für Schulessen, Ausflüge, aber auch Kosmetikartikel und Kleidung. Schnell ist man da bei 200 bis 300 Euro im Monat, sodass so ein Jahr mit knapp 20000 Euro zu Buche schlagen kann. Dabei ist es fast unerheblich, ob man sich an einen kommerziellen oder gemeinnützigen Anbieter wendet.

Schickt man sein Kind aufs Internat, wird es noch mal ungleich teurer. Je nach Schule und Land muss man mit 30000 Euro aufwärts rechnen. Kleiner Trost: Die Schulgebühren für Privatschulen sind bis zu einem Drittel steuerlich absetzbar, die Obergrenze liegt bei 5000 Euro. Die Kosten für einen Schüleraustausch beispielsweise an einer amerikanischen Highschool lassen sich hingegen nicht absetzen.

Das größere Problem dürfte aber ohnehin sein, dass die wenigsten Eltern früh genug anfangen, für ein solches Abenteuer zu sparen. Ich jedenfalls habe mir bei den ersten Sprechversuchen meines Sohnes («Auto», «Mama», in genau dieser Reihenfolge) nicht vorstellen können, dass der kleine Mann so schnell in die weite Welt hinausziehen will. Dabei wäre es ein Leichtes gewesen, mit der Geburt monatlich 60 Euro des Kindergeldes in einen Sparplan zu investieren, beispielsweise den MSCI World. Nach 15 Jahren wären bei einer durchschnittlichen Rendite von 8 Prozent knapp 20000 Euro auf dem «Auslandsjahrkonto» – die Sache wäre geritzt.

Hätte ich mit der Einschulung meines ältesten Sohnes angefangen zu investieren (was ich auch schon recht weitsichtig finde, wenn ich an seine ersten Schwungübungen denke), hätte ich bei gleichbleibender Rendite bereits rund 130 Euro im Monat sparen müssen, um auf 20000 Euro zu kommen. Bei 60 Euro wäre ich zum Ende der neunten Klasse auf gut 9000 Euro gekommen, womit das ein oder andere Ziel nicht mehr infrage gekommen wäre.

Viele Eltern erkennen die finanzielle Komplexität eines solchen Auslandsjahres erst viel später, vielleicht drei, vier Jahre vor Abflug. Und dann wird es schwierig: Eine solche Zeitspanne ist zu kurz, um am Aktienmarkt zu investieren. Es bleibt einem in diesem Fall nichts anderes übrig, als das Geld auf dem Tages- bzw. Festgeldkonto anzulegen. Wer vier Jahre vor

Abflug anfängt, in diesen persönlichen Auslandsfonds einzuzahlen, muss je nach aktueller Verzinsung schnell 300 bis 400 Euro monatlich zur Seite legen, um auf 20000 Euro zu kommen (konkret: bei einer jährlichen Rendite von 3,5 Prozent sprechen wir von 388 Euro). Eine Möglichkeit, die finanzielle Belastung zu minimieren, sind Stipendien bzw. Teilstipendien. Eine gute Übersicht findet man beispielsweise bei auslandsjahr.org. Wer den bürokratischen Aufwand nicht scheut und die Voraussetzungen erfüllt, kann Auslands-BAföG für Schülerinnen und Schüler beantragen.

Es zeigt sich wie so oft: Rechtzeitig planen ist der halbe Erfolg. Je früher man mit dem Vermögensaufbau beginnt, sei es für das Auslandsjahr, Studium oder die eigene Immobilie, desto besser. Immerhin: Für unseren Erstklässler bin ich noch nicht zu spät dran.

Andere Länder, andere Preise

Arbeiten, wo andere Urlaub machen – klingt gut, aber das Leben ist anderswo auch teuer. Digitale Nomaden sollten bei der Wahl des Reiseziels auf einige Dinge gut achten.

Die Zeit, in der wir vorübergehend in die USA zogen, war in jeder Hinsicht stürmisch: Mit einer sechsköpfigen Familie von Berlin über den Atlantik bis nach Kalifornien umzuziehen, ist eine größere Unternehmung, vom Ausräumen und Untervermieten der Wohnung bis hin zur Einschulung der Kinder in der neuen Heimat. Außerdem suchte pünktlich zu unserer Landung eine ganze Reihe von Stürmen und Unwettern die US-Westküste heim. Diese sogenannten atmosphärischen

Flüsse bringen in wenigen Tagen vier- bis sechsmal so viel Regen wie sonst im ganzen Jahr. Und so standen wir am ersten Januar mit Flipflops im Regen. Die Gummistiefel hatte ich natürlich nicht eingepackt.

In einer kurzen Regenpause schlichen wir, völlig übernächtigt vom langen Flug und der Zeitverschiebung, zum Frühstücken ins nächste Café. Wir bestellten Pancakes, Rühreier und Kaffee für sechs Personen. «Macht 138 Dollar», sagte die freundliche Bedienung hinter dem Tresen. Rund 130 Euro, die empfohlenen 18 Prozent Trinkgeld noch obendrauf, macht mal eben rund 155 Euro für ein doch recht überschaubares Familienfrühstück. So viel gebe ich sonst für unseren Wocheneinkauf beim Discounter aus. Mein zweitältester Sohn, der sich kurz davor zum Familienfinanzminister erklärt hatte und unsere Ausgaben akribisch überwacht, bemerkte zu Recht: «Vielleicht hätten wir in ein billigeres Land auswandern sollen.»

Ganz abwegig ist das nicht. Seit der Pandemie nutzen immer mehr Menschen, vor allem Freelancer, aber auch viele Angestellte in IT-Berufen die Möglichkeit, in der ganzen Welt zu arbeiten. Bali, Mexiko, Thailand und Südafrika stehen ganz oben auf der Liste der beliebtesten Wohnorte für digitale Nomaden, aber auch die Kanaren sind beliebt. Auch unsere eigentliche Heimat Berlin ist bei den international mobilen Arbeiterinnen und Arbeitern beliebt – und aus L. A. betrachtet ein Schnäppchen. Da ist es durchaus sinnvoll, sich im Vorfeld die lokalen Lebenshaltungskosten anzusehen. Auch wer von seiner Firma ins Ausland entsandt wird, also als Expat auswandert, sollte das Preisniveau vor Ort kennen, selbst wenn internationale Unternehmen Gehälter und Reisebudgets regional anpassen.

Eine vertrauenswürdige Quelle ist der Lebenshaltungsindex der Economist Intelligence Unit, einer Denkfabrik, die zum Wirtschaftsmagazin *Economist* gehört. Er vergleicht die Preise von 200 Produkten und Dienstleistungen in 172 Ländern, darunter Lebensmittel, Kleidung, Miete, Transport und – nicht ganz unwichtig für Familien wie die unsere – Schulgeld.

Unser kalifornisches Familienfrühstück belegt eindrücklich das, was die Marktforscher herausgefunden haben: Los Angeles ist mit Hongkong zusammen die viertteuerste Stadt der Welt, hinter New York und Singapur, die sich Platz eins teilen, und Tel Aviv. Die Rangliste spiegelt vor allem die hohen Wohnkosten wider, die in diesen Städten weit über den deutschen Verhältnissen liegen. Spürbar ist auch, wenn der Dollar gegenüber anderen Währungen stark aufwertet. Natürlich trifft niemand eine so gewichtige Entscheidung wie über das Auswandern auf Zeit bloß anhand solcher Rankings. Sonst säßen wir jetzt in Damaskus, Tripolis oder Taschkent – und hätten vielleicht ganz andere Probleme.

Wichtig für Auswanderinnen und Expats ist die Frage, ob sie während des Auslandsaufenthaltes auf das Gehalt oder die Einnahmen aus Deutschland angewiesen sind oder nach lokalen Verhältnissen bezahlt werden. Ein Expat bekommt üblicherweise eine Ausgleichszahlung für höhere Lebenshaltungskosten, meistens wird das Schulgeld übernommen. Wer sein Leben im Ausland mit deutschen Einnahmen finanzieren muss, kommt auf Bali oder in Mexiko-Stadt sehr viel weiter als in Los Angeles. Neben dem Lebenshaltungsindex sind Vergleichsplattformen wie *Numbeo* oder *Expatistan* sehr hilfreich, übrigens auch, wenn man einfach nur einen Urlaub plant. Da es sich hier jedoch um Crowdplattformen handelt, geben die Informationen eher eine anekdotische Orientierung, keine exakte Rechengrundlage. Ginge ich danach, müsste ich mich für

Restaurantbesuche in Los Angeles auf rund 40 Prozent höhere Kosten als in Berlin einstellen, Lebensmittel wären demnach rund 30 Prozent teurer, und die Miete läge doppelt so hoch. Das deckt sich in etwa mit meinen ersten Erfahrungen.

Neben den Kosten sind aber auch andere Aspekte entscheidend. Zuallererst das Visum, wenn man längere Zeit in einem anderen Land verbringen will. Eine Liste, welche Länder längere touristische Auslandsaufenthalte ermöglichen, findet man beispielsweise auf der Website von *VisaGuide.World*. Manche Länder bieten Aufenthaltsgenehmigungen speziell für digitale Nomaden. Insbesondere für diese Zielgruppe ist auch schnelles und günstiges Internet entscheidend für die Wahl der passenden Destination.

Für Familien wiederum ist ausschlaggebend, ob es gute und bezahlbare Ärzte und Krankenhäuser gibt und wie hoch die Kriminalität in einer Stadt ist. Auch darüber berichten Menschen, die bereits Erfahrungen mit bestimmten Orten gemacht haben, im Internet, etwa auf der Website *Nomad List*. In der Pro-und-Kontra-Liste für Berlin steht dort zum Beispiel, dass die Stadt zwar sehr sicher sei und man viel unternehmen könne. Dagegen spreche allerdings das kalte, feuchte Wetter – und die Tatsache, dass man nur schwer Freunde finde. Bevor man sich ins Ausland aufmacht, sind zwei Fragen noch dringend zu klären: Bleibt man krankenversichert? Und wo zahlt man Steuern? Üblicherweise deckt die Krankenkasse nur eine bestimmte Anzahl von Tagen im Ausland ab, und eine Auslandskrankenversicherung ist erforderlich. Und wer länger als ein halbes Jahr im Ausland lebt, wird dort steuerpflichtig.

Für uns war neben beruflichen Überlegungen etwas ganz anderes entscheidend: die Frage nach den Schulen. Während es vergleichsweise einfach ist, gute Kindergärten und Grundschulen im Ausland zu finden, wird es schwieriger, wenn die

Kinder schon älter sind. Vor allem dann, wenn man sie nicht an teure Privatschulen schicken will. Auch die Frage, ob sich die Kinder relativ frei und selbstständig bewegen können, also wie sicher ein Wohnort ist, rückt als Familie mit Teenagern in den Vordergrund. Dass wir die höheren Lebenshaltungskosten sowieso nicht kompensieren konnten, damit haben wir uns abgefunden. Wir hatten deshalb versucht, unsere Lebensweise etwas anzupassen. Auswärts frühstückten wir eher seltener, dafür stand deutlich mehr Sport auf der Tagesordnung. Beachvolleyball und Tennis spielen ist nämlich umsonst.

Mein teurer Notgroschen aus Plastik – pro und kontra (Prepaid-)Kreditkarte

Wem im Ausland die Bezahlkarten gesperrt werden, der hat ein Problem. Prepaid-Kreditkarten könnten die Lösung sein. Doch sie sind unflexibel und oft teurer als nötig.

Ich sitze auf dem Trockenen. Meine Kreditkarte wurde wegen eines Betrugsversuchs eingezogen, erklärt mir die freundliche Callcenter-Mitarbeiterin am anderen Ende der Welt. Zu diesem Zeitpunkt stehe ich an einer Tankstelle mitten in der kalifornischen Wüste, um mich herum weit und breit nichts, nur Kakteen und Geröll. Ich habe noch 60 Dollar in der Tasche, das reicht gerade so für die Tankfüllung zurück nach Hause. Auch unter Flehen will die Mitarbeiterin meine Karte nicht entsperren, zu hoch sei das Sicherheitsrisiko. Ich werfe ein, mein persönliches Sicherheitsrisiko, mitten in der Wüste ohne Geld und Benzin zu sein, sei auch sehr hoch, aber das lässt die Dame unbeeindruckt. Beim dritten Versuch funktioniert wenigstens die Kreditkarte meines Mannes. Der Tank ist wieder voll, wir heben am Geldautomaten gleich noch Bargeld ab. Sicher ist sicher.

Bei meiner Bank in Deutschland tut sich gleich das nächste Problem auf: Die Karte könne man mir zwar problemlos zuschicken, aber die PIN nicht. Diese müsse ich an einem Geldautomaten in Berlin ändern. Was machen denn andere Menschen, die im Ausland leben und deren Karte gesperrt ist? Die letzte Idee: bei meiner amerikanischen Bank eine Karte beantragen. Mangels Kredithistorie wird mir aber auch das verwehrt. Soll ich jetzt etwa ans andere Ende der Welt fliegen, um vier Stellen in den Geldautomaten einzutippen? Ehe es so weit kommt, mache ich mich auf die Suche nach einer besseren Lösung.

Wer im Ausland plötzlich ohne Geld dasteht, ist ziemlich aufgeschmissen. Immerhin bin ich nicht allein unterwegs. Die naheliegendste Lösung für mich wäre deshalb, Geld mit der Kreditkarte meines Mannes abzuheben und bar zu bezahlen. Allerdings komme ich damit nicht weit, die wenigsten Geschäfte nehmen noch Bargeld an. Ich brauche eine Kreditkarte! Der nächste Gedanke: die Kreditkarte meines Mannes bei Apple oder Google Pay zu hinterlegen, beides ist mittlerweile weit verbreitet. Aber Apple und Google sind nicht blöd und erkennen sofort, dass die Karte bereits mit dem Konto meines Mannes verknüpft ist.

Die Lösung meines Problems offenbart sich einige Tage später. Ich bin mit meinem Sohn bei einem Basketballspiel der L. A. Lakers. In der Pause wollen wir uns Cola und Nachos holen, doch auch hier kann man nur mit Kreditkarte zahlen, mein Bargeld ist wertlos. Plötzlich entdecke ich meine Rettung. Ich stecke 100 Dollar in einen Automaten, und heraus kommt: eine Kreditkarte. So ähnlich funktionierte das früher mit Telefonkarten. Sieht erstaunlich echt aus, mein 100-Dollar-Notgroschen aus Plastik. Das Mastercard-Emblem zeigt: Er ist auch echt. Das Schöne ist, dass ich sie auch außerhalb des Stadions nutzen kann. Nur auffüllen kann ich sie leider nicht mehr, was sie in kurzer Zeit wertlos macht.

Solche und ähnliche Prepaid-Kreditkartenmodelle sind weiter verbreitet, als ich bis dahin dachte. Man kann mit ihnen nur in dem Umfang bezahlen oder Geld abheben, in dem man vorab eingezahlt hat. Das macht sie einerseits unflexibel, bietet aber ein paar praktische Anwendungsfälle. Sie sind durchaus sinnvoll für Menschen, denen die Banken keine übliche Kreditkarte aushändigen. Etwa für Jugendliche unter 18 Jahren, die kein regelmäßiges oder zu niedriges Einkommen haben. Aber auch ich profitiere gerade von der Möglichkeit, ohne große Bürokratie schnell eine Bezahlmöglichkeit im Ausland zu haben. Ein Nachteil der Prepaidkarten ist, dass man sie nicht für Reservierungen – etwa für Hotels oder Mietwagen – hinterlegen kann, was sie für den Einsatz im Urlaub wiederum recht nutzlos machen.

Auch in Deutschland gibt es viele Anbieter solcher Karten. Wer sie nutzen möchte, sollte die Angebote allerdings genau prüfen, denn oftmals fallen versteckte und hohe Gebühren an, etwa beim Aufladen, der Barentnahme, im Ausland oder sogar deshalb, weil man die Karte nicht mehr nutzt. Wenn es um Prepaidkarten für Minderjährige geht, haben die DKB-Bank und Comdirect gute Bewertungen bekommen. Beide erheben keine laufenden Gebühren, man kann kostenlos Bargeld abheben, die Gebühren für den Einsatz außerhalb der EU sind bei Comdirect allerdings recht hoch. Für Erwachsene bieten die Angebote der Neobank Revolut sowie des britisch-estnischen Anbieters Monese, der sich auf internationale Geldtransferleistungen spezialisiert, recht gute Konditionen. Beide

Anbieter verlangen keinen Schufa-Nachweis. Auch Visa und Mastercard bieten Prepaidkarten an, allerdings zu schlechteren Konditionen.

Grundsätzlich scheint mir die Option aber nur dann sinnvoll zu sein, wenn man keine echte kostenlose Kreditkarte bekommt. Zumindest in Deutschland gibt es dafür eigentlich genügend Möglichkeiten, etwa von Barclays oder der Hanseatic Bank. Die retten mich so schnell aber auch nicht. Mir hilft im Moment nur die Karte des Zahlungsdienstleisters PayPal in Kooperation mit Mastercard, die es in der Form nur in den USA gibt. Ich kann sie mit meinem deutschen Konto verknüpfen oder auch am Bargeldautomaten aufladen, ähnlich wie im Basketballstadion. Theoretisch könnte ich auch mein Gehalt oder Transferleistungen (sofern ich in den USA welche bekäme) auf diese Karte einzahlen lassen. Der ganze Service kostet rund fünf Dollar im Monat, allerdings können auch noch zusätzliche Gebühren für einzelne Transaktionen anfallen. Welche das genau sind, darüber hält sich PayPal bedeckt.

Das böse Erwachen folgt, als die Karte eintrifft: Vier Dollar, um die Karte wieder aufzuladen, 2,50 Dollar, um Bargeld abzuheben, vier Prozent Gebühren bei internationalen Transaktionen und – das ist wohl die größte Frechheit – 50 Cents, um den Kontostand auf meiner Prepaidkarte abzurufen. Besonders ärgerlich finde ich den Satz «Wir verrechnen noch fünf weitere Gebühren». Welche das sind, ist unklar. So sinnvoll Prepaidkarten in bestimmten Situationen oder für einige Personen sind, vorab sollte man das Kleingedruckte genau studieren. Ich fluche darüber – und zahle sie trotzdem. Die Karte ist meine einzige Möglichkeit im größtenteils bargeldlosen Kalifornien.

Wer hat, kann spenden

Spenden und gesellschaftliches Engagement haben in den USA einen deutlich höheren Stellenwert als in Deutschland. Wir sollten uns etwas davon abgucken.

Das Konzept des Spendendinners hat sich mir bisher nicht erschlossen. Vielleicht bin ich zu pragmatisch. Aber warum sollte ich mich in Abendrobe schmeißen, mir ein Bild über die katastrophale humanitäre Situation in Kriegsgebieten machen, während ich zeitgleich auf meinem Rinderfilet herumkaue und meinem Tischherrn zuproste? Richtig gute Stimmung kommt in so einem Setting ohnehin nicht auf. Da spende ich lieber direkt, das Geld für das Dinner gleich obendrauf.

In Amerika ist ein Spendendinner jedoch eine ebenso sinnvolle wie lustige Veranstaltung. Wir haben die jährliche Spendengala an unserer damaligen Schule in Los Angeles besucht. Mit eher geringen Erwartungen brachen mein Mann und ich an einem Samstagabend zur «Roaring 20s»-Party ins nahe gelegene Hotel Hilton auf. Kaum angekommen, hatten wir schon das erste Glas Sekt in der Hand sowie zwei Getränkegutscheine für Cocktails. Mütter, die ich zuvor nur in Leggins und Turnschuhen gesehen hatte, trugen schillernde Charlestonkleider, hatten Federboa und lange Perlenketten um den Hals. Die Väter erschienen überwiegend im Smoking, wüsste ich es nicht besser, hätte ich gedacht, am Filmset für Berlin-Babylon zu sein.

In der Lobby waren prachtvolle, vor allem sehr große Geschenkkörbe aufgebaut. Die anderen Eltern boten mit ihren Smartphones eifrig auf die Geschenkkörbe, Kunstwerke unserer Kinder sowie Klavier- und Malstunden mit den Lehrern.

Mein Mann und ich zögerten zunächst, doch dann boten auch wir wie verrückt: Mein Mann auf das Outdoorset samt Stirnlampe und Feuerstein, ich auf das Pompon-Bastelset, gemeinsam ersteigerten wir ein Bild unseres siebenjährigen Sohnes und obendrauf noch eine Karaokemaschine.

Kurz darauf begann das eigentliche Spendendinner, und als ob wir nicht schon genug Geld ausgegeben hätten, boten wir bei der Abendauktion noch auf einen dreistündigen Segeltörn in der Bucht von Santa Monica. Der Nachtisch war gerade abgeräumt, da wurden alle Gäste noch gebeten, für den Schulgarten zu spenden – zack, waren auch die letzten 200 Dollar weg. «Das kennt ihr nicht, oder?», fragte mich eine amerikanische Mutter. «Selbst wenn du auf eine Privatschule gehst und 40000 Dollar im Jahr zahlst, wird von dir erwartet, dass du spendest!»

Nein, das kennen wir so nicht. Im internationalen Vergleich sind Deutsche eher zurückhaltende Spenderinnen und Spender. Misst man den Anteil der Bevölkerung, der mindestens einmal jährlich Geld spendet, kam Deutschland im Jahr 2022 auf Platz 28 von insgesamt 119 Ländern. Zu diesem Ergebnis kommt der World Giving Index der in Großbritannien ansässigen Charities Aid Foundation. Dafür, dass wir die viertgrößte Industrienation der Welt sind, ist das noch ausbaufähig. Die USA hingegen belegen den neunten Platz, was sicherlich auch an den calvinistischen Wurzeln liegt. Der Gedanke, andere am eigenen Erfolg teilhaben zu lassen, ist fest verankert.

In Notfällen und bei Katastrophen spenden auch die Deutschen großzügig. Das zeigen Daten des Deutschen Spendenrats und der Gesellschaft für Konsumforschung nach der Flutkatastrophe im Ahrtal und zu Beginn des Ukrainekriegs. Insgesamt haben die Bundesbürger 2022 1,4 Milliarden Euro im Rahmen der Notfall- und Katastrophenhilfe gespendet.

Ein großer Anteil, gemessen am gesamten Spendenaufkommen von 5,7 Milliarden Euro. Durchschnittlich geben die Deutschen pro Spende 43 Euro, und das etwa sieben Mal im Jahr. Das ist deutlich weniger als die zehn Prozent des Nettoeinkommens, die Spendenorganisationen, aber auch Finanzratgeber mit Blick auf die Bibel empfehlen.

Dabei wird es uns – zumindest aus steuerlicher Sicht – recht leicht gemacht, andere zu unterstützen. Für Spenden unter 200 Euro benötigt man in Deutschland keinen Beleg, der Überweisungsauszug reicht aus. Bis zu zehn Prozent des jährlichen Nettoeinkommens können als Spende steuerlich abgesetzt werden, das heißt, mein zu versteuerndes Einkommen verringert sich um den entsprechenden Betrag.

Neben finanziellen Spenden kann man sich noch auf andere Weise einbringen: ganz klassisch mit medizinischen Spenden wie Blut oder Knochenmark, oder aber, indem man Zeit spendet und Patenschaften für Kinder oder Lesepatenschaften in Schulen übernimmt. Was das gesellschaftliche Engagement anbetrifft, gibt es in Deutschland noch Verbesserungspotenzial. Laut World Giving Index liegt Deutschland auf Platz 70, die USA auf Platz 7. Ein Grund mag sein, dass der US-Staat sehr viel weniger soziale Verantwortung übernimmt als der deutsche – etwas, worum ich Amerika nicht beneide.

Der Abend schritt fort, ich begann, immer besser zu verstehen. Die Schule hat ein festes Spendenziel vor Augen, das auch allen Gästen bekannt ist, die Eltern haben ein festes Spendenbudget und verjubeln es. Wie im Casino, wo man mit einem festen Budget etwas Spaß haben will. Für den Spaß sorgt in diesem Fall die Schule, die eine tolle Party schmeißt. Das wird auch erwartet, denn letztendlich sind Charity-Veranstaltungen ein gesellschaftliches Event. Im Gegenzug liefern die Gäste, also wir. Inspiriert gingen wir mit unserer Karaokemaschine unter dem Arm und vielem mehr wieder nach Hause. Den Enthusiasmus und die Freude, mit der die Amerikaner und Amerikanerinnen spenden und sich engagieren, imponiert mir. Vielleicht lässt sich davon etwas auf unser Leben in Deutschland übertragen.

Am nächsten Morgen wachte ich von der lautstarken, verzerrten Stimme meines zwölfjährigen Sohnes auf, der «In the jungle» in die Karaokemaschine sang. Mein Siebenjähriger bastelte mit Stirnlampe auf dem Kopf Pompons. Unser selbst erkorener Finanzminister, zu dieser Zeit 14 Jahre alt, tadelte uns unterdessen: «80 Dollar für ein Bild von Josef? Das gibt es doch an Weihnachten umsonst.» Es kann auch etwas für sich haben, einfach ganz emotionslos jeden Monat eine Summe X nach Afrika zu überweisen.

Drum prüfe, wer sich ewig bindet, auch die Finanzen

Ein Ehevertrag ist immer dann sinnvoll, wenn während der Ehe Nachteile für einen Partner in der Zukunft entstehen. Meist trifft das die Frauen.

«Warum», stöhnt meine Freundin Esther, «denkt mein Mann eigentlich immer, ich liebe ihn nicht, wenn ich auf das Thema Ehevertrag zu sprechen komme?» Ich fühle mit ihr. Die Gespräche über unseren Ehevertrag habe ich auch nicht in allerbester Erinnerung. Der ein oder andere verpatzte Abend war dabei, was sicherlich an meinen unzulänglichen Kommunikationsfähigkeiten lag. Nach über 15 Jahren Ehe wäre ich heute vermutlich geschickter, aber den richtigen Ton zu treffen, ist bei diesem Thema nicht einfach. «Vielleicht hilft es, zu sagen, dass so ein Ehevertrag doch eigentlich eine Liebeserklärung ist», schlage ich vor. Wenn man sich liebt, sollte es doch eigentlich im Interesse beider sein, auch im Trennungsfall gut miteinander umzugehen. Vor allem, wenn man gemeinsame Kinder hat. Als Paar kann man sich zwar trennen, als Eltern bleibt man aber zusammen. Und ich möchte meinen Kindern im Ernstfall ersparen, dass sie sich bei ihrer Hochzeit oder der Taufe ihrer Kinder Gedanken darüber machen müssen, welchen Elternteil sie einladen oder welchen Sitzplatz sie uns zuweisen, damit es einigermaßen friedlich zugeht.

Immerhin sind meine Freundin und ihr Mann so weit, dass sie die Bedeutung des Ehevertrags erkannt haben und darüber sprechen, wenn auch im Moment eher schnell streiten. Viele Paare denken, mit der gesetzlichen Regelung gut abgesichert zu sein, und belassen es dabei. Abgesehen davon, dass im Zuge der Hochzeitsvorbereitungen dann vielleicht mit dem ersten oder gar zweiten Kind ohnehin immer irgendetwas wichtiger erscheint und viele Paare schlicht nicht zum Notar kommen.

Eines vorneweg: Sobald wir Ringe tauschen, haben wir sowieso einen Ehevertrag, nämlich nach dem Bürgerlichen Gesetzbuch (BGB). Darin ist die sogenannte Zugewinngemeinschaft geregelt: Die Eheleute behalten jeweils das, was sie in die Ehe mitgebracht haben. Das Vermögen, das während der Ehe entstanden ist, wird im Scheidungsfall geteilt. Ausgenommen sind Erbschaften oder Schenkungen. Das klingt für viele erst einmal vernünftig.

Allerdings kann diese Regelung bei einer Trennung für ordentlich Zündstoff sorgen, vom Zugewinnausgleich über den Unterhalt bis hin zu den Rentenansprüchen. Abgesehen davon ist es einfach wahnsinnig zermürbend und nervenaufreibend, sich jahrelang mit seinem oder seiner Ex auseinandersetzen zu müssen, wenn man sich eigentlich lieber aus dem Weg gehen möchte. Deshalb sollte man vor der Ehe und auch wenn sich die Lebensumstände verändert haben, einen Vertrag aufsetzen. Am besten holt man sich die Hilfe einer Familienrechtlerin und/oder eines Notars. In den allermeisten Fällen ist die «modifizierte Zugewinngemeinschaft» am sinnvollsten. In diesem Vertrag kann man alles festhalten, was in der eigenen Lebenssituation sinnvoll und nicht sittenwidrig ist.

Damit man später nicht teure Gutachten bezahlen und Schätzungen in Auftrag geben muss, sollte man als Allererstes eine Vermögensaufstellung machen. Darin halten beide ihre Ersparnisse, Giro-, Tages- oder Festgeldkonten fest, ETF-Sparpläne und Aktien, aber auch andere Anlagen wie Immobilien, Unternehmensanteile oder Kryptowährungen. Das ist die Grundlage für spätere Ausgleichszahlungen.

Die Zugewinngemeinschaft klingt zunächst sinnvoll. Kauft ein Paar während der Ehe ein Haus oder eine Wohnung, gehört der Wertzuwachs beiden (solange beide im Grundbuch eingetragen sind, was manchen Frauen offenbar immer noch nicht bewusst ist). Selbst dann, wenn ich als Mutter weniger arbeite und weniger zur Darlehenstilgung beitragen kann. So weit, so fair.

Der Zugewinnausgleich kann aber in zwei Situationen gefährlich werden: wenn ich beispielsweise eine Immobilie mit in die Ehe bringe, die im Wert steigt. Dann muss ich meinem Partner, meiner Partnerin bei der Scheidung die Hälfte des Wertzuwachses auszahlen, auch wenn die Immobilie weiterhin mir gehört. Gerade in Städten wie München, Berlin oder Hamburg, wo die Preise stark steigen, kann das teuer werden – und nicht jeder hat mal eben mehrere Hunderttausend Euro für diesen Fall herumliegen. Das eigene Unternehmen sollte man ebenfalls unbedingt aus der Zugewinngemeinschaft herausnehmen bzw. eine modifizierte Lösung finden. Denn auch hier müsste ich im Scheidungsfall meinen Partner, meine Partnerin auszahlen, was im schlimmsten Fall dazu führen kann, dass ich mein Unternehmen aufgeben muss.

Der nächste potenzielle Streitpunkt ist die Unterhaltszahlung. Im Jahr 2008 verabschiedete die große Koalition eine Unterhaltsreform, mit dem Ziel, ein modernes Familienbild zu unterstützen. Gut gemeint ist aber noch lange nicht gut gemacht. Danach soll auch der Elternteil, der überwiegend auf die Kinder aufpasst, ab dem dritten Lebensjahr wieder arbeiten. Das klingt in der Theorie sehr schön, nur: Wer Kinder hat, weiß, wie oft sie Ferien haben, krank sind oder sonst irgendetwas ansteht. Und wie dürftig die Kinderbetreuung in Deutschland ist. Deshalb sollte man unbedingt darauf achten, dass der Unterhalt mindestens bis zur Schule, besser bis zum Ende der Grundschule angemessen berechnet ist.

Ein ganz anderes Thema ist aber der finanzielle Nachteil nach der Scheidung, der entsteht, weil ich mich in der Ehe um die Kinder gekümmert habe. Leider machen Menschen in Teilzeit auch heute noch viel seltener Karriere, folglich bleiben die großen Karrieresprünge aus. Selbst wenn ich nach einigen Jahren wieder Vollzeit arbeiten will, starte ich auf einem deutlich niedrigeren Niveau als ohne Kinder. Unterdessen machen die Männer (oder wer auch immer weniger zu Hause ist) Karriere und sammeln Gehaltserhöhungen ein. Dafür sollte man einen vertraglich festgelegten Ausgleich finden, beispielsweise indem man schon während der Ehe in einen gesonderten Sparplan einzahlt oder aber eine Immobilie auf den Namen der Frau erwirbt (oder eben auf den Namen des Mannes, falls er sich vorwiegend um die Kinder kümmert).

Wobei wir dann schon beim Versorgungsausgleich wären. Ähnlich wie beim Zugewinn werden im Lauf der Ehe erworbene Rentenansprüche durch zwei geteilt. Das kann sehr mühsam sein, wenn man private, betriebliche und gesetzliche Ansprüche gegeneinander aufrechnen muss, ist an sich aber fair. Kritisch wird es bei Selbstständigen, die nicht in die gesetzliche Kasse einzahlen müssen und im schlimmsten Fall auch nicht richtig vorgesorgt haben. Dann habe ich als geringer Verdienende ein Problem.

Meiner Freundin Esther sind die potenziellen Konfliktpunkte schon bewusst. Nur wie ins Gespräch kommen? «Vielleicht könnt ihr euch dem Thema ja erst einmal in kleinen Schritten nähern», gebe ich zu bedenken. «Oder du bringst materielle Argumente vor: Eine Scheidung ist in etwa fünfmal so teuer wie ein Ehevertrag.» Ob das der Gesprächsführung dienlich ist, scheint allerdings fraglich. Offensichtlich bin ich eine bessere Ratgeberin bei Finanz- als bei Beziehungsthemen.

Wer richtig vererbt, spart sich die Familientherapie

Ich möchte noch sehr lange leben. Damit im Ernstfall aber unsere Kinder versorgt sind, regeln wir unser Testament – und ich gewöhne mich an meine Vergänglichkeit.

Noch im Halbschlaf, kurz nachdem wir unseren Jüngsten zur Schule gebracht haben, fahren mein Mann und ich durch die halbe Stadt, um unsere Notarin zu treffen. Wir wollen endlich unser Testament aufsetzen. Nichts, was man unbedingt am Montagmorgen um 8:30 Uhr machen möchte, aber bei vier minderjährigen Kindern kann man sich die Zeit nicht immer aussuchen, zu der man sich mit der eigenen Vergänglichkeit beschäftigt.

«Also, was machen wir, wenn einer von uns beiden morgen stirbt?», fragt mein Mann. Vor dem zweiten Kaffee klingt die Frage noch bedrohlicher als ohnehin. «Für diesen Fall sollten wir ein Berliner Testament aufsetzen», sage ich. So läuft es eigentlich meistens bei uns: Im Vorfeld habe ich alle Optionen gut recherchiert, mein Mann beschäftigt sich hingegen erst zehn Minuten vor dem eigentlichen Termin zum ersten Mal mit dem Thema. «Beim Berliner Testament setzen wir uns gegenseitig als Haupterbe ein, die Kinder sind sogenannte Schlusserben, das heißt, sie erben erst nach deinem oder meinen Tod», sage ich.

Das Berliner Testament ist bei Eheleuten mit jüngeren Kindern sehr sinnvoll. Die Alternative wäre die gesetzliche Erbfolge. Sollte ich beispielsweise morgen sterben – je öfter ich es durchdenke, fällt mir das Gedankenspiel erstaunlich leicht – und wir hätten kein Testament, ginge die Reihenfolge so: Sollte es in einem Ehevertrag nicht anders geregelt sein, fällt meinem Mann die Hälfte zu. Die andere Hälfte würde zu gleichen Teilen an unsere vier Kinder gehen.

Dass unsere Kinder im Todesfall zu früh zu viel erben, will ich aber um jeden Preis vermeiden. Sie sollen abgesichert sein. Aber mehr auch nicht. Mein Vater ist sehr früh gestorben, ich weiß aus eigener Erfahrung, dass eine zu große Verantwortung in jungen Jahren eine Last sein kann. Für meine Kinder würde ich mir wünschen, dass sie erst einmal ihren eigenen Weg gehen können.

Das Berliner Testament hat noch einen anderen Vorteil. Sollte mein Mann sich nach meinem Ableben neu verlieben und heiraten (mittlerweile kann ich sogar diesen Gedanken recht emotionslos aussprechen), würde seine neue Frau laut gesetzlicher Erbfolge sein Vermögen erben. Also auch mein Vermögen, für das ich gearbeitet habe. Da hört meine Großzügigkeit aber auf. Beim Berliner Testament würde die Neue nichts erben, unsere gemeinsamen Kinder sind nach dem Tod meines Mannes Schlusserben.

Das Berliner Testament hat jedoch auch Tücken. Die Erbschaftsteuer fällt zweimal an: Wenn ein Ehepartner stirbt, zahlt der oder die Hinterbliebene. Stirbt auch der zweite Elternteil, müssen die Kinder auf das bereits versteuerte Erbe abermals Erbschaftsteuer zahlen. Der Freibetrag, der für Ehepartner bei 500000 und für Kinder bei 400000 Euro liegt, dürfte in den meisten Fällen allerdings ausreichen.

«Ich vertraue dir, dass du das gut machst», sagt mein Mann nach meiner kurzen Abhandlung. «Ich dir auch.» Hätten wir das schon mal geklärt. Kurz darauf tragen wir unsere Überlegungen der Notarin vor, die im Großen und Ganzen einverstanden ist, allerdings auch gleich einen wunden Punkt anspricht: «Haben Sie denn gegenseitige Vollmachten, Patientenverfügung und Vorsorgevollmacht?» Im Kopf gehe ich schnell unsere Konten und Depots durch, bei den meisten kann ich einen gedanklichen Haken machen. Aber bei den Vorsorgeversicherungen, die ich noch vor unserer Ehe abgeschlossen hatte, bin ich mir nicht mehr so sicher. Patientenverfügung und Vorsorgevollmacht greifen, wenn einer von uns nicht mehr in Gesundheitsbehandlungen oder Geschäfte einwilligen kann. Beides besitzen wir nicht. Kommt auf die Liste.

«Und was machen wir in dem unwahrscheinlichen Fall, dass wir beide gleichzeitig sterben?», fragt mein Mann ganz sachlich. Schon bei dem Gedanken, dass unsere vier Kinder plötzlich Waisen wären, muss ich schlucken. «Das Testament gehört zum Leben», sagt unsere Notarin. Soll heißen: Um seinen Kindern und Kindeskindern ein unbeschwertes Leben zu ermöglichen, muss man sich mit seinem Ableben beschäftigen. Mittlerweile fühlt sich der Notartermin wie eine Familientherapie an. So einig mein Mann und ich uns im Leben sind, wenn es ums Sterben geht, ist das noch nicht so: Wer kümmert sich im Ernstfall um die Kinder? Wer übernimmt die Finanzen? Wer managt die Immobilien? Wie viel Geld sollen die Kinder bekommen, vor allem, in welchem Alter?

Unsere Antworten auf diese Fragen fallen ganz unterschiedlich aus, was an unserer Herkunft liegt: Mein Mann, Kind einer Großfamilie, in der gefühlt alle 100 Jahre alt werden, ich, das Einzelkind, dessen Eltern früh starben. Naturgemäß brauche ich diesbezüglich mehr Sicherheit. Am Ende unserer «notariellen Therapie» konnten wir uns auf die Eckpunkte einigen. Bevor wir das Besprochene auf Papier bringen, müssen wir Grundlagen schaffen: mit den Beteiligten sprechen, Vermögensaufstellung sowie unsere Excel-Tabelle mit den Nummern aller Versicherungspolicen und Kredite sowie Ansprechpartner aktualisieren.

Es ist noch nicht einmal Montagmittag, und unser Leben fühlt sich sehr aufgeräumt an. Vorerst. Denn so ein Testament ändert sich wie das Leben auch. Spätestens in fünf Jahren werden wir diesen Termin wiederholen. Dann aber sind zumindest die beiden Ältesten schon volljährig.

Danksagung

An erster Stelle möchte ich Marlies Uken, Ileana Grabitz und Jan Guldner von Zeit Online danken. Marlies dafür, dass sie Money Matters möglich gemacht hat, Ileana für die kontinuierliche Unterstützung und Jan für die ebenso kritische wie liebevolle Redigatur. Es ist eine große Freude und Ehre, mit euch zusammenarbeiten zu dürfen!

Susanne Frank vom Rowohlt Verlag danke ich für die Unterstützung und Umsetzung, die Kolumnen als Buch zu veröffentlichen. Dank ihres Engagements gibt es mittlerweile eine Reihe von ebenso lesenswerten wie lehrreichen Finanzbüchern im Rowohlt Verlag. Christian Wöllecke und Andrea Mayer danke ich für Lektorat und Korrekturen, die meine Texte besser gemacht haben.

Meine Kolumnen profitieren von der immer größer werdenden Frauenfinanzcommunity. Ich schätze den Austausch innerhalb dieser Runde sehr, ebenso die Inspiration und Unterstützung. Besonderer Dank geht an Daniela Meyer und Astrid Zehbe vom Magazin «finanzielle», Margarethe Honisch, auch als Fortunalista bekannt, Anaïs Cosneau vom Happy Immo Club, Sibel Özdemir, Doro Metasch von 26homes, Claudia Müller vom Female Finance Forum, Anissa Brinkhoff, Carola Ferstl, Marielle und Mike Schäfer, bekannt als Beziehungsinvestoren, Lisa Osada von Aktiengram, Jessica Schwarzer und Celine Nadolny von Book of Finance.

Ganz besonders danke ich Indra Schormann von Project Treehouse und Maya Miteva vom Happy Immo Club, die ihre Geschichten und ihr Wissen in diesem Buch geteilt haben, sowie Angela King für Austausch und Inspiration.

Christian W. Röhl und Stefan Waldhauser danke ich sehr für ihren Input rund um Aktieninvestments und Börse. Danke an Tine Schmitz für den gewährten Einblick in die Frauen-Venture-Capital-Szene. Florian danke ich für seine Idee, meine Erfahrungen aufzuschreiben.

Der größte Dank aber geht an meine Familie, meinen Mann und unsere vier Söhne. Ohne euch fehlte mir oft der Einstieg für meine Kolumnen. Aber viel wichtiger: Mit euch ist das Leben bunt, lustig, fröhlich, aufregend, manchmal auch nervig, aber dennoch voller Glück und Liebe!